阿里运营实战笔记

王建和◎著

机械工业出版社

阿里运营之所以"牛",主要有以下三点原因:

一是健全的运营人员培养、成长、进阶体系;二是运营策略与业务深度贴合;三是极致、高效的执行力。

本书以阿里运营为切入点,为读者揭开了互联网运营的神秘面纱。全书共9章,深入浅出地阐述了运营的概念,介绍了运营人员必备的能力和素质,并围绕着内容运营、社交化运营、活动运营、精细化运营、全渠道运营等模块,系统地讲解了运营的"道"与"术"。书中不仅有运营理论,还结合大量阿里和其他知名互联网企业的运营实例,形成了一套实用的互联网运营方法论,让读者能够快速理解并上手实操。

本书还结合作者在阿里的工作经历,对运营人员的职业规划和行业的未来进行了深入探讨。如果你是刚入行的新人,相信你能从本书中找到一些非常实用的实操方法,并从中提炼出自己的运营思维;如果你是资深运营人员,相信本书能为你提供一些新的视角,带来一些新的启发。

图书在版编目(CIP)数据

阿里运营实战笔记/王建和著. —北京:机械工业出版社,2019.12
ISBN 978-7-111-64334-0

Ⅰ.①阿⋯ Ⅱ.①王⋯ Ⅲ.①电子商务-商业企业管理-研究-中国 Ⅳ.①F724.6

中国版本图书馆 CIP 数据核字(2019)第 266985 号

机械工业出版社(北京市百万庄大街22号 邮政编码100037)
策划编辑:胡嘉兴 责任编辑:胡嘉兴 戴思杨
责任校对:李 伟 责任印制:孙 炜
北京联兴盛业印刷股份有限公司印刷
2020年1月第1版第1次印刷
170mm×230mm・16.5印张・1插页・282千字
标准书号:ISBN 978-7-111-64334-0
定价:69.00元

电话服务	网络服务
客服电话:010-88361066	机 工 官 网:www.cmpbook.com
010-88379833	机 工 官 博:weibo.com/cmp1952
010-68326294	金 书 网:www.golden-book.com
封底无防伪标均为盗版	机工教育服务网:www.cmpedu.com

序 言
Preface

在互联网江湖中,流传着这样一句话:运营看阿里。这说明阿里巴巴(以下简称:阿里)在互联网运营领域代表了行业的最高水平。都说阿里的运营"牛",那么,阿里运营到底"牛"在哪里?

作为一名曾在阿里工作过近10年的运营老兵,我对阿里运营有着深刻的认识。我认为阿里运营之所以"牛",主要有三点原因:

一是健全的运营人员培养、成长、进阶体系;

二是运营策略与业务深度贴合;

三是极致高效的执行力。

这三点,是我在阿里做运营的这些年里最深的体悟。

我于2006年进入阿里,加入了传说中的"中供铁军",这是一支执行力超强的队伍,阿里大名鼎鼎的彭蕾、戴姗、蒋芳、孙彤宇等都出自这支队伍。同时,如今在互联网行业叱咤风云的大咖,比如程维、干嘉伟、吕广渝、陈国环、张强也出自这支队伍。这支队伍也被叫作"阿里铁军",马云称其为中国电商的"黄埔军校"。

在这支队伍里,我获得了几何倍数的成长,从一名"运营小白"成长为一名"运营大牛"。在阿里工作的近十年里,我见证了阿里的辉煌和崛起,也见证了阿里运营的成长。在2010年以前,阿里运营还没有现在的光环。短短几年的时间,靠着优秀的运营策略和人才进阶机制,阿里运营成为互联网行业里的一张"王牌"。

阿里是一家理想主义企业,但同样是一家KPI(Key Performance Indicator,关键绩效指标)至上的企业。我认为这两者并不矛盾。如果没有KPI,那么所有的目标和结果都无法实现,理想就变成了空中楼阁。

阿里上市以后,开始鼓励员工创业,于是,我带着梦想和感恩之心离开了阿里,走上了自己的创业之路,成为天津知行管理咨询有限公司的创始人,力图为中小微企业的实际运营提供服务和咨询。在阿里工作近10年，创业4年，在这14年的时间里，我服务和培训了超过20 000家企业，覆盖人数超过20万。在我服务过的企业中，也不乏如今的各行业"排头兵"，比如运满满、今日头条、VIPKID、北京中科金财、联想控股、深圳道桥集团、北京融贯电商、天津渤海集团、好未来教育（原学而思）、南京通灵珠宝、肖邦（上海）等。

近两年，我在各大商学院的EMBA班和各类商学班中为企业家授课超百场，近万名学员通过线下、线上方式听课学习，学员们的反响非常好，我也因此累积了一些良好的口碑。我想，我的运营课程之所以会受到学员们的认可，与我个人的经历是分不开的。我是从一线成长起来的运营老兵，在运营方面有着丰富的实战经验，我想传达给学员们的也是高效、务实、可落地的运营理念。

虽然，我如今是一名创业者，但我也是阿里文化的传承者，我把自己的实践经验和阿里的成功经验与互联网运营理论相结合，总结出了一套适合互联网运营人的运营方法，这套方法经过了我自己的实践，证明是行之有效的。

很多学员通过我的课程初次接触到了互联网运营，在他们看来，运营很神奇，而运营人就像一个无所不能的魔法师，可以策划出一个个精彩的活动，能写出一篇篇走心的文章，能把特定的信息推送到特定的用户眼前，能把同一个产品发布到完全不同的渠道……

这样看来，运营的确很神奇，不过这种神奇是建立在每天繁杂而有序的日常工作上的。无论是内容、用户、渠道还是活动，每个运营岗位上的人都有一套自己的工作方法，只有这样才能在千头万绪中抓住运营的本质与核心。

对个人来说，运营不仅是一个岗位，更是一套方法论和世界观，学习互联网运营可以让你学会从不同的角度看问题，从用户的角度思考解决方案，从另一个层面理解自己的工作。运营所需的能力也是多维度的，做好运营工作，能够让你的个人能力得到全方位的锻炼和提高。

对企业来说，运营是各部门的"合剂"，既要负责对内的沟通和协调，又要负责对外的拓展和衔接，运营部门对企业来说极为重要。如果把企业比作一个有机的生命体，那么运营部门则是负责进食和呼吸的器官，可以说，运营的好坏还决定了企业能否生存和发展。

因此，学习互联网运营、掌握运营方法，无论对企业还是对个人都是非常有意义的。我也希望自己多年实践总结出的运营经验和方法能够帮助更多的人,这也是我写这本书的目的之一。

本书呈现了我对互联网运营的思考,对行业未来的展望,更重要的是系统地总结了我多年来的运营经验和运营方法。如果你是刚入行的新人,相信你能从本书中找到一些非常实用的实操方法,并从中提炼出一些运营思维;如果你是资深运营人员,相信本书也能为你提供一些新的视角,带来一些新的启发。

本书以阿里运营为切入点,为读者揭开了互联网运营的神秘面纱。全书共9章,深入浅出地阐述了互联网运营的概念,介绍了运营人员必备的能力和素质,并围绕着内容运营、社交化运营、活动运营、精细化运营、全渠道运营等几大模块,系统地讲解了互联网运营的"道"与"术"。

本书还结合了我在阿里的工作经历,对运营人员的职业规划和行业的未来进行了深入探讨。书中通过分析大量阿里和其他知名互联网企业的运营实例,形成了一套实用的互联网运营方法论,让读者能够快速理解并上手实操。

最后,我祝愿所有的互联网运营人员都能够抓住机遇,掌握更多的专业技能,拓宽自己的职业道路,实现自己的人生目标!

目 录

序言

第一部分
揭开互联网运营的神秘面纱　001

第1章　什么是互联网运营 / 002
1.1　盘点 BAT 在互联网的布局 / 003
1.2　阿里的"老运营"和"新运营"区别何在 / 012
1.3　互联网从业者，该如何理解"运营"这件事 / 022
1.4　在互联网企业，如何区别运营、营销和产品 / 027

第2章　高级运营和普通运营有哪些区别 / 035
2.1　同样工作三年，为何我是运营总监，你还在打杂 / 036
2.2　普通运营人员和高级运营人员有何不同 / 041
2.3　让自己具备策略运营与操盘能力 / 051
2.4　高级运营人员的多元触角 / 057
2.5　全栈运营，才是运营的未来 / 064

第二部分
如何做互联网运营　069

第3章　内容运营：如何通过内容打造产品调性 / 070
3.1　困境：刷屏的内容时代已经结束，如何破局/ 071
3.2　迭代：内容运营的双 K 转化和 10C 要素/ 075
3.3　重构"3 步走"策略，搭建完善的内容运营框架/ 080

Contents

3.4 实战：4大要点，让你写出"10W+"爆文 / 088

3.5 进阶：内容运营终级法则——将内容打造成企业核心竞争力 / 094

3.6 阿里内容运营"兵法"：定位调性＋数据＋品牌＋人才 / 098

第 4 章 社交化运营：社交电商爆发期已到，如何利用"关系"快速获客 / 104

4.1 熟人卖货逻辑是否可行 / 105

4.2 运营人员必须知道的两种模式：强关系电商＋弱关系电商 / 109

4.3 阿里新玩法：淘客＋微商，打造人人可参与的社区化电商 / 114

4.4 社交电商始于组织建设，成于团队发展 / 118

第 5 章 活动运营：如何做一场"刷屏级"活动 / 122

5.1 不懂活动策划，就别说你会运营 / 123

5.2 如何操盘一场全网联动的线上活动 / 128

5.3 四个支点，撬动用户的参与意愿 / 139

5.4 以拉新为目的的活动该如何做 / 144

5.5 如何办一场合格的线下活动？突发事件来袭，如何处理 / 149

5.6 "双11"来了，三招教你如何实现流量转化 / 156

第 6 章 精细化运营：如何在流量黑产横行的时代引爆产品增长 / 162

6.1 精细化运营是对技术的追求，还是产品的不挽留 / 163

6.2 精细化运营的三个维度：人群、场景、流程 / 165

6.3 如何进行用户分层，实现精细化运营 / 171

6.4 B端运营：如何设计客户分级体系来实现精细化运营 / 180

6.5 "千人千面"的精细化运营是一个大趋势 / 187

Contents

第 7 章 全渠道运营：如何充分挖掘利用渠道资源 / 193

7.1 为什么需要全渠道运营 / 194

7.2 全渠道，不是什么渠道都做 / 197

7.3 全渠道运营策略：全方位打造品牌 / 202

7.4 如何提升渠道使用 ROI / 209

第三部分
做好自己的战略规划

第 8 章 运营总监的战略规划 / 214

8.1 运营总监的职责与良好工作习惯 / 215

8.2 运营总监的高效能团队管理艺术 / 221

8.3 运营总监必须要为团队解决的六大问题 / 231

8.4 ToB 企业的互联网运营工作如何做 / 236

第 9 章 行业思考：3~5 年后，运营的未来在哪里 / 241

9.1 未来几年，什么样的运营人员最受互联网企业欢迎 / 242

9.2 运营人员应该怎样规划自己的职业发展道路 / 246

9.3 以阿里平台看未来互联网运营的发展 / 250

PART

01
第一部分

揭开互联网运营的神秘面纱

第 1 章
什么是互联网运营

坊间有言:"技术看百度,产品看腾讯,运营看阿里。"互联网的"三座大山"代表了行业最高标准。"万事开头难,斗霜傲雪阿里二十年",要做好互联网运营,首先要思考如下问题:什么是互联网运营?阿里的运营与其他的运营不同在哪里?这样的思考,是逼自己理出运营的思路,做一名合格的运营人员。

1.1 盘点 BAT 在互联网的布局

百度、阿里巴巴、腾讯（简称：BAT），由于其各自的核心优势，早早地在互联网行业形成了竞争壁垒，它们的举手投足关系着中国互联网的发展前景。

那么，在错综复杂的互联网时代，BAT 与互联网之间有哪些密不可分的联系和影响呢？BAT 又是如何布局来推动中国互联网发展的呢？以及 BAT 的布局重点又有什么不同呢？

在本书的第一节，我想先来盘点一下 BAT 在互联网的布局，通过分析这些布局，我们可以看清未来互联网行业的风向标，发现未来互联网的趋势，这是一名互联网运营者必须了解的信息。

图 1-1　BAT 三家形成互联网竞争壁垒

当然，不管是什么企业，其战略布局都是企业的机密，它们是不可能将其公之于众的。但我们可以从 BAT 三家企业的投资情况来窥探其战略布局的。

目前，中国互联网行业内拥有话语权的互联网公司，基本上都与 BAT 有着千丝万缕的联系。对于它们来说，BAT 可以是竞争者，也可以是最佳拍档……总之，这些互联网公司，或多或少都会跟 BAT 中的一家有关系，或者同时跟三家有关系，但大多数会划分为某一"系"，也就是我们熟悉的"百度系""阿里系""腾讯系"。

目前能单独存在，且与这三家公司一点关系都没有的互联网公司屈指可数，如果存在，其经营状况可能也是举步维艰。

比如过去几年，听音乐基本上是免费的，我们几乎不会遇到付费听歌的情况。后来因为各类音乐播放平台的出现，资源争抢激烈，使得很多优质的听歌平台已经落入尘埃，被人们遗忘。

2016 年 7 月，酷狗音乐也没有逃脱被收购的命运，从最初被海洋音乐收购，到现在被"腾讯系"下的 QQ 音乐收购，自然而然地，酷狗音乐也归属为"腾讯系"音乐播放品牌。我们知道，另一个音乐播放平台——酷我音乐的结果也是如此。兜兜转转，"腾讯系"最终拿到了QQ音乐、酷狗音乐和酷我音乐三大知名音乐品牌。

每一个音乐播放平台品牌都有庞大的粉丝群，腾讯因为互联网平台的成功运作获取了大量的资本，于是大肆收购各大音乐品牌的歌曲版权，先声夺人。因为拥有了巨大的粉丝群和垄断的歌曲版权，腾讯拥有了这一领域的市场话语权，付费音乐、注册付费会员等市场行为屡见不鲜。

我们看到，BAT近些年的收购、参股新闻屡屡见诸报端。外行看热闹，内行看门道，这些收购、参股就是BAT的战略布局。

百度：向线下突围，坚持AI

据各大咨询平台和互联网的统计，仅2018年，百度投资事件超过70起，投资总额超过100亿元。

2018年百度的战略投资布局如火如荼，大有与"阿里系"和"腾讯系"比肩的态势，虽然三者之间还存在着较大差距，但百度的后起之势相当猛烈。通过表1-1和表1-2我们一起看一下百度2018年在国内的投资TOP15和国外投资TOP5情况。

表1-1 2018年百度国内投资TOP15

序号	行业	项目名称	投资阶段	事件时间	投资金额（亿元）
1	文娱传媒	网易云音乐	B轮	11.12	36
2	企业服务	新潮传媒	战略融资	11.14	21
3	金融	百信银行	战略融资	3.27	20
4	汽车交通	威马汽车	D轮	10.26	20
5	硬件	酷开	战略融资	3.16	10.1
6	汽车交通	狮桥	战略融资	7.5	10
7	汽车交通	图吧导航	战略融资	11.14	6
8	文娱传媒	百度视频	B轮	9.5	6
9	硬件	极米科技	战略融资	3.12	6

(续)

序号	行业	项目名称	投资阶段	事件时间	投资金额（亿元）
10	医疗健康	一脉阳光	B轮	1.31	4
11	硬件	BroadLink	D轮	2.5	3.43
12	硬件	云丁科技	C+轮	7.11	2.7
13	硬件	禾赛科技	B轮	5.3	2.5
14	先进制造	工业富联	战略融资	5.1	1
15	汽车交通	博创联动	B+轮	4.9	1

表1-2 2018年百度国外投资TOP5

序号	行业	项目名称	投资阶段	事件时间	投资金额（万美元）
1	人工智能	LIOX	种子轮	7.17	16 000
2	医疗健康	Atomwise	A轮	3.8	4 500
3	生产制造	Vesper	B轮	5.16	2 300
4	医疗健康	Quantapore	C+轮	7.19	1 555
5	人工智能	aiCTX	Per-A轮	11.5	1 000

通过上表，我们可以看到在2018年百度的投资战略里，投资了大量的新潮媒体，我想应该是为拓宽获客渠道，争取更多的线下引流机会。目前互联网的线上红利逐步萎缩，从线下引流已成互联网业内的共识。同时，我们还可以看到百度将主要投资放在汽车交通板块，显示其坚定的AI方向，而且百度地图模块也开始大显身手，比如投资20亿元的威马汽车、10亿元的狮桥和1亿元的博创联动，百度的"汽车帝国"呼之欲出。

从投资事件数分析，我们至少可以看出这些信息：百度关注度最高的行业集中在企业服务、硬件制造、医疗健康、人工智能、汽车交通等行业，新兴行业成为关注重点；从投资金额分析：百度投入最多的行业是汽车交通，总额超过37亿元，"汽车梦"仍然是百度的终极梦想；其次是硬件制造、企业服务、文娱传媒和金融行业。图1-2是百度在2018年的投资布局，大家可以直观地感受一下。

图 1-2 百度 2018 年投资布局

阿里巴巴：重金布局"新零售"

阿里在 2018 年的战略投资也是大手笔，投资事件超过 160 起，投资总额超过 1 800 亿元。

作为创始人的马云在 2018 年突然公开发布消息：辞去阿里巴巴集团董事局主席职务，未来阿里巴巴集团运营由现任集团 CEO 张勇来掌舵。未来马云将投身公益、教育等行业，但他依然会关注阿里的战略方向。

我们看到，今天的阿里通过战略布局已经发展成为集线上购物、线下新零售、智能物联、移动支付、云平台等于一身的互联网"航母"，在品牌收购、资本输出方面更是运筹帷幄，像大家耳熟能详的今日头条、饿了么、居然之家、中通快递等，早已归入阿里巴巴门下，涉及领域之宽无人能及。从中可以看出：阿里仍在继续布局新零售领域。

通过表 1-3 和表 1-4，我们一起看下阿里 2018 年在国内的投资 TOP15 和国外投资 TOP5 情况。

表1-3 2018年阿里国内投资TOP15

序号	行业	项目名称	投资阶段	事件时间	投资金额（亿元）
1	餐饮业	饿了么	并购	4.2	600
2	文娱传媒	今日头条	Pre-IPO	10.20	240
3	企业服务	WPP中国	战略融资	7.22	150
4	企业服务	分众传媒	战略融资	7.18	150
5	房产家居	居然之家	战略融资	2.11	130
6	物流运输	中通快递	战略融资	5.29	85
7	文娱传媒	万达电影	股权转让	2.5	78
8	汽车交通	哈啰出行	F轮	7.23	60
9	汽车交通	ofo小黄车	E+轮	3.13	55
10	电子商务	汇通达	战略融资	4.17	45
11	人工智能	旷视科技	D轮	7.23	36
12	汽车交通	大搜车	F轮	9.3	35
13	教育培训	VIPKID	D+轮	6.21	30
14	金融	华兴资本集团	Pre-IPO	8.30	21
15	电子商务	小红书	D轮	6.1	18

表1-4 2018年阿里国外投资TOP5

序号	行业	项目名称	投资阶段	事件时间	投资金额（亿美元）
1	电子商务	LAZADA	战略融资	3.19	20
2	文娱传媒	NewTV	战略融资	8.7	10
3	金融	Paytm	战略融资	6.13	4.45
4	电子商务	Paytm Ecommerce	战略融资	4.3	4.45
5	电子商务	BigBasket	战略融资	2.2	3

通过上表，我们可以看出：阿里为今日头条和分众传媒"砸下"重金，整合跨渠道营销模式。今日头条是人气最旺的整合资讯平台之一，其粉丝群数量超过7亿，每日平台活跃用户已达2亿。

分众传媒创建了新媒体广告模式，聚焦"电梯"这个新时代生活主题场景，平台涉及150多个城市，拥有150多万个媒体展示窗口，每天会有超过5亿次浏览。两者都可以成为阿里新零售模式下的引流来源。

同时，阿里大手笔投资中通快递，希望在物联网方面加大布局力度，而这些都可以为阿里新零售带来流量保证，由此可见其战略布局眼光之毒辣。从投资事件数来看，阿里关注度最高的行业集中在企业服务、电子商务、汽车交通、新金融、人工智能等行业；从投资金额来看，阿里最愿意花钱的行业依次是餐饮业、文娱传媒、汽车交通、企业服务、电子商务等。图 1-3 为阿里 2018 年投资概览。

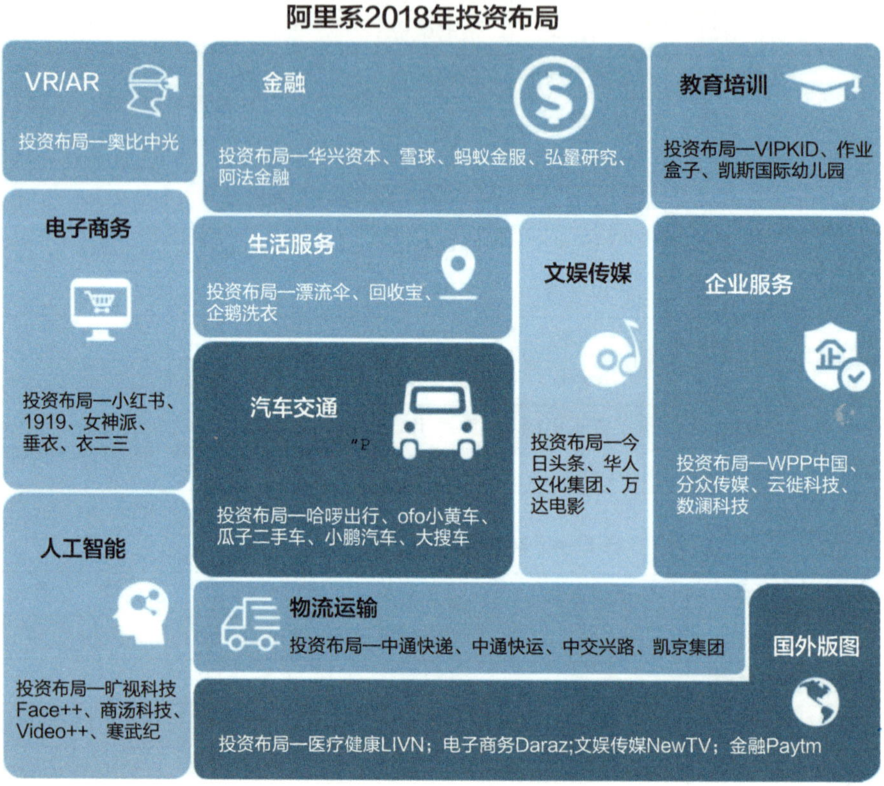

阿里系2018年投资布局

VR/AR
投资布局—奥比中光

金融
投资布局—华兴资本、雪球、蚂蚁金服、弘壐研究、阿法金融

教育培训
投资布局—VIPKID、作业盒子、凯斯国际幼儿园

电子商务
投资布局—小红书、1919、女神派、垂衣、衣二三

生活服务
投资布局—漂流伞、回收宝、企鹅洗衣

文娱传媒
投资布局—今日头条、华人文化集团、万达电影

企业服务
投资布局—WPP中国、分众传媒、云徙科技、数澜科技

汽车交通
投资布局—哈啰出行、ofo小黄车、瓜子二手车、小鹏汽车、大搜车

人工智能
投资布局—旷视科技Face++、商汤科技、Video++、寒武纪

物流运输
投资布局—中通快递、中通快运、中交兴路、凯京集团

国外版图
投资布局—医疗健康LIVN；电子商务Daraz；文娱传媒NewTV；金融Paytm

图 1-3 "阿里系" 2018 年投资布局

腾讯：主打文娱行业，布局多元化

腾讯在 2018 年里出手更是频繁，投资事件超过 170 起，投资金额超过 900 亿元。

2018 年对腾讯来说算得上"冰火两重天"，腾讯遭遇了股价连续下跌的惨痛，刷新了自己的股价下跌记录，引起了大幅市场波动。幸好，腾讯投资的哔哩哔哩、趣头条、蘑菇街、拼多多、蔚来等品牌企业成功 IPO，还算让腾讯欣慰。

如今的腾讯也不再是一家以微信、QQ 为核心的单纯社交平台，它已演变为一个多元化的综合乐园。而如今在行业布局方面，腾讯也摸索出了自己的一套规则。

通过表 1-5 和表 1-6 我们一起看一下腾讯 2018 年在国内的投资 TOP15 和国外投资 TOP5 情况。

表 1-5　2018 年腾讯国内投资 TOP15

序号	行业	项目名称	投资阶段	事件时间	投资金额（亿元）
1	体育健身	Movescount	并购	12.7	359
2	房产家居	万达商业	战略融资	1.29	340
3	企业服务	WPP 中国	战略融资	7.22	150
4	物流运输	京东物流	战略融资	2.14	150
5	物流运输	满帮集团	E 轮	4.24	120
6	生活服务	美团点评	Pre-IPO	9.1	90
7	社交社区	快手	E+轮	7.23	60
8	文娱传媒	斗鱼	战略融资	3.8	40
9	文娱传媒	新丽传媒	股权转让	3.12	33.17
10	游戏	盛大游戏	战略融资	2.8	30
11	硬件	乐融致新	战略融资	4.19	27.4
12	服装纺织	海澜之家	战略融资	2.2	25
13	物联网	G7	战略融资	12.10	20
14	文娱传媒	哔哩哔哩	战略融资	10.3	20
15	汽车交通	人人车	战略融资	4.26	18

表 1-6　2018 年腾讯国外投资 TOP5

序号	行业	项目名称	投资阶段	事件时间	投资金额（亿美元）
1	汽车交通	Uber	战略融资	1.19	90
2	汽车交通	Go-Jek	战略融资	10.30	12
3	金融	Voyager	股权转让	11.17	1.75
4	文娱传媒	Gaana	战略融资	2.28	1.15
5	人工智能	SoundHound	战略融资	5.3	1

通过上表，我们可以看出：腾讯还是一如既往地坚定重点布局强势资源，比如文娱、游戏两大类。文娱一直是腾讯比较擅长的领域，腾讯重金投入文娱，期望为将来的娱乐网红储备资源。时下娱乐界网红组合"创造101"，就是腾讯在文娱领域的试金石，粉丝效应明显；而腾讯一直很关注游戏板块，持续火爆的王者荣耀游戏就是"腾讯系"的成功作品。

同时，汽车交通板块也是腾讯看好的方向，不论是在国外投资 Uber、Go-Jek，还是在国内投资人人车等前沿品牌企业，腾讯对汽车交通领域的未来预期可见一斑。

从投资事件来看，腾讯主要集中的行业依次为文娱传媒、游戏、企业服务、金融、汽车交通等行业；从投资金额来看，腾讯最看好的行业是汽车交通、文娱传媒、游戏、体育健身、房产家居等。由此我们可以发现，腾讯的多元化发展战略表现得更加明显。图 1-4 为 2018 年腾讯的投资布局一览图。

腾讯2018年投资布局

文娱传媒	教育培训	电子商务	国外布局
投资布局— 哔哩哔哩、斗鱼、华人文化集团、黎视频、趣头条、喜马拉雅、新丽传媒	投资布局— VIPKID、VIP陪练、百词斩、考虫、蓝迪少儿英语、猿辅导	投资布局— 每日优鲜、名创优品、拼多多、小红书、易久批	投资布局— 金融Nubank、Voyager Innovations、N26、Airwallex 游戏Bluehole、Dream 11、Ubisoft、Kakao Games、 汽车交通Uber、Go-Jek 文娱传媒Gaana、Skydance Media、Wattpad
社交社区	游戏	汽车交通	
投资布局— 快手、知乎	投资布局— 虎牙直播、盛大游戏	投资布局— Momenta、瓜子二手车、人人车、途虎养车网	
	房产家居	企业服务	
	投资布局— 万达商业、自如	投资布局— WPP中国、东华软件、明略数据、微盟	
物流运输	体育健身	金融	生活服务
投资布局— 京东物流、满棒集团	投资布局— Keep、Movescount	投资布局— 空中云汇、联易融、新分享科技	投资布局— 美团

图 1-4 腾讯 2018 年投资布局

BAT 投资逻辑及趋势分析

互联网概念很广泛，科技的日新月异使其在互联网平台上延伸出很多相关的产业链和商业模式，从过去我们使用最多的网上购物，到现在覆盖互联网金融、移动支付、文娱游戏、医疗健康等领域，与日常生活息息相关。

互联网帝国的 BAT，都在谋划着壮大自己主攻方向的阵营，同时将视线延伸到新兴产业、可持续发展的产业等领域，通过战略布局获取更多的资源。

我们看到，百度非常关注人工智能领域，期待通过战略资本布局开创个性化的人工智能体系，占领人工智能的高地。因此在其战略布局上，百度主要聚焦汽车交通、金融、教育等板块，以人工智能为核心要素，创造行业的全新场景，搭建人工智能与人、人与智能服务场景的无缝对接。

而最早在互联网线上做得风生水起的阿里巴巴，则将平台模式运用得炉火纯青，在零售和支付等重点领域深耕布局。马云率先提出的"新零售、新制造、新金融"等理念，抛出了一个未来的智能化场景空间，传统的零售模式必须大刀阔斧改革创新，跟上消费者的脚步，才能真正适应阿里巴巴提出的"全球买、全球卖、全球付、全球运、全球游"的美好愿景。BAT 中投资眼光最独到的腾讯，不仅依靠社交、娱乐、游戏等主攻领域的强大资源获利颇丰，同时在多元化战略布局中也取得了骄人的业绩。

微信和 QQ 的成功让腾讯在社交平台有着与生俱来的引流优势，流量变现的价值增长更让人期待。腾讯期望利用这些平台建立线上、线下互动的生活场景服务，从而实现线上、线下渠道整合的最佳结果，将各领域与用户顺畅连接。

腾讯的多元化战略布局效应已经开始显现，重点文娱、游戏领域的布局依然坚挺，而汽车交通、体育健身、房产家居、教育培训等领域也开始全面撒网。

综上所述，我们来分析 BAT 的战略布局，坚守自己在互联网平台的主业是共识，是线上引流的核心，同时都在加快新兴领域的布局速度，拓宽布局行业范围，当然这跟 BAT 的强大资本背景有关。细心的人会发现，BAT 在新零售、大健康、教育培训等领域的投入增多，主要是跟人们的现实需求紧密相连。

这也意味着，对于互联网运营者而言，不能做一个"不食人间烟火"的运营者，我们要关注大众的生活方式，了解人们的需求，这样才能做好互联网运营。

在阿里工作的这几年,我每天都在关注互联网的行业趋势。根据阿里内部的战略布局,通过阅读百度、腾讯的各类信息来判断自己下一步的工作重点。行业大咖们的每一次布局,都代表着一种趋势、一种思维、一种指向。做好互联网运营,必须懂得顺势而为。

同时,要善于学习新观念,真正了解新兴行业的游戏规则,提前做好功课。时代瞬息万变,互联网运营者更需要及时适应变化,第一时间更新思维模式,跨平台思考互联网运营,才能做到接地气、聚人气。

阿里的"老运营"和"新运营"区别何在

当我们谈论阿里运营时,我们到底在谈论什么?

2011年,当我成为一名阿里运营新人时,运营看阿里这个光环还没有今天这般光彩夺目。与所有的运营新人一样,我那时想得最多的就是快速成为一名合格乃至优秀的运营人。不得不说,阿里确实就像一所大学,赋能于每一个人。在阿里,我快速地学习了关于运营的各种知识,有些潜移默化的变化悄然发生了。

严格说起来,我在阿里做运营的最初两年,应该算是阿里的"老运营",这个"老"一是指我是阿里多年的运营老兵;二是指在做运营的最初两年里,因为大环境不同,我所做的运营工作与现在的运营工作有所不同,所以,我把那两年称之为"老运营"。下面,我将分别谈一下阿里的"老运营"和"新运营"有什么不同?以及阿里运营的精髓在哪里?

阿里"老运营":集中线下社群运营

我是"中供铁军"出身,2006年加入阿里,阿里2011年进行战略转型时,我开始做运营工作。当时我负责天津区域的客户运营,同时也负责北方大区的商会运营。事实上,那时的运营也就是现在说的"线下社群运营"。其实不光是我,当时大部分的阿里运营人员,都在做"线下社群运营"。

什么是"线下社群运营"？从阿里运营的角度来理解，就是为线下客户做深度服务，搭建商圈体系。这也是阿里最初的运营工作。

2011年是微博出现的第一年，微博的推出获得了极大的市场热情。在这一年的互联网大事件中，还有一个非常关键的拐点，那就是互联网从PC端到移动端的飞跃，随着移动通信技术的发展，移动互联网彻底融入了我们的生活。

在这个拐点上，我们的"线下社群运营"做得非常成功，在北方大区共建立了60多个商会，组织了很多大型的商圈，比如"天津网商会""跨境电商会"等。当时，我还获得了北方大区运营"赛马会"的"师徒奖"，这是阿里运营人员中的第一名才能获得的荣誉。

❶ 阿里"老运营"具体工作内容

阿里"老运营"的工作内容具体是什么呢？

以一个活动来举例，简单步骤如下：

第一步：公司先跟你确定KPI，包括一些日均或峰值订单数、客单价、ROI、留存等指标数据；

第二步：有了具体的KPI接下来就是制定方案；

第三步：如果对页面和产品有新的要求，就画Demo理出逻辑递交给产品、设计和开发相关部门；

第四步：确定招商的方法和标准；

第五步：作为活动的负责人全程管理，包括检查进度—监督效果—评价反馈，直到活动结束；

第六步：在启动活动后，需要随时关注引流、转化、销量等各项数据指标，配合对应流程进行完善，如修改文本、完善图片、调整商品位置、控制发放优惠券等；

第七步：活动结束后，运营恢复常态，剩下的就是根据活动数据做复盘分析，总结优点和不足，积累活动经验。

概括起来，我当时的工作内容包含以下3个方面：

1）管理资源

活动资源是有限的，线上线下商圈的资源也是有限的，资源有限就会出现争抢的情况，那么资源的管理就需要设立规矩，否则就会有人质疑资源管理的标准，抱怨资源的分配行为。其实，这关系到横向行业、品类维度的界定，纵向商家上游、中游、下游的细分。具体来说还包括同一个界面，确定商品上下左右的位置。

2）沟通

很多时候，我做运营会感觉特别忙碌，但又想不起来忙了什么，也许大多数时间都花在沟通上了。作为需求方，需要与商家、设计、研发各部分广泛交流，保证需求落地不走样，能达到实际效果。作为资源方，又必须广泛听取各行各业的商家意见，确定运营方法和标准。

3）其他事

运营的工作很细小，甚至不起眼，比如检查商品、设计图片、策划页面等很多小事都是工作的一部分。

我当时的运营工作主要包含了三个方面：内容运营、活动运营、产品运营，图1-5说明了这三个方面的工作重点。

图1-5 运营的三大方面

❷ "老运营"怎么做？——学会分层

那么，阿里"老运营"要如何开展工作呢？最重要的工作是学会分层。下面主要介绍一下三大分层方法。

1）时间分层

根据数据运营的分析结果，我很了解每个月自然时段的高低峰值节点，参考内容运营的结果，我会明确每个月的活动关键点，然后再根据每个地区的指标任务，将资源合理分配到各个重要的节点，发现增量的时候一鼓作气，并且安全稳定地完成月目标。

2）商户分层

根据商户的实体店数据和阿里的互联网数据，以及用户的回头率等数据指标确定出一个标准，对商户进行分层，A、B、C不同等级的商户配置不同的资源：

A级商户基本实现自主运营，分配给他们的资源最多，因为他们的市场比较稳定，可以自由发挥；

B级商户需要被重点关注，这个群体有活力、有激情，可是资源有限、方法单一，必须用资源去帮助他们发展；

C级商户就比较麻烦，这个群体人数最多，苦于没有好的方法，有些人还没有斗志，这时候需要点燃他们的激情，用各种大大小小的培训会把商家聚集在一起，用生动的案例和实用的方案让他们知晓解决办法，找到适合自己的道路。然后我们再把资源分配给想做事的商户，扶持他们。

3）区域分层

根据各个区域的互联网数据进行分层。有限的资源当然是要向投入产出比高的那些区域倾斜，比如综合体、重点街区、高端人群社区等。

❸ 阿里"老运营"的工作难点

在做"线下社群运营"的过程中，对比阿里"新运营"，我总结出以下两个工作难点（或者说是弊端）。

1）效率较低

既然叫"线下社群运营"，就需要组织者把在各个区域的人聚集到一起共同交流。可以想象，如果碰到一些突发状况和偶然因素，大家开会等待的时间就会白白消耗掉。如果聚集前不事先安排讨论主题的话，更难以达成统一的意见。

经过一次交流后，大家才会了解彼此，并各抒己见。

2）观念无法达成共识

线下的圈子鱼龙混杂，什么样的人都有，要想找到观念一致的人如大海捞针。线下社群运营的结果，就是线下的朋友来自五湖四海各种圈层，很多时候在某一个运营节点沟通的时候，更多的是东扯西拉。

以上就是阿里"老运营"的一些工作内容及自身的一些看法。下面，我来说说阿里"新运营"。

阿里"新运营":职能分工细化

随着我在阿里工作年限的增加,互联网也在发生着剧烈变化,这时我的运营工作开始有了新的内容,我从原来的"运营小白"成为"资深运营人员",到最后成为"资深运营经理"。当然,阿里也由原来的"老运营"走向了"新运营"。

接下来,我就从自己的角度出发来讲讲阿里"新运营"的架构、常见岗位以及其他运营分支岗位。

❶ 阿里"新运营"的架构

在阿里旗下,像淘宝、天猫、支付宝、菜鸟等都是独立运营的横向部门,这些部门之中,既包括聚划算、淘宝直播、淘抢购等针对产品方面的运营岗位,也包括注册会员、卖家扶持等针对具体工作方面的运营岗位,从事这些岗位的运营人员经常与各行业之中的运营人员沟通对接,而具体到每个行业又会细分出很多运营类型,比如卖家运营、活动运营、产品运营、内容运营、类目运营等。

图1-6概括说明了阿里"新运营"的组织架构。

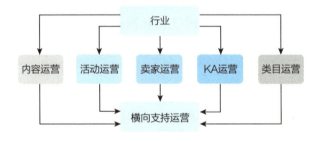

图1-6 阿里"新运营"的组织架构

❷ 阿里"新运营"常见岗位

运营可以依据不同的组织架构来划分工作内容,可以是一人一岗,也可以是一人身兼多岗。在划分运营工作时,除了要针对企业的具体条件外,还要依据不同时期产品的定位,只有经过全面且综合的分析后,才能准确划分运营岗位和内容。

那么,阿里的运营到底划分出了哪些具体岗位呢?要想弄清楚这个问题的答案,让我们先从一个运营经理的维度来思考:运营最后要解决的是用户和产品之间联系的问题,通过各种方法不断增加顾客的认可度。

按照现在的情况看,我们最少应该可以划分出五个基础岗位,图1-7清楚展现了阿里"新运营"的五大岗位。

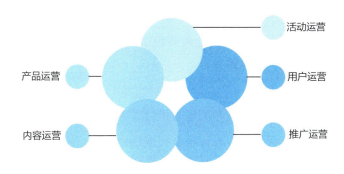

图1-7 阿里"新运营"的五大岗位

1)产品运营

很多人对产品运营的理解就是跟产品有关的运营,包括编写文案、活动策划等一系列工作,工作内容被定义为运营产品,其实,简单地把产品运营定义为运营产品是片面且不正确的。

如果要给产品运营下个定义,可以将产品运营理解为:它是连接产品和运营的中介,负责产品内容的信息发布、线上推广,以及在产品调整过程中及时反馈运营状况并不断优化。

阿里有两类产品运营。

第一种产品运营工作内容比较具体,归属于某个行业,主要负责运营和产品进度协调,负责把运营的要求反馈给产品部门,按轻重缓急排序,推进产品部门完成工作。这种产品运营的工作内容多是针对卖家来运营具体产品,目标群体不会很大,工作内容相对单一。

第二种产品运营工作内容比较全面,比如聚划算的产品运营,需要运用内容设计、活动策划、顾客运营等各种方式让更多的商家参与聚划算,优化聚划算的体验场景,让主动体验聚划算的顾客更多,并且能有效引流转化。

2)内容运营

不管你是做新媒体、内容平台类的产品,还是纯应用类的产品,内容都将在不一样的产品时期发挥关键的作用。

内容运营的概念是：通过设计、合成内容，有目的地生产内容，并建立不同的顾客接触渠道，推进产品与用户之间的体验互动，增加顾客的忠诚度以及参与度。具体表现在对产品用户端、渠道端、活动端提供运营支持。

处于内容运营岗位的人员的工作内容包括内容创造、编辑合成、互动设计、推广以及效果反馈在内的全部环节。

3）活动运营

活动运营可能是我们见得最多的运营手段，很多规模化的互联网企业都会单独设立活动运营岗位。活动内容设计也会根据活动方式、协作规模、内容策划等多个方面产生相应变化。对于基础的小规模互联网和线下整合活动，只需要一两名活动运营人员就可以完成。

而像阿里这样的大平台在做活动运营时，比如天猫"双11"活动（见图1-8），则需要整体营造品牌推广氛围、全面增加平台成交量，这就需要通过系统的活动运营实现，一般来说都需要有丰富经验的活动运营团队来全面执行。

图1-8 阿里2018年"双11"活动

做活动运营需要扎实的基本功，成为一个好的活动运营人员还需要较高的综合素质。一个好的活动创意，对于运营人员来说是一个挑战，比如要思考活动方案如何设计？活动操作的合理步骤有哪些？如何做出好的活动策划？互联网和线下实体活动有哪些具体区别？大规模活动运营如何完成等。

4）用户运营

事实上，我最初在阿里做的"线下社群运营"，也可以叫"用户运营"，只是这里的"用户"是指线下。后来阿里"新运营"工作范畴中的"用户运营"，不仅包括线下，还包括线上。

用户运营，是指以产品的用户拉新、活跃、留存为目标，根据用户的需求，制定运营机制。

对于一款互联网产品来说，无论是什么形态，都需要经过吸引新用户、留存老用户、保持用户活跃度、促进用户付费、挽回流失用户这几大环节。而这些环节是根据产品的生命周期来决定的。下面，我用图1-9来具体说明用户数量与运营阶段的关系。

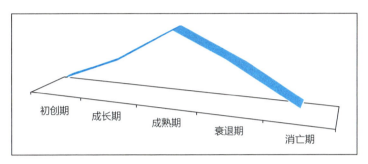

图1-9 用户数量与运营阶段的关系

在产品的不同阶段，针对基数不同的用户数量，用户运营的工作也会发生动态变化。

从微观角度来说，每个用户都会随着年龄、阅历的变化而成长，这些都是导致用户数据大规模异常的因素。比如，你的产品的目标用户群体是18~20岁，当你把这一批用户群体维护好并稳定住后，过了5年、10年后，当他们到了30岁，极有可能不会再使用你的产品。

所以，运营人员要时刻保持高度的危机感，珍惜每一次与用户接触的机会，关注他们的每一个成长痛点，只有这样，才能做好用户运营工作。

5）KA运营

KA就是我们日常说的核心客户，或者叫重点客户、VIP客户。每个行业对KA的概念有不同的标准，比如有的依据该客户上一年成交额在整个行业的排名，有的依据该品牌在实体零售业或者其他行业的价值和影响力，还有的则考虑该品牌可能会有重要的商业动作、有强大的资金支持可以强强联合或市场关注度较高等。总之，KA客户的标准比较高，一般来说占比不会超过1%。

KA运营的概念有点类似于卖家运营，都是围绕卖家开展工作，帮助卖家提升销量。但是每个KA的情况有差异，KA运营可以进行更有针对性的定制化支持，比如帮助卖家举办店庆、周年庆等运营活动，并且从资源管控上给予扶持。

每年"双11"前阿里会特邀KA客户去淘宝城开预备会，阿里运营人员会面对面地给 KA 客户做动员、讲主题。让 KA 客户感觉得到了比其他客户更多的平台资源和扶持，但其实他们也承担了更大的 KPI 任务。KA 运营主要是负责帮助 KA 客户提升销量，扩大 KA 客户交易量在平台中的比例。

❸ 其他运营分支岗位

除了上面跟大家提到的五大主要运营岗位，阿里还根据每个主要运营岗位细分出具体的分支岗位，下面用表 1-7 给大家简单介绍一下。

表 1-7 运营分支岗位

运营岗位	分支	职能范围
产品运营	资源位运营	资源位分配优化
	数据运营	数据支持
	App 运营	数据监控
内容运营	社区运营	产品社区
	热点运营	热点事件、话题
	短视频运营	创意制作
	新媒体运营	社交媒体、新闻媒体
活动运营	平台活动运营	活动项目设计
	商务运营	产品资源、流量资源整合
用户运营	新用户运营	拉新、转化
	老用户运营	留存、促活
	粉丝运营	培育发酵产品
推广运营	流量运营	提升增量、维护存量
	KOL 运营	邀请、维护、挖掘

根据不同的运营结构，我们可以有不同的岗位设定。让每个岗位各司其职，有明确的职能分工是最关键的。

以上就是阿里"新运营"的一些具体工作划分及岗位结构。而阿里"老运营"和"新运营"的差别，主要是"老"在运营渠道、运营方法、运营思路上，"新"在创新方式和运营策略上。

阿里运营带给我的收获

阿里所有的运营都离不开阿里文化的精髓，作为一个从"中供铁军"出来的运营老兵，我深刻地感受到阿里文化带给我的成长。在阿里文化里，有不少的关键词，比如要性、owner（主人翁）意识、拥抱变化……这些文化运用到阿里的运营工作里，让我的运营管理工作变得理性、目标导向、更加精简，这是阿里带给我最大的收获。

阿里的运营工作经历让我得到了成长和改变，主要有以下四点。

❶ 视野

在行业趋势、市场竞争和寻求合作上，我学会了站在更高的位置来思考问题，尝试通过高度来改变思维方式和视野，有时在工作中站得更高，思考问题可能更容易。

在业务分析、平台整合和价值体系等方面，我学会了全局性思考面临的问题，打开工作视野，不要局限于眼前做的事，而要看成是整体系统里的重要环节，这样就会感觉到工作的价值。

❷ 自信

不抛弃不放弃，始终抱有希望和梦想，也许通过努力就能实现。我相信，只要全心投入，面对困难时都会找到解决的方法。这个时候，坚持相信自己，肯定能战胜困难。

❸ 心要大，皮要糙

做运营，抗击打能力要很强。在阿里做运营期间，我经历过跟开发、产品针锋相对的时刻，跟运营内部的人员激烈争吵，甚至还跟领导发生过冲撞。因为总是考虑得很多，后来心态慢慢平和，想想大家都是为了工作，只是各自的立场不同而已。所以心要大，皮要糙，有话要好好讲。

❹ 复盘

经常反省自己就会成长。复盘是阿里人的经典思维，一个人要做复盘，一个团队要做复盘，目的就是不断发扬自己好的方面，改善不好的方面，使自己成长。

阿里"新运营"有点像是一只头脑睿智、目光犀利的雄鹰，站在高处，寻找自己的目标，谋划布局，张弓待发。

后来，我从阿里离职，成立了属于自己的公司。对于离职，马云曾经说员工离开公司有两个原因：一是钱没给到位；二是心委屈了。对于我来说，并不是由于这两点原因，而是因为阿里让我成长，进阶为一个可以独当一面的人，所以我想有更广阔的天地，所以我选择离开阿里。

不管是阿里"老运营"，还是"新运营"，它都使我成长了，赋能于我。我很感谢阿里，也感谢自己的团队和战友，愿我们驰骋万里，知行合一。

1.3 互联网从业者，该如何理解"运营"这件事

常常有做运营的员工或业内人士找到我，问我："究竟什么才是运营？"对于这些人的困扰，我认真地思考过。

从表面上看，运营是一个门槛很低的职业，工作内容繁杂，在互联网行业，除技术、产品以外的工作似乎都可以划分给运营。也正因如此，似乎无法明确地给运营下一个完整的定义。

但是，作为一名运营人员，如果我们无法弄清楚运营究竟是做什么的，就意味着我们无法弄清楚自己的工作职责。那么，当你在工作的时候，就很容易陷入迷茫之中——不知道自己究竟应该做什么、不应该做什么，不知道哪些工作是重点、哪些工作可以放在次要位置，更不知道自己应该学习什么、积累什么，未来又应该往什么方向发展。

从这个角度来说，弄清楚运营的定义以及主要的工作职责，对于运营工作者而言，甚至对于从事互联网行业的人而言，都有着至关重要的意义。

我们先从互联网运营的定义开始讲起。

运营定义众说纷纭

尽管我们无法清晰而准确地给运营下一个定义，但是，关于"什么是运营"这个问题，我想每一个有运营工作经验的从业者，甚至是有意从事运营的人，内

心或多或少都会有一些自己的看法和想法。

目前在互联网行业,关于"什么是运营"的答案主要有以下四种:

❶ 如果说产品是负责"生孩子"的,那么运营的主要任务就是负责"养孩子";

❷ 以用户为中心进行的一系列工作,包括拉新(增加新用户)、促活(提升用户活跃率)、留存(防止用户流失)等,都属于运营;

❸ 运营就是指一切围绕产品进行的人工干预工作;

❹ 运营主要是指用户运营、内容运营、活动运营、新媒体运营、产品运营、社群运营等内容。

另外,对于"什么是运营"这个问题,一些专业人士也给出了自己的答案。

比如,韩旭老师曾经在知乎上谈起过自己对运营的理解,他认为:互联网运营是为产品传递价值、打造生态和创造玩法。

张亮老师曾在自己出版的书籍中提到:一切能够进行产品推广、促进用户使用、提高用户认知的手段都是运营。

不可否认的是,以上这些说法都有一定的道理,也都能够为我们提供一个对运营的思考角度。它们分别从不同的侧重点出发,比如有从运营价值出发的,有从互联网运营与传统运营的区别出发的,有从运营作用出发的,给运营下了定义。

然而,这些说法理解起来,总是感觉有些抽象、零散和宽泛。尤其是对于一些刚刚踏进运营大门的初级运营人员来说,这些说法,可能并不能带给他们关于运营的直观且具体的认知。

换言之,这些观点难以为运营提供一个体系化的解读。

我对运营的理解

那么,作为互联网从业者,我们究竟应该如何理解运营这件事呢?

我认为,从表面上看"运营"这个词汇似乎是依托互联网而产生的,没有互联网就没有运营。然而,如果我们更深入地挖掘运营的内涵和工作思维,就会发现,它其实是和人类的商贸文化一样源远流长的,在漫长的历史进程中,不管是"达官贵人",还是"普通百姓",其实都具有运营思维。

所以，要想知道运营究竟是什么，我们不妨先来看几个历史故事。

关于运营，我要讲的第一个故事是大家都很熟悉的历史典故——"姜太公钓鱼，愿者上钩"。之所以选择这个故事，是因为在我看来，这其实就是姜子牙个人进行的一次运营。具体的做法也很简单，首先对姜太公"治理国家的能力"进行宣传和预热，从而促使姜子牙的"产品发布"后，周文王会在第一时间进行"付费下载"。

我要讲的另一个典故是"卧龙凤雏，得一人可安天下"。在我看来，这其实也是一种成功的运营。通过士人阶层的口碑相传，将诸葛亮、庞统的雄才伟略传递给潜在雇主，给潜在雇主留下深刻印象，让潜在雇主对他们感兴趣。

以上的这些典故中，主人翁都是有雄才伟略的历史人物。事实上，除了这些风光无限的大人物，在那些浪迹于市井街头的小人物身上，我们也可以寻找到运营的影子。

比如，在古装电视剧里，我们常常会看到这样的情景，一些街头卖艺的艺人，端着盘子大声喊道："有钱捧个钱场，没钱捧个人场。"从本质上来说，这也是一种运营。简单来说，就是街头艺人采取在闹市区人流密集的地方对产品进行宣传，以此来吸引受众群体的注意，并最终通过对产品进行展示，提高人群的活跃度，并最终达成"捧个钱场"的付费行为。

以上为大家列举了一些耳熟能详的历史典故，不知道通过这些案例，大家是否能对运营有一个更感性的认知。其实，在我看来，运营应该这样定义：通过符合当前人文及商业环境的传播手段，以特定的人物、商品、产品、品牌等对象作为运营的目标，去影响目标人群，实现运营的目的。

这样说，可能许多人尤其是互联网行业的"门外汉"，依然会感觉抽象，不好理解。为了帮助大家更直观、更准确地理解运营，下面，我们不妨先暂时忽略运营要承担的主要工作职责，以及"拉新、留存、保活跃"等指标，将产品和用户描绘成具备一定距离的两个圆形（见图1-10）。

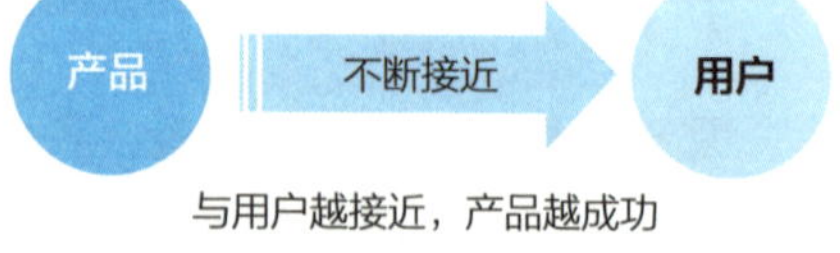

与用户越接近，产品越成功

图1-10 产品与用户

我们可以规定，用户和产品之间的距离与产品的成功和对用户需求的满足成正比，即当用户和产品越靠近的时候，产品就越成功、越能满足用户的需求。此时，运营的作用就是要采取一系列的有效措施，不断地缩短用户和产品之间的距离，不断去提升这两个圆互相靠近的速度。

那么，运营具体应该如何发挥作用呢？归纳起来，主要有三种方式：

一是采取"干预用户"的方式，对产品的价值进行推广和宣传，促使用户主动靠近产品；

二是采取"干预产品"的方式，对 PM（产品经理）落实真实需求进行协助，以此来拉动产品靠近用户；

三是两者兼顾，通过 KOL 运营、产品内主题运营、内容运营、活动运营等来实现产品和用户相互靠近。

从这个角度来说，运营的工作职责其实就是推动产品和用户不断靠近，而运营的工作内容则可以理解为，为实现产品和用户不断靠近而提供有效的方案。

说到这里，相信大家对运营究竟是做什么的已经有了一个更直观、更感性的认知。相信有了这些感性认知的基础，在后续的章节讨论中，大家对于运营也会有更深刻的认识和理解。

从事运营的这些年，我始终持有这样一个观念，那就是对任何新事物的定义，其实都是由人来完成的。在我看来，一个定义只有具备了具体全面、能有效指引后续的运营研究并很好地付诸实践这两个特征，才能称之为一个好的定义。

从用户视角看运营

在上文中，我们已经为运营下了一个相对准确的定义。相信这个定义除了能帮助我们跳出对运营的狭隘认知外，也能够有效引导运营从业者在开展运营工作时，更好地回归用户视角，从用户的角度出发，一改自己作为产品内部人员所采取的由内而外地观察产品的方式，更全面地审视产品。

因为工作的关系，我曾经接触过很多互联网从业者，在这些人中，既有企业创始人、中层管理者，也有基层的运营人员。我发现，在开展互联网运营工作的时候，他们都有一个共性，那就是喜欢将"拉新"（引入新用户）作为运营工作的起点。最典型的一个情景就是当规划、研发了一个产品 App 后，他们总是会选择先拉用户下载、注册、使用，在具体的做法上又可以分为两种：一种是"烧钱"做产品推广（前提是有足够的推广经费）；另一种是到处宣传（在经费不足的情况下）。

而做这一切的结果往往并不理想，最后要么是拉不到人，要么是拉来的人马上就跑了。对此，许多人总是无法理解，不明白为什么自己辛苦一场，却达不到理想的效果。其实，原因很简单，因为他们都是站在企业方立场，而没有以"用户视角"去思考问题，导致他们对于互联网的运营模式以及运营工作的理解，出现了偏差。

从本质上来说，互联网产品不同于传统行业的实体商品，对于用户来说，绝大多数互联网产品都是陌生的、新鲜的。他们在选择的时候，也会有更多的疑虑。

举个例子，有一天市场上突然出现了一款很轻薄的羽绒服，商家一再强调这种羽绒服不仅不像普通羽绒服那般厚、保暖性更好，而且折扣力度也十分大，原价2 000多元的羽绒服，现在一件只要500元，我想，哪怕对这件羽绒服再心动，你也一定会先上网了解清楚后，再做决定。

当然，即便是确认了这种羽绒服确实如商家所言，相信你也不会立马购买。因为作为一种全新的商品，在内心深处你对它一定会有所怀疑。这个阶段，如果你确实对新的羽绒服感兴趣，你应该会再持续观察一段时间，看看有没有人买过，买过的人会做出怎样的评价，然后再做打算。

等到你周围的人，都开始穿这种轻薄的羽绒服，并且对此评价不错的时候，你心里的疑虑才会完全消失，才会选择去购买。并且，因为是初次购买，你心里并没有把握，所以你一定会先给自己购买一件，在确认了保暖效果确实不错、价格也很便宜以后，你才会放心大胆地给父母、爱人选购。

这里的轻薄羽绒服，代表的就是对用户来说十分新鲜的互联网产品。而在从轻薄羽绒服面世到你最终选择它的过程中，每一个步骤，以用户视角来看，其实都代表了用户对新产品的态度：

通过网络了解轻薄羽绒服的过程，代表着用户对新产品的初步认知过程。

确认轻薄羽绒服确如商家所言后，对轻薄羽绒服的持续关注过程，代表着用户关注新产品，进一步认知产品的过程。

准备购买轻薄羽绒服的过程，代表着用户体验新产品的过程。

最终决定购买，代表着用户最终认可了新产品，并成为产品的新用户。

这个例子，很好地说明了在互联网运营中，使用用户视角思考问题的重要性。

对于互联网行业的任何新产品而言,用户在最开始接触它们的时候,可能都会把他们当作全新的"羽绒服",如果我们想让用户最终为它买单,就必须回归用户视角,帮助用户更好地认识产品,让用户关注产品、体验产品。

道理很浅显,做起来却并不容易。令我感到遗憾的是,在现实生活中,大部分从事互联网行业的人员,都没有深刻认识到这一点。这也是为什么许多互联网公司在对新产品进行推广时总是失败的重要原因。

所以,我再次呼吁互联网运营人员,一定要充分重视用户视角。那种不假思索地使用"运营套路"或者借用他人的成功运营经验的做法,一定要杜绝。

以上便是我对互联网运营的一些浅薄认知,希望大家在阅读之后,能够对互联网运营有一个初步的体系化认识。

1.4 在互联网企业,如何区别运营、营销和产品

不管是在阿里做运营的时候,还是离开阿里给其他企业讲课的时候,经常会有人问我:

运营、产品、营销的工作有什么区别?三者之间有什么联系?

在运营的工作中,我们经常会混淆三者之间的差别,因为每个企业的组织架构不同,职责权限不同,三者之间既有交集也存在差异。比如目标定位、数据分析、评估、开发、顾客反馈、意见收集、客户管理、电子商务等工作,到底应该如何划分工作职责?又由谁来分工?可能每个企业的分工都不尽相同。

下面,我将从自我感知的角度来阐述运营、营销和产品之间的关系,当然,这不是确定的结果,只是给大家提供一个参考的依据。

我们先来看一幅清晰的运营组织关系架构图(见图1-11)。其中和运营主要协作的部门有三个:研发、产品、市场,组成了

图1-11 运营组织关系示意图

正向三角形。而对运营起到次要帮助作用的部门也有三个：业务部门、行政事务部门、渠道部门，组成了逆向三角形。

每个企业组织分工的标准，将会因为环境和资源的差异有所不同。运营在互联网企业中的核心价值和关键作用也相应决定了其工作的范畴。当然，上面说的大部分是理想状态下的架构，对于现在的很多互联网企业，特别是刚起步的企业来说，不需要受这些限制。

下面，我将对运营、营销、产品三个职能进行区分界定。

运营 VS 产品：互相补位，合作才能赢

产品和运营有什么样的关系呢？我在阿里任职期间也曾和同事讨论过这个话题，在一次工作讨论中我听到这样几种声音：

小张：产品是身体，运营是思想，让产品有精神，没有思想的身体是空洞的，思想与身体的完美结合才会形成健全的"人"。

小李：产品是平台，运营是服务，产品就像餐厅，运营就像工作人员，顾客只有在工作人员的帮助下，才能在餐厅享用美食。

小王：产品和运营如同双胞胎，彼此形影不离。

小赵：产品的内容是运营的基础，产品没有内容，再优秀的运营也是白搭。

小周：产品是萌芽，运营是周围环境，环境要有助于萌芽茁壮成长，避免各种不利因素。

在互联网企业，产品和运营的关系就像是一对爱恨交织的冤家，既需要合作又存在矛盾。作为一个运营人员，总是要自问："产品差，我们也要逼用户使用吗？"其实做运营工作之前，我一直对"产品是生孩子的，运营是养孩子的"这句话深信不疑，单纯地把产品和运营理解为"亲子关系"，很多运营人员也和我的想法一样，没有理解产品和运营的真正关系，所以才出现运营人员总是埋怨产品形象差，没有任何内涵，不知道该如何向顾客讲解和促销。

一个产品正式上线后，如果销量不错，顾客持续增长，运营人员会觉得这是运营的业绩；如果销量不行，运营人员就会觉得是产品的问题。

而从产品经理的角度来看，如果销量不错，顾客量很大，会觉得这是产品好的结果，运营作用不大；如果销量不行，顾客量少，就会觉得是运营没做好。

所以，产品卖不出去，到底是运营人员的问题，还是产品经理的问题呢？我在阿里做运营期间，在很多场合都和产品经理打过交道，通过与产品经理的大量接触，我对产品和运营的关系也有了一些自己的理解。所以，在这里，我想和大家深入讲解产品与运营之间的关系。

❶ 产品和运营之间的两大冲突

产品经理和运营人员在合作的过程中，会发生很多冲突，概括起来主要有以下两个：

1）运营人员不想为产品经理"背锅"

我们先来了解一下运营人员的心声："为什么产品经理和运营人员不能充分交流？他们了解顾客需求吗？知道运营的工作内容吗？新产品推出后市场反响不好，顾客投诉增多，每次处理顾客投诉的都是运营人员，产品经理怎么不出面呢？"

"运营人员收集到的顾客需求总是无法满足，有了需求还要预测市场结果，可产品都没出来，怎么预测？产品经理太本位主义了！"

"产品在市场上获得了好评，产品经理就开始宣传自己的功绩，其实这些都是忠实顾客的反馈，也是运营人员积极推荐的结果，怎么变成产品经理去邀功请赏？"

2）产品经理觉得运营人员作用不大

产品经理又是如何看待这个问题的呢？"运营人员根本不懂产品设计，总是提出一些无法实现的要求，而我们还要花精力沟通无法实现的原因，不切实际的需求对于产品设计来说毫无用处，运营人员反而会弄巧成拙。"

"运营人员一天到晚想的都是KPI。销量好了，可是周转率还是不高。经常做活动免费送，把产品弄得面目全非。"

上面这些话你是不是很熟悉？这些话代表双方的立场，相信很多产品经理和运营人员都有听过相似的"吐槽"。其实，这种指责对方的现象大多是因为各自对工作的理解角度不同造成的。做运营的人在抱怨产品不理想时，对方也同样在抱怨运营做得不好。但是，大家在一起工作，最终还是要解决问题的。

产品和运营两个环节要沟通顺畅并不简单，要想大家齐抓共管、稳定运行，势必要明确产品和运营的特性。

❷ 产品和运营出现矛盾的原因

两者出现冲突的根本原因是：工作方向不同。这种不同导致双方无法在工作过程中形成聚合力。可见，分析这个问题的关键要素就是要让产品和运营工作方向统一。

为什么会出现这种方向不同的情况，是因为产品和运营的出发点不同，从企业的组织结构上看，很多企业的产品和运营属于两个不同的部门，由不同的部门经理来管理。所以两个部门的工作方向也是完全不同的，如果方向一致，那两个部门的绩效就不好评价了。

举个例子，两个人一起做饭，一个负责配菜准备，一个负责炒菜，最后做出一桌可口的饭菜，那么成果算谁的呢？

所以，互联网企业在进行分工时，都要尽可能保证单独运行，防止出现工作流程和工作方向重叠的情况。这样做有利于组织成员的职业发展，也方便评价工作绩效，让工作中的差错有机会被解决。

因为组织的分工不同，造成了产品和运营的工作方向不同，所以两个部门的组织构成给双方工作都带来了消极影响。工作方向不同，利益各有偏向，导致两个部门难以默契沟通，这种现象不仅会影响整体计划的正确执行，也会延长产品设计的周期。

❸ 产品和运营之间的关系

运营和产品的关系是立体交叉的，两者有时需要协同配合，有时又会发生冲突。在这个问题上，要想调整好产品和运营的关系，我们就要分析两个部门的长处和不足，找到切入点、完善流程，同时让这两个环节都充分发挥绩效的作用。那么产品和运营的关系到底是什么呢？

"产品目标和内容决定运营的方向，运营目标和顾客评价决定产品的升级和创新。"这句话是较为精准、合理的表述，我认为两者是相互促进的。下面我就用简单的流程图（见图1-12）来分析一下双方的工作角色和合作方法。

产品和运营没办法完全独立，如果在企业中设计为上下级关系又会造成一方话语权丧失，因此，最好的解决办法是产品和运营独立分工，明确划分职责后，在不同的组织环节分别做好自己的工作。

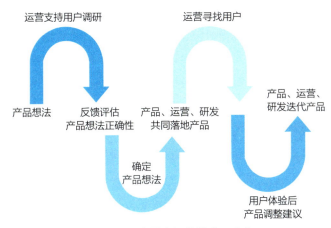

图 1-12　产品和运营的分工合作

产品和运营发挥最大价值时，会如何？

❶ 产品价值最大化

如果产品的作用发挥到极限就会为行业带来根本性的颠覆，特别是文化类和科技类的产品，比如智能机器人、数字手游、好莱坞大片、无人驾驶汽车等，这些都是产品价值最大化的表现。这些产品都是依靠科技迭代和人类智慧创造出来的，已经成为行业里的明星产品。

产品价值最大化还代表了科技的创新。可口可乐的价值在于科学的配比，因为其他品牌无法制造出那种口味的汽水，而顾客对可口可乐的口味忠爱有加。每一个标志性的产品都是如此，比如电灯、无人机、3D 打印等。

价值最大化的产品还代表着较高的竞争门槛，这也是一种产品创造。就像有些经典手游，每次发布新品，都会有大量粉丝充满期待，运营的作用便显得微不足道。

❷ 运营最大化价值表现

运营的演变历程并不长，其中标准的理论体系也正在逐步建立。运营实际上是从产品和销售中切割开的环节，跟产品和销售都有关联。

因此，运营人员可以说是复合人才，无论是产品的知识还是销售的知识都要懂。运营有很多种不同类型，既有专门针对服务行业的运营，也有社群运营，还有很常见的粉丝运营。不同类型的运营模式，需要配合的手段和技能各不相同。

很多时候，产品的功能是相同的，没有模仿门槛，顾客群体也是重合的，可是有些运营价值高，有些运营则价值低，原因就是运营背后也有规则，有些人摸到了门道，而有些人还没入门。这其中还包括团队的工作能力，团队工作能力强，运营就出彩；团队工作能力弱，运营效果就差得很远。

我认为，产品价值最大化肯定需要较高的竞争门槛，运营价值最大化需要明确的方向和团队高效的执行力，前者主要靠技术，而后者主要靠团队。在新零售时代，产品和运营就像汽车的两个引擎，面对不同的路段和不同的场景，两者动力交替轮换。产品和运营如果随着组织的不断完善而并驾齐驱，那么团队的合力就会放大，企业就会创造奇迹。

运营 VS 营销：分工不分家，协作价值最大化

对于运营和营销来说，矛盾一般出现在工作职责划分上。比如，新媒体这个岗位是划到运营部门还是营销部门，顾客答谢活动由哪个部门负责等问题。这些都是传统思维在向互联网思维转变的过程中，由于组织结构的变革产生的。同时因为运营的定位比较新，受到市场影响发展得比较快，所以职责的划分就难以明确。

❶ 运营和营销的关系

如果把营销看作是一门理论的话，那么它会是一个基础深厚、有很多方法和思维得到验证的完整理论体系。其中 4P 是人们最熟悉的营销概念，它指出营销是四个方面的整合，即产品（Product）、价格（Price）、渠道（Place）和促销（Promotion）。下面我用图 1 – 13 来说明一下营销的 4P 概念。

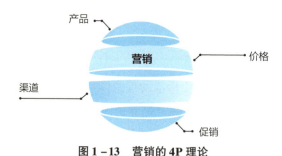

图 1 – 13　营销的 4P 理论

从理论上看，营销覆盖的领域比运营要宽。但在现实生活中，我们却把营销

工作简单地划归市场部，即 Marketing，并且工作内容以促销为主。于是，营销的主要内容变成增加品牌接触面，增加顾客流量，想方设法获取顾客，但是很少考虑顾客的价值变现。

所以说营销是轰炸机，杀伤力很大，但是并不精准，完成了多少无法评估，也很难分析其具体作用。运营相对来说比较实际，主要关注点是顾客，也许是老顾客答谢，也许是新顾客赠送，也许是活动抽奖，最终结果是顾客价值和流量变现，增加了销量，量化的指标更明显。

比如阿里巴巴在做"双11"项目策划时，营销部会在各种渠道增加活动宣传，在线上策划宣传页面，在线下组织许多主题活动，在社交平台上利用大咖推荐引发话题讨论，营造外围火爆氛围，刺激用户消费心理，将人气集中在"双11"。而这个时候运营部就是针对用户全方位包装"双11"并促进成交，比如购物优惠券和红包的领取、各种省钱秘籍的提前发布、各类细分市场活动的打包整理等，促进销量的提升。

市场部与运营部只有互为补充、相互合作才能完成真正的营销。可是我们看到有的企业里这两个环节是独立的，于是市场部拼命在外面"拉客"，但运营部却无法使其变现；或者是运营部精心策划了转化方案，市场部却无法实施。

❷ 营销价值最大化

可口可乐和百事可乐看似是一样的，即使用不同的差异化包装来区别，恐怕也没有多少人能说明白你喝的是哪个品牌的产品？从产品的定位来说，差异化并不明显。

但是，我们发现可口可乐和百事可乐的销量、品牌设计、顾客群体、品牌内涵、定价策略都不同，这就要看营销的功夫了。当我们面对类似的商品时，营销的重要性就显得尤为关键。

所以，我们可以这样认为，可口可乐在众多饮料品牌中的认知度最高的原因，不是可口可乐的口味特别，而是其背后强大的营销能力。

营销能够快速扩大市场反馈，是刺激顾客的诱饵。但是如果产品不达标，营销只会帮倒忙。不合格的产品，会引发顾客的抵触和投诉，营销活动越多，出现的差评越多。但是如果产品品质过关，再加上优秀的营销团队，就可以创造不错的销量。

讲了这么多，我想谈谈个人看法，总结一下运营、产品、营销三者之间的关系：

营销是与顾客期望进行互动；

产品是达成顾客期望；

运营是实现用户价值变现。

产品要想价值最大化，必须拥有竞争壁垒，偏重对技术的依赖；营销要想价值最大化，就必须有强大的资本支持，主要依靠资源；运营要想价值最大化，必须有优秀的团队和体系，执行力很重要。

在互联网时代，产品、营销、运营就是互联网企业的三驾马车，不同的企业在不同的发展过程一定是以其中一个为主，其他两个为辅。经过磨合，三驾马车的协作分工会日趋完美，这样就成为一个"想死都难"的平台。而平台又可以获取更多的资源，反过来再支持三驾马车的协同合作。

不管是我，还是被大家熟悉的"运营大牛"张晓龙、黄有璨，都是从基础的运营岗位入门，然后逐渐走向高阶。在这个过程中，我们不可避免地要与另外两个领域的人打交道。我们要做的是，理解他们、高效沟通、团结合作，这才是一个互联网运营人员该有的样子。

第 2 章

高级运营和普通运营有哪些区别

　　罗马不是一天建成的,运营经验也是一步步地积累起来的。不是知道了如何做互联网运营,就能成为高级运营人员。运营犹如打仗,一开始你只是一个年轻士兵,慢慢成为一个老兵,开始指挥一个小班,继而领导一个连、营、团……十万人里面,可能最后只有一个将军。所以,在运营的过程中,你要通过不断学习和修炼,建立自己的体系,知道自己的上升轨迹并关心自己的成长进度。

2.1 同样工作三年，为何我是运营总监，你还在打杂

在第一章中，我给大家分享了运营的概念性内容，相信大家已经对运营有了客观的认识。接下来，我们要一步步、更全面、更细致地分析运营，从落地和执行的方面来介绍：如何从一个合格的运营人员进阶成为"运营大牛"。

我在互联网运营圈摸爬滚打多年，其间认识了很多运营人员，我发现，这个群体有种共同的焦虑情绪，其中以刚入行 1~4 年的运营人员焦虑感最强，他们也是互联网运营群体中最容易迷失方向的一群人。那么，他们身上到底有哪些共同的焦虑呢？归纳起来，有以下几点：

"写文案、做客服、建社群、运营新媒体、搞活动，我一个人做了所有事，运营这个岗位，就是一个打杂的。"

"投入那么多时间，自己也很努力，但却总感觉看不到效果，运营工作带给我的只有失落感。"

"我觉得自己需要提升专业运营技巧，在互联网运营领域缺乏竞争力，很想提升自我，却找不到方向。"

事实上，这些都是现实状况。而形成这种状况的原因，与运营这个岗位的特殊性有关系。

运营的岗位职能划分范围有些大，比如市场推广、创意策划、客户关系，有时客服这种看起来跟运营不沾边的工作都会划入运营的工作范围。这些工作呈现碎片化的特性，而且工作的随意性很大，若某项工作突然出现就需要运营立即去做。比如客户群没人负责、互联网推出新产品需要市场推广，这些工作都会由运营来负责。如此一来，如果没有合适的工作方法，运营人员在公司里很快就会变成一个"打杂"的。

最初，我刚开始做运营的时候，每天都做简单重复的工作，看不到方向，那

时我对自己工作的认知就是"打杂"。后来,当我能够独立工作,晋升为运营经理时,我才真正认识到高级运营和普通运营的差异。下面,我从职业规划的角度来谈谈我的职业成长之路。

阿里运营人员的职业路径

在说我的职业成长道路之前,我想先来说说阿里运营人员的职业路径,因为这与我的职业成长有莫大关系。

阿里运营人员有两条职业道路:技术序列,用"P"表示;管理序列,用"M"表示。因为阿里巴巴是创业于B2B的,那时候的主要工作是对庞大的销售群体进行管理,所以拥有成熟且超前的管理体系,就是我们说的管理序列。后来阿里对于技术的需求逐步升级,开始规划更多的技术序列,而管理序列已经变得"高大上",离基层员工比较遥远。

一般通过技术序列晋升的人较多,这里的技术是广义的技术,不是单纯地指计算机技术,而是各个领域技术的统称。做业务的人也可以走技术序列,做产品、运营的人都可以走技术序列。我自己也是技术序列,我的级别是"P8"。

表2-1就是阿里的职业路径表,大家可以直观地感受一下。

表2-1 阿里的职业路径

级别	基本定义	对应级别
P1,P2	一般空缺,为非常低端岗位预留	
P3	助理	
P4	初级专员	
P5	高级工程师	
P6	资深工程师	M1 主管
P7	技术专家	M2 经理
P8	高级专家	M3 高级经理
P9	资深专家	M4 核心总监
P10	研究员	M5 高级总监

阿里的岗位和职务等级是明显独立的,所以大部分员工也不会叫头衔,比如大家经常会称呼的经理、总监,在阿里很少会听到,只是对外宣传的时候为了印

象深刻，可能会加上总经理、总监的名号，或许名片上的总经理，只是技术序列里的中级。

岗位和职务等级独立的一个优势就是可以及时适应组织结构调整，阿里最重要的一个价值观就是适应变革，所以阿里每年都会做组织结构的变革。也许今年我在做管理团队的事，负责运营，明年我可能就不负责运营了。

当然这样做最直接的好处就是让那些能力强的人可以匹配到更好的资源和效益。而过去的组织结构大多将资源偏向管理者。于是在阿里，会有很多有趣的事：入职没几年的新人可以拿到比"老人"更多的工资，而且越来越普遍。

了解了阿里的职业规划路径后，我想着重说一下技术序列里的一个区间。为什么要专门讲这个区间呢？因为这几个技术等级可以快速晋升，只要找到了正确的思路就可以快速提升自己，而且实现等级的快速提升至关重要，这几个职业等级对应的是初级工程师、工程师、高级工程师、专家。或许每个公司对技术等级的定义和标准会有差异，比如在阿里的技术序列里，6级高级工程师可以去其他公司担任技术总监的职务，而对于那些还在困惑和焦虑是否要走技术序列快速晋升的人来说，7级专家可以说是人生巅峰了，因为阿里的7级专家可以去很多公司当技术一把手了。

当然，8级或更高的技术等级，就需要经历和时间的积累，同时还需要一些适当的机遇。

我的成长过程

我的成长基本上可以分为如图2-1所示的三个阶段：

图2-1　成长的三个阶段

❶ 修炼内功，把通用技能至少都要修炼到 60~70 分

刚开始做运营时，我管着一个不到十人的小团队。只要不是产品设计和技术领域的事，哪里需要哪里就有我们的身影。所以文案编辑、客服、关键用户管理、新媒体，这些我们都会去做。

在我刚开始做运营的那段日子，干的活很多、很繁杂，感觉工作没有头绪，好像一团乱麻。而且最开始我对于自身的方向界定也不清晰甚至有点迷茫，并不了解运营包括哪些，要达到什么效果，有时候会因为简单粗放的工作心态让自己和团队左右为难，有时候甚至怀疑自己的职业定位。

幸好阿里的发展方向一直坚定明确，我才能不断进行总结和修炼，对每一个工作任务都认真对待，过程虽然有些辛苦但结果是好的。

在阿里工作初期，拿到的资源和期望的结果是不对等的。对于运营人员来说，只有投入更多的时间和精力，才能收获自己想要的结果。所以那时我从早到晚都在忙工作的事，觉得哪些工作做不好就多花时间去学习，甚至有一段时间我早上六点到办公室，晚上十二点回家或者直接在办公室睡觉，一直没有休假。

在此期间工作的目标很明确，就是尽量掌握一些"无须依赖特定环境或工具的工作方法或技能"。

什么是"无须依赖特定环境或工具的工作方法或技能"呢？我进一步解释一下。

不同行业、不同公司的运营，在工作内容上虽然有很多不同，但是在工作方法上依然存在很多共性，而且有一些技能是可以通用的。一旦掌握了这些通用的技能和方法，无论进入哪个公司或行业，服务哪种形态的产品，你都可以快速适应，做到游刃有余。

这些通用的方法和技能有很多，比如：项目管理、文案、基础数据分析、第三方推广操作逻辑、活动策划、运营指标的管理和拆解、运营执行落地等。

我认为，对于一个运营新人来说，把常见的通用技能修炼到 60~70 分的水平，才是最好的选择。也就是说，接到任何一项新工作以后，最后完成的结果都要达到及格线以上，只有做到这一点，你才能成为"即插即用型"人才。无论到了哪家公司，都能迅速找到自己的位置，发挥自己的价值。这样一来，入行时间不长的运营新人才可以避免职业发展道路上的焦虑和迷茫。

❷ **掌握工作方法，拥有话语权**

到了第二个阶段，产品的受众群体快速增加，相应的工作内容随之增多也让运营的工作范围进一步扩大。这时，运营的工作职责也开始细分为产品运营、内容运营、用户运营等很多分支。

我个人觉得运营有时就像潜水，找到一个合适的位置下潜，越往下潜，你会发现不同的下潜深度有不一样的感受。如果去过这片海域的不同位置，就能了解这片海域大致的特点。如果深入过不同位置的海洋，就能发现大自然丰富的生态特性。

随着目标群体的不断增多，重复性的事务工作量相对减少，而那些需要解决的复杂问题逐渐增多，突发问题开始经常出现。正是这些问题激发我去自主寻找更标准的解决办法，针对不同类型的问题，以不变应万变。

在运营工作中，通过总结反省，一次次发现问题、解决问题，不断处理难度越来越大的问题，这些运营的经历让我知道在不同的环境条件下，实现我们想要的结果需要哪些解决办法和工作方法。

后来，针对反复出现的复杂问题，我将总结出的标准方法归纳成文字，放到公司管理平台上。如果工作中出现类似问题，同事可以向我寻求帮助，按照标准的思路来判断和解决。

我在确定团队的运营方案时也有了更大的话语权，可以选择哪些是执行等级高的事情，哪些是可以缓一下的工作，执行的时候也变得底气十足。

面对不同的复杂问题，一定要带着寻找原因的想法去思考，这样你就能够发现问题的起因，找到解决办法。个人生活和工作的最大区别就是，个人的经验大多是为自己所用，并不需要考虑分享给他人；而工作中的方法和经验一定要分享给团队才能实现利益最大化。

因此，从运营的角度来看，就是要不断遇到并解决与运营相关的问题，让整个团队更加明确运营的目的，知道运营的方向以及认清自己的职责。

❸ **学会合作，影响一群人**

到了这个阶段，根本没有更多的时间可以花在日常的基础工作上了，我已经有了自己的运营团队。其实对于当领导，我并不畏惧，只是想到自己的任何决定都会影响一群人的方向、思路和方法，多少还是有些紧张。同时我清楚地感觉到：手里的资源多了，运营的压力更大了。

这个时候，我除了运营以外，更多的时间都花在了团队管理上，比如人员甄选、岗位培训、员工面谈等。在帮助新人尽快熟悉岗位后，我需要对团队成员的工作角色进行规划，不断提高工作标准，建立考核机制和激励机制，让团队成员学会更好地彼此合作。

很多时候，我们只有站在高处，才能清晰认识到团队的优点和缺点；有时候也需要站在全局的高度来思考，发现相关工作流程的问题，做到让系统运行更顺畅。

最后我想说，运营是一个准入门槛不高的岗位，这也就代表着可以做运营的人群基数非常大，所以岗位的竞争更加白热化，你的每一次晋升都需要时间和经历的沉淀。运营其实很像打仗，你一开始是个新兵，时间长了变成老兵，可能有机会带一个班。随着打仗经验愈加丰富，接下来可能会带一个连或者一个营。

我想强调的是，运营不是想象中一直做着琐碎的事，真正做运营的人，会有很多学习和成功的机会。我想互联网时代一定会有更多的人成长为行业的高级运营，这是运营人员最大的愿望。我确信，每一位在追梦路上的运营人，都有机会被时代推上成功的宝座。

普通运营人员和高级运营人员有何不同

大量的事实表明：90%以上的运营人员，在从事运营工作3~5年后，依然只是普通运营人员。那么，为什么我能迅速成为高级运营人员（阿里资深运营经理），月入几万元甚至几十万元，而普通运营人员却只能勉强解决温饱？为什么你比别人更加勤奋、努力，别人的业绩却是你的10倍？到底是什么因素导致你没有成为高级运营人员？普通运营人员和高级运营人员在行为模式上有何不同？

下面，我将通过四个方面向大家展示普通运营人员和高级运营人员的区别，让你明白想成为高级运营人员，应该有什么样的心态、工作习惯、工作效率以及价值。

心态不同：高级运营人员应当具备怎样的心态

对于一个让人充满渴望和梦想的职业，其机遇与挑战也是并存的。套用一句经典的电影台词就是：如果你爱他，让他去做运营，因为那是"天堂"——门槛低、赚钱多、见识广、技术含量高；如果你恨他，让他去做运营，因为那是"地狱"——体力透支、情感消耗多、成就感低。

踏进运营行业的大门十分容易，但若想做出成绩，并非易事。要想成为高级运营人员，除了要能"走千山万水，说千言万语，吃千辛万苦"外，还必须拥有良好的心态——不惧失败，敢于奋斗，行动果决。

在工作中，许多运营人员总是存在一种误解，认为运营是一份凭技巧取胜的工作，因此会花费大量的精力去提高运营技巧。其实，对于运营而言，技巧只是一个方面，真正决定运营 KPI 的是心态。一个技巧娴熟却心态消极的运营人员，注定无法取得优秀的业绩；反之，一个技巧平平而心态积极的运营人员，同样可以取得不俗的成绩。换言之，心态才是决定成败的关键。

不同的心态，决定了不同的运营结果。如果你想在运营的世界里纵横驰骋，成为令人艳羡的高级运营人员，那么从现在开始，你就应该拒绝消极情绪，摆正心态。要么你去驾驭人生，要么任由人生驾驭你。

那么，成为高级运营人员需要什么心态呢？普通运营人员和高级运营人员在心态上面，又有何不同（见图 2-2）？

表 2-2 普通运营人员和高级运营人员在心态上的区别

普通运营人员	高级运营人员
不自信	非常自信
不乐观	乐观主义
谁都可以取代我	舍我其谁

❶ 自信

自信是成为高级运营的基础。在激烈的市场竞争中，一个自信的运营人员才能不惧困难、勇于挑战，才能突破重围；反之，一个缺乏自信的运营人员，即便拥有十八般武艺，也不一定能将运营做好。

在实际的运营中，我看到许多运营人员，要么背负太多的情绪包袱，要么过度自卑。他们总是思前顾后、缩手缩脚，担心做的内容用户不喜欢，策划的活动不能把产品卖出去，担心业绩太差，他们害怕做不好运营，害怕被老板批评，害怕被社会淘汰……

可以说，自卑感和畏惧情绪是阻碍我们建立自信、实现成功的最大屏障，它让我们无法用一种健康的心态去积极应对运营工作中所遇到的问题和困难，它让我们饱尝失败的滋味。换言之，迈向高级运营的第一步便是拆除这道屏障，努力克服并彻底摒弃我们内心的自卑感和畏惧情绪。

正如爱默生曾经说过的话："自信是成功的第一秘诀。"自信是普通运营人员与高级运营人员的分界线，是引领我们战胜自己、告别自卑的关键。要想成为高级运营人员，要想在运营的世界无往不胜，就必须时刻相信自己、相信公司、相信产品，始终以高昂的斗志、充沛的干劲，迎接每一项挑战。

❷ 积极乐观

除了自信，运营人还必须拥有积极乐观的心态。积极乐观的心态能够保证运营人员在业绩不理想的时候，仍然怀揣巨大的工作热情和必胜的信念，在经历无数次的失败之后，仍相信再坚持一下流量就会属于自己。

拥有积极乐观心态的高级运营，更容易获得理想的 KPI。比如，你为自己设定了 100 万元的运营任务，快到月底时，你完成了 70 万元。此时，如果你是积极乐观的高级运营人员，你就会告诉自己，已经完成了一大半的任务，决不能松懈，并在心底暗暗为自己加油；反之，如果你是一个消极的普通运营人员，你会觉得完成任务无望，从而抱着一种"尽人事、听天命"的态度。

拥有积极乐观心态的高级运营人员，更容易战胜挫折，发现事物积极的一面。试想一下，当你在做活动运营时，被用户"吐槽"了，你会怎么想呢？

乐观的高级运营人员会想：没关系，肯定还有更好的用户在等着我，这次失败，说明我自己的技巧有待提高。普通运营人员会想：总是被人骂，说明我的产品真的没有竞争力，也说明我确实不适合做运营工作。

你瞧，这就是高级运营人员和普通运营人员的区别。当遭遇失败和挫折时，拥有积极乐观心态的高级运营人员会心怀希望、重整旗鼓，客观冷静地分析失败的原因，不断提高运营水平，最终走向成功；消极的普通运营人员则会悲观失望，陷入强烈的挫败感中无法自拔,离成功越来越远。

❸ 舍我其谁

《孟子·公孙丑下》里有这样一句话:如欲平治天下,当今之世,舍我其谁也?意思是说:如果想使天下太平,在当今这个世界上,除了我还有谁呢?

这句话对于运营同样适用。

在现实的运营中,许多运营人员画地为牢,裹足不前,因为其缺乏一颗"舍我其谁"的雄心。他们想为而不敢为,即便有再多的梦想,也不愿付出努力去实现,硬是将无限的潜能化为了有限的业绩。

作为运营人员,不管你现在的工资水平处于什么水平,不管你的工作有多么的乏味辛苦,你都不能轻易地放弃,只有坚持不懈,才能让你的业绩有很大的提升。所谓"舍我其谁",其实就是将自己喜欢做的事情做到极致,否则还不如不做,要始终相信,终有一天会苦尽甘来,柳暗花明。

图2-2展示了普通运营人员和高级运营人员之间不同的工作态度。

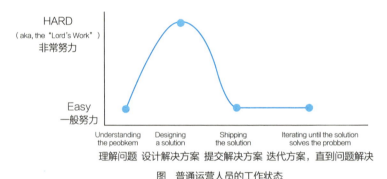

图2-2 普通运营人员和高级运营人员的工作态度差异

运营并不难,重要的是你是以怎样的心态去看待运营,只有当你付出真心、拼尽全力去努力做好运营工作时,你的运营人生才会变得有意义。

习惯不同:为什么你明明很努力了,却还是业绩平平

不管是在课堂上,还是原来在阿里带团队时,我常常会听到一些运营人员抱怨:如今的运营不好做,我明明已经很努力了,却还是业绩平平。

比如曾经我的团队成员小程,就是这样一个人。据小程说,他每天早出晚归地写内容、策划活动、研究数据、分析用户需求,自己都被自己的努力感动了,业绩却始终不理想;而和他同组的另一位同事小黄,每个星期只在固定时间做某种类型的工作,业绩却是自己的3倍。对此,小程十分迷茫,不知道为何。

其实,小程的问题就出在工作习惯上。要想成为一个高级运营人员,除了勤奋,还要掌握一定的运营技巧,更关键的是,要有良好的工作习惯。作为一种内在修养,习惯决定一个人的性格,更决定一个运营人员的成败。

常言道:"优秀是一种习惯。"一个普通运营养成了良好的工作习惯后,你的高级运营晋级之路就会更顺畅。

那么,普通运营人员和高级运营人员在工作习惯上有哪些区别呢(见表2-3)?要成为高级运营,又须养成哪些工作习惯呢?

表2-3 普通运营人员和高级运营人员在工作习惯上的不同

普通运营人员	高级运营人员
从不写运营日志	每天坚持写运营日志
从不学习	一直学习
工作分不清主次,毫无头绪	流程化工作
轻视数据	重视并利用数据

❶ 每天坚持写运营日志

运营部门一般每周都要上交一次周报,但是对于实际的运营人员来说,非常有必要每天做一份给自己看的日报。当面对的事情又杂又多时,很多运营人员往往会毫无头绪地度过一天。一周结束后,递交的周报也没有实质性的内容。是不是运营人员太懒了?很多情况下并不是这样。

我在工作过程中能得到快速地成长，很大一部分原因取决于我每天坚持写运营日志，我的运营日志一般分为两部分。

一是关于日常工作的总结：记录当天发生的重要运营动作，比如用户反馈、数据变化，行业相关事件的记录等。

二是进行思考复盘：主要是对于自己的日常工作进行的思考，我会列出几点，比如：今天学到了什么？今天完成了哪些事情？得到了什么教训？下一步的计划是什么等。

日志并不一定要写得十分详细，只需要简明扼要地将自己完成的事情记录下来就可以了，一般花几分钟的时间就可以完成。在撰写日报的过程中，我们也会发现自己在哪些事情上花费的时间是不合理的，在后面的工作中可以避免再犯类似的错误。

坚持写运营日志，一方面有助于每周周报的撰写，另一方面可以更加清楚地看到自己的进展，从而督促自己在工作上取得进步，提高自己的执行力——"今天我是不是偷懒了""接下来需要苦干一番了"。除此之外，当日志积累比较多的时候，回头再看会获得极大的成就感——是自己一步步的积累成就了今天的自己。

❷ 一直学习

运营是一个需要产生大量想法的工作，需要时常保持输出创意的状态，每天的工作任务不是策划新活动，就是根据用户的关注点写一些热点的文章。但是所有的创意和文章都不是凭空出现的，输出对应输入。输入就要求运营人员要保持日常的积累和学习。

在这里讲一下自我提升的一些方法。

1）向优秀的人（包括同事）学习。在阿里，我经常通过各种群（比如 QQ 群、社群、线下各种商群）学习其他运营人分享的内容，吸取别人的长处。同时，我还会向行业领域内的大咖学习，学习他们敏锐的运营思维、灵活的沟通技巧和高效的工作方式。

2）向平台学习。在日常生活中，我经常会看一些运营经验交流与运营知识学习的平台，比如"三节课""爱运营""人人都是产品经理""正和岛"等，对这些平台的长期关注可以帮助我获取更多与运营相关的新知识，在其中我可以学到有趣的活动策划、超前的运营理念、精美的排版样式、独特的文章立意等。

3）创建一个属于自己的运营知识库。除了保持对运营知识的学习，运营人员还应该建立一个属于自己的运营知识库，保证在需要的时候随时可以利用，只有这样才能保证在需要输出创意的时候思路不会枯竭。对于专门的运营团队而言，最好能够建立起一个运营团队知识库，就像建立一个图书馆一样，将大家的运营经验和知识聚合到一起，创造出最大的团队价值。

❸ **流程化工作**

普通运营人员 VS 高级运营人员在工作流程上的区别（见图 2-3）。

图 普通运营人员的工作流程　　　图 高级运营人员的工作流程

图 2-3　普通运营人员和高级运营人员的工作流程差异

当琐事缠身的时候，应该先做什么？可能大多数的"运营大咖"都会这么回答：用 Office Visio、XMind 工具将事件的每一个流程都整理清楚。

将一个大任务分解成几大块，再将每一个大块拆分成小步骤。同时将具体的流程、注意事项、参与人员等罗列出来。只有这样才能提高事情的可行性，将看起来难度很高的事拆分成简单的小事的组合。

同时，拆分的过程也会促使人更深入地思考如何才能合理、高效地完成任务，从而将流程优化。当对类似的任务进行再次拆分的时候，因为已经有了类似的思考过程，会进行得更加顺利。

❹ **重视并对数据加以利用**

看到的数据是真，摸不到的印象是假。

不管是哪种类型的运营工作，都可以通过数据指标来量化，比如用户运营有用户流失率和用户增长率，内容运营有转发量和阅读量，活动运营有付费转化率等。毫不夸张地说，没有数据无法构成运营。

在工作中，高级运营会借助一些专业的数据分析工具来统计和分析运营数据，比如：

1）以数字为依据进行论据和决策；

2）在竞品历史文章中寻找选题，利用数据进行分析；

3）点赞数和阅读数相差悬殊，可以对标题进行优化处理。

数据是真实的，可以帮助你发现在运营过程中出现的潜在规律，你可以通过数据对用户的喜好和心理进行分析和了解，从而更好地达到优化运营方式的目的。

以前，有个学员问我："什么网站可以用来查看一个公众号阅读量最高的几篇文章？"我给她推荐了一个叫"BlueMC"的工具，我曾经通过这个工具搜集了10个相关公众号的历史文章，然后按照热度排序，进行选题库的填充。

前面提到的四种运营工作习惯虽然基础，但真正能够做到的人并不多，有些人之所以能成为"运营大牛"，往往由于他们能够养成这些良好的习惯。你可以扪心自问，看自己能达到几个标准，就可以推测出自己离真正的"运营大牛"还有多远的距离了。

效率不同：为什么高级运营人员的效率比普通运营人员要高10倍

除了心态和习惯的不同，普通运营人员和高级运营人员的区别还体现在工作效率上。

不知道在实际的运营工作中，有多少人曾计算过自己的时间究竟值多少钱？假设我们的年收入是10万元，每周的工作时间是40个小时，那么，我们全年的工作时间就是2 080个小时，平均下来，每小时的工作单价就是48元。在这一年中，如果我们每天浪费1个小时去做没有意义的事情，那么全年就会浪费将近1.25万元。

通过这个简单的数学计算可以看出，在我们眼里微不足道的1小时工作时间，经过全年累计，其实也能创造不小的价值。

据不完全统计，高级运营人员的工作效率至少会比普通运营人员高10倍。那么，这10倍究竟高在哪里呢？我们不妨通过表2-4来了解一下。

表2-4 普通运营人员和高级运营人员在工作效率上的区别

普通运营人员	高级运营人员
毫无目标，始终在平凡的业绩里徘徊	有清晰的目标，会制定目标
逃避、拖延问题	快速解决问题，有方法
分不清工作的轻重缓急	会对工作进行分级

❶ 有清晰的目标——SAMRT

正所谓"明日复明日,明日何其多",如果你总是想着"差不多了,明天再做",没有养成为达到目标而努力的习惯,那么,你很难摆脱业绩平平的困扰。

运营的使命就是实现运营目标,这一点永远不会变。所以,想晋级为高级运营的人,一定要学会制定自己的运营目标,并且按照运营目标,有条理、有计划地去一步步推进运营工作。在这个过程中,还要不断思考:我的目标是什么?有没有什么方法能够让我更好地去靠近它?

在这里,我介绍一种制定目标的工具——SMART原则,基于这种原则制定的目标可以让结果量化,方便我们及时调整策略(见图2-4)。

对于大多数运营人来说,大家都或多或少地接触过SMART原则,我在这里简单地介绍一下:

"S"代表"Specific(具体)",我们制定目标时一定要具体详细,不要过于笼统。

图2-4 SMART原则

"M"代表"Measurable(可度量)",我们制定的目标一定要是可度量的,可以通过数据来判定目标是否达成。

"A"代表"Attainable(可实现)",目标应该是可以通过努力实现的,过高或过低的目标都不合适。

"R"代表"Relevant(相关性)",此目标与其他目标应该具有关联性,换句话说就是,实现目标A、目标B对于达成最终目标是有帮助的。

"T"代表"Time-based(时限性)",时间的限制能让我们提高工作效率,提升专注度。

❷ 快速解决问题——MECE

没有人的工作是没有困难和问题的,遇到问题,就要想办法快速解决,拖延、逃避问题,只会让我们的工作效率低下。这就是普通运营人员和高级运营人员的区别。

不管是在现在,还是在阿里做运营时,出现问题时我会用"MECE"工具来解决问题,现在我把这一工具分享给大家。

MECE是指"相互独立、完全穷尽",即"不重叠、不遗漏"地把一个大议题拆分成无数个小议题，再逐个击破。这是一个非常实用的原则，能帮助我们解决很多运营中的问题。

比如，我们策划了一场活动，目标是让销售额增加50%，那么我们可以把目标拆分成以下几个部分（见图2-5）：

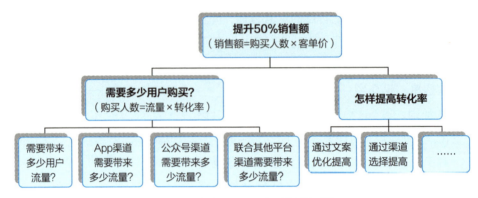

图2-5 根据MECE原则拆分问题

以此类推，对问题一个个进行分解，到最终可以落实到具体的操作层面为止，一般认为每一级的问题数量不会少于两个，也不会多于五个，其中以三个为最佳。

❸ 将工作分级——四象限法

这个结论来自于我三年前在阿里运营时的一段对话内容，具体情境是这样的：我做的是分渠道运营，在这个环节上的所有渠道运营工作都是由我来完成的，包括上线、引流、活动、数据分析、商务配合、技术支撑等。

做的事情多，对接的部门也多，就会产生很大的需求，来自商务、设计、技术方面的需求都会汇总到我这边，看到我忙碌的身影，领导问我："你是怎么安排这些需求的？"

我说："哪个来得早就做哪个。"

领导问我："要是重要的需求来得比较晚，怎么办？"

我陷入沉思，托着下巴想了半天。后来才明白，工作并不是按照先来后到的顺序进行安排的。

作为一个运营人员，要想提高工作效率，就一定要学会将工作分级。既然这样，工作应该怎样分级呢？

可以分成这四部分（见图2-6）：

比如，做运营的人每天都要关注数据的变化，看数据工作属于哪种类型呢？应为重要不紧急的事，即使每天看到的时间已经比较晚了也没关系。

当看数据的时候，忽然后台出现故障了，对后台进行修复的工作属于哪种呢？应为不重要但是十分紧急的事，只要遇到服务器出现故障了，都属于紧急问题。

图2-6 四象限法

用户在充值时，发现不能充值，经运营测试，发现充值系统出问题了，这就是重要且紧急的问题了。再列举一些不重要不紧急的例子，比方月报、周报等。

对手头的事情进行分级以后，将重要和紧急的事优先安排，就会使工作进展更加顺畅，这种将工作妥善安排的感觉十分美妙，要始终明白一点：是运营在支配工作，而非工作支配运营。

当领导问及工作进展的时候，自己也能够从容地汇报工作内容，有经验的人一听就会知道哪些工作是有价值的、重要的。在大家进行汇报的时候，先汇报优先级比较高的事项，如果条理清晰，也会给自己加很多印象分的。

要想提高运营工作的效率，方式还有很多种，包括讨论、打卡等，大家可以根据性格特征寻找适合自己的方法。只要是工作时间比较长的人都会发现，因材施教是很有道理的。在工作中，要因人选方法，只有这样才能获得更快的成长。

以上就是高级运营人员和普通运营人员的区别所在，普通运营人员要想变为高级运营人员并不是一件遥不可及的事情，只需要始终牢记这两点：付出和时间。静下心来，不断地提升自己，争取每天都能进步，这样坚持几年，再回首时，你已经从"小菜鸟"变身成为"运营大牛"了。

2.3 让自己具备策略运营与操盘能力

运营是一个准入门槛相对较低的工作，极易上手，只要参加过基础运营培训的人，哪怕是新手也能达到60分的水平，但是若想向上晋级却很难。一般来说，经过实践的磨炼,再加上学习,往往都能达到 70 分以上,但是达到 80 分却不容易。

对于中小型互联网公司来说,可能 70 分以上的运营人员已经是难能可贵了,而达到 80 分的运营人员应该主要集中在大中型企业中。至于 90 分以上的高级运营人员,那就是每家互联网企业的"宝"了。这类运营人员,除了前面章节讲到的工作心态、工作习惯和工作效率外,还必须具备策略与操盘能力。

我提炼出了一些方法,大家可以通过掌握这些方法来提升自己的能力,让自己具备"运营大牛"的潜力和条件。

培养自己的运营思维

思维能力是运营人员应具备的基本能力,那么,作为一个运营人员,我们应该具备哪些思维能力呢?

❶ 精细化思维

精细化思维就是针对场景、用户、流程的差异化进行细分的运营思维,它的目的是让运营变得可控。

精细化运营让运营结果变得可控,当我们要策划某个活动时,可以把活动目的进行具象化和拆分,精细到每个人、每个场景和每个流程,以达到精准运营的目的,把整个活动变成可控的,图 2-7 说明的是某活动的精细化思维。

图 2-7 精细化思维

❷ 流程化思维

流程化思维的基本思考方式分为三步,即分析目标、拆分目标和完善路程。

简单来说,流程化思维能力就是逻辑思维能力,我们在解数学题时也会用到这种思维方式,首先分析目标,再拆分步骤,最后解题。

假如,老板布置了一项任务:在线下推广活动中,要做一个易拉宝,让路过

的人扫码关注产品。运用流程化思维方式,就应该这样做,如图2-8所示:

图2-8 流程化思维方式

❸ 借力思维

借力思维是指借助事件、场景、人物来体现和提升品牌的价值。最常见的借力思维就是蹭热点、明星代言、联合活动,借助名人、名牌和社会热点的力量来提升自己的知名度。

热点事件和明星效应,可以为品牌聚集更多用户的目光,提升推广的效率,而且能做到低投入和高产出,少量投入就能获得想要的效果。所以,借力思维是一种低成本、高效率的运营思维。

❹ 复盘思维

复盘思维是指通过总结、归纳和分析对自己的工作进行反思,并最终形成自己的一套有效的工作方法。复盘思维分为四个步骤:明确目标、分析流程、分析原因、总结。

明确目标就是确定一个活动或项目的最终目的,这个环节非常重要,因为判断活动或项目是否成功的标准就是是否达到目标。

分析流程就是重新把所有的流程梳理一遍,分析每个环节是否合理,还有没有改进的空间。

分析原因就是分析每一个环节是否达到了标准,如果没有达到,则需进一步分析失败的原因,以及应该怎样改进和调整。

总结主要是找出整个活动中值得学习的地方,和应该吸取的教训,并形成自己的思维体系和工作方法。

复盘思维可以帮助我们总结失败的教训和成功的经验,为以后的工作提供指导,这种思维能力可以让运营新人得到快速地成长和提高。

摸透自己要运营的产品和行业模式,提升全局洞察力

作为运营人员,如果我们想拥有全局观,重点需要做好以下这几件事情:知晓行业的现状、明晰产品的结构、认识现有的市场、洞察用户内心、精准运营。具体如何操作,大家可以参考表2–5来进行。

表2–5 摸透运营产品和行业模式问题一览表

板块	问题				
知晓行业现状	①市场需求有多大?	②有多少替代产品?	③行业门槛是什么?	④行业现有的模式有哪些?	
明晰产品结构	①产品最大的问题是什么?	②产品的核心功能有哪些?	③产品的盈利模式是什么?	④产品的竞争优势是什么?	⑤产品应该关注哪些核心指标?
认识现有市场	①市场竞争情况怎么样?	②市场渠道有哪些?	③市场对产品的接受度如何?	④政策法规是否支持?	
洞察用户内心	①用户定位是什么?	②哪些渠道可以找到用户?	③获客成本如何?	④新老用户有什么特性?	⑤现有产品用户有什么问题?
精准运营	①运营在组织中的权责角色是什么?	②产品不同阶段的运营方向是什么?	③现有的运营工具有哪些?	④运营方法和手段有哪些?	⑤运营效果如何?

思考上表里列出的问题并试着解答,可以迅速地帮助我们摸透行业现状和产品的运营模式,在实际运营工作中,让我们可以站在更加全面和立体的角度来看待问题。

除此之外,高级运营人员则需要进一步进行深入分析,确保运营策略导向的正确性。如果我们还寄希望于过去的经验,顺理成章地实施运营计划,失败是可想而知的结果。

通过"运营大战",提升团队管理和综合操盘的能力

不管你有多少经验,通晓多少运营技巧,如果你不带着团队经历"运营大战",实际操盘各种运营项目,那么你永远不可能进阶为高级运营。在阿里,几乎每隔三个月,就会有一次"大战",除了可以快速地提高运营的 KPI 外,还能很大程度地凝聚团队,提高执行力。毫不夸张地说,每一次的项目操盘都是运营人员的成长机会。

在进行"运营大战"时,除达成 KPI 外,还需要满足各个参与方的需求。我们除了要带领好自己的团队以外,还要协助企业完成整体目标。如何做好这些工作呢?以下两个技巧值得参考。

❶ 果断的决策能力

在操盘项目时,运营人员需具备优秀的决策能力。因为在操盘过程中,难免会遇到各种不可预料的状况,比如任务临时调整,或者相关环节出了问题,这时,运营人员的决策能力就显得至关重要。

在突发状况下,到底是集思广益讨论,还是立即做决策,也许最好的时机可能会因为时间延误而错失,所以暂且不去评价决策的结果是否完全正确,及时迅速的决策对于团队来说更重要。问题始终存在,我们要做的就是用变化的决策来解决问题。因此,运营人员的决策能力在某种程度上也决定了你是否进阶成为高级运营。

❷ 绑定共同利益,提高团队成员参与感

互联网的运营项目一般都需要多个职能部门共同参与才能完成,正因为这样,往往会出现方向和做法不统一的问题,或者只顾埋头工作、不抬头看路的现象。这些问题会使团队成员迷失方向,无法高效工作,使运营结果大打折扣,同时也会产生消极情绪影响团队效率。所以,如何绑定共同利益,提高团队成员参与感是运营人员必须思考的问题。如何做呢?有五个步骤:

第一步:项目运营前,主动找到各个参与部门的负责人,事先交流工作内容,清楚成员的需要和预计发生的情况,提前明确相关各环节可以提供的内容和计划;

第二步:把运营方案通过邮件或会议的形式发给各个参与部门,让对方进行

确认；

第三步：明确运营的大目标，然后拆分成各个小目标明确分配到各个参与部门；

第四步：明确各个参与部门的分工及责任；

第五步：复盘。

培养战略能力，提前规划布局

要成为一名高级运营，还需要培养自己的战略能力。所谓战略能力，就是我们对自己的产品和未来的趋势有一定的前瞻，能准确预测产品的发展趋势和行业环境走势，然后提前规划布局。这就像我们看别人下棋的时候思考的只是下一步该怎么走，高手则可能已经预判出接下来的几十步该如何应对。晋升为高级运营，就是要形成一种超前预判的能力，而这种能力的形成，是建立在工作中对行业环境、市场现状、业务模式、产品特性等方面有全局的把握和分析之上。

运营人员具备了战略思维，就能够迅速、准确制定出企业的远期目标，再由远期目标逐层分解，整合用户、产品、内容、活动运营四个主导方向，确定出近期的运营结构方案，细化出运营的渠道、流程、支持等相关部分。

提升运营视野，懂得借鉴和吸收

我们不难发现，不同行业、甚至同一个企业里不同的互联网产品，其运营的技巧、侧重点是不同的。

即使在运营思路上可能异曲同工，但是运营的模式、渠道、工具等会因为产品品类的差异而大相径庭。

因为企业战略目标的不同，即使是同一个行业，也会出现有的运营人员做得很高级，而有的运营人员做得很普通。比如，有的运营人员已经在自己的行业领域内做得风生水起，这时候只有站到更高的地方，突破原有的思维模式束缚，才能开拓思路，让运营变得更高级，可以在不同行业和不同运营模式下都游刃有余。

很多运营人员认为自己已经对专业领域的运营了解得很透彻，不愿意吸收外部的成功经验和做法，反而将运营的概念狭隘化，限制了运营的发展空间和思路。高级运营人要拓宽运营视野，必须懂得借鉴和吸收新内容，才能实现快速进阶。

其实，在实践中，有很多方法可以拓宽运营视野：

经常参与运营类的培训和论坛；

结交不同行业的精英，互相学习；

多注意了解和分析不同产品，与各个行业的专业人士沟通交流，取长补短；

向专业人士请教，向行业大咖学习；

利用操盘机会研究合作渠道，评估不同渠道模式的运营价值，通盘考虑运营方案。

精通运营策略的制定，具备综合操盘能力、战略整合能力，拥有自己的运营思维模式，能够做到这些，我可以告诉你，你距离成为高级运营人员可能只有一步之遥了。世上无难事，只怕有心人。广泛学习研究行业和产品特性，多渠道借鉴吸收，提升全局洞察力，拓宽运营视野，在不久的将来，你会发现自己已经变得很"高级"了。

2.4 高级运营人员的多元触角

运营人员每天一睁开眼可能就要面对各种 KPI 指标的纠缠，陷入其中无法自拔，有时还有很多突如其来的临时状况。而且，运营做久了经常还有这样的心病：在做了一段时间的产品运营后，发现运营的工作总是"老三篇"，始终无法提升。比如用户对于免费拿产品，长期获得小红包，已经变成了一种习惯，哪一天运营突然改变策略，不发红包了，可能用户就会一去不回头。

但是，如果长时间持续补贴和优惠，会造成两个后果：一是投入的资源远远超出预期的承载能力；二是用户数据的有效性和真实性无法评估。而且，如果用户被"惯坏"了，一旦运营"收手"，他们就会立刻离开。这个时候，运营人员应该要思考接下来该何去何从。

要想成为"运营大牛"，既要高效地面对老板的各种需求，又要做好产品创新、促进用户留存与活跃等运营工作，这时，运营人员就要运用高级运营的"多元触角"了。

所谓"多元触角",直白地说,就是以新的视角,全方位地理解运营工作。一般来说,高级运营人员至少要有以下三种多元触角。

用户触角:真正了解用户

所有的生意都是跟"人"打交道,运营也是一样,所以对于运营人员来说,关注人性、理解用户心理需求至关重要。有很多运营人员在工作中会突发奇想,完全没有考虑用户,这样的决策当然是不靠谱的。只有关注和了解用户,才能真正做好运营。

对于高级运营人员来说,深度了解用户是必不可少的工作,首先要洞察用户,其次要营造用户期待的场景体验,只有这样才能真正地触达用户、连接用户。

❶ 洞察用户

差异化服务和精细化运营是现代商业的一大趋势,这种趋势要求运营人员有很强的洞察力,能够从不同角度洞察用户,并想方设法满足用户需求,同时也会降低运营资源的消耗。

清晰的用户导向是做好用户洞察的前提,因此我们要去采集、分析和归纳出目标用户的特征,并对这群人进行准确的定位。每个产品都有自己的生命周期,其中每个阶段的用户特征有所不同,无论产品处于哪个阶段,我们都要知道和自己打交道的用户究竟是"谁"(见图2-9)。

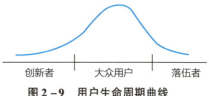

图2-9 用户生命周期曲线

产品生命初期的用户是种子用户,一般也称为创新者,这类用户非常愿意去尝试和体验刚推出的产品和服务,希望参与产品体验,而且乐意对产品的瑕疵给予评价和建议。

中期的用户是大众用户,分为早期大众和晚期大众。早期大众的购买欲很强烈,并且受到营销推广和口碑传播的影响,这个阶段是产品的快速增长阶段。

晚期大众用户群体更关心产品的附加值,希望能在持续稳定的用户体验基础上得到超值的服务。

针对不同阶段的用户,我们需要清楚他们的个性、年龄、生活习惯、购买场景、消费习惯、偏好渠道等,这些信息可以协助我们对用户进行画像和定位,从而更好地增强用户黏性。运营人员在给用户定位时，必须要从用户的价值出发。比如，对于第一批种子用户，我们主要看三点：是否能传播产品；是否愿意对产品提出反馈和优化建议；是否能强化产品认知和产品调性。这也是产品初期用户运营的几个主要方向。

对于种子用户，我们主要关注用户质量，数量不需要很多，300人左右即可。而对于核心种子用户，我们必须要重点维护，与他们在线上和线下紧密地沟通，维系好和他们的关系，这些用户对后期的产品引爆能起到不小的作用。

❷ **营造优质的场景体验**

如今的市场竞争已趋白热化，同类的产品和服务可能有上百家商户在竞争，用户自然而然地拥有了绝对的选择权。所以，能否提供差异化服务，是否有产品本身以外的附加值，变成了产品价值的关键评价指标。

现在用户选择产品，最重要的就是体验感。过去我们会根据产品的价格高低挑选产品，现在我们主要的挑选标准是产品的价值。很多互联网餐饮都推出了网红单品，这就是对产品体验的深度挖掘，把产品做到极致，为用户提供优质的场景体验，让他们心甘情愿地买单，此时用户感知到的是产品的价值，而不是价格。

所以，当我们定位了目标用户，并且目标用户也愿意主动去平台消费的时候，营造产品的良好体验就成了另一个重要课题。总之，我们提供的服务应该让体验场景更加符合用户的心理预期，通过细节和差异化来打动用户。

互联网产品体验越优质，就越有可能获取更多的用户价值。很多时候，做运营如同在跟用户玩游戏，要让用户在你设计的乐园里流连忘返，这就需要我们细致入微地观察用户。每个用户群体都具备不同的特征和个性，我们需要用细节来激发用户对自我的关注，帮助他们找到潜在的个性化需求。

所有的成功之路都不是一条直线，总是充满变数，运营也不例外。产品经过持续地优化和改进后，早已不是当初的样子，后期的发展和调整也会带来很多意外的惊喜。一路走来，运营工作的外延必定会不断拓宽，商业变现、功能迭代、行业多元整合都将是我们需要考虑的问题。

但是，无论运营方式怎么变，用户始终都是核心，因为我们的产品必须要卖出去，要有商业价值。

产品触角：懂得产品，才能懂得运营

在第一章的1.4节里，我也说到产品，但那个"产品"是指类似"产品经理"的职业，比如马化腾、雷军、周鸿祎、张小龙他们都是在产品经理这个岗位上颇有建树的代表人物。而这里所说的"产品"，是指"互联网产品"，希望大家在阅读时不要弄混淆。

产品和运营是一体的，在成长为"运营大牛"之前，我们需要换一种视角去理解互联网产品的逻辑。

在我的理解里，互联网产品是能够给市场参与者提供消费、满足欲望并参与商业行为的工具，它能帮助消费者获得和现实生活重叠的生活体验。

在做运营时，我们应该对产品本质有一个结构性的认知，站在一个全局的角度，找到产品和用户需求之间的平衡点，制定出更完善的运营策略。

一般来说，我们可以从产品的用户和端口、内核、外延性、形态、价值观五个主要维度来分析一个产品（见图2-10）。

图2-10 产品的五大维度

❶ **产品的端口**

关于产品如何呈现，我们首先要考虑的是目标用户是什么样的，在什么地方能找到他们。很多互联网产品都有"多参与者"的特点，就以阿里旗下的淘宝电商平台来说，其中既有商家，也有消费者。所以，淘宝在端口的设计上也有所区别，既有消费者用户端、也有商家用户端。在产品涉及的整条商业链中，不同种类的参与者要对应不同的端口，因此也就有不同的呈现形式。产品在不同的载体上也会有不同的端口，比如移动端、PC端、网页端等。

❷ **产品的形态**

产品的形态，主要指产品的功能、内容、UE/UI设计、互动方式等。每个产品都拥有不同的形态。比如，产品外表是"花哨"还是"简约"，特性是"温柔"还是"活泼"。

这些特性都可以通过产品的功能、内容、外观设计来展现，这些都是产品形态的重要组成部分。作为运营人员，我们应该对这些了然于心，只有这样，才能结合数据和用户反馈持续改进产品的形态。

❸ 产品的内核

产品内核是指一个产品的核心功能和服务。在梳理整个商业闭环后，我们要搞清楚有谁参与其中，以及我们的产品到底能为用户提供什么价值。我们能为用户提供的、最有价值的东西，就是产品的核心功能和服务。

有时候，运营需要暂时充当产品经理的角色，决定产品的设计方向，这时很多人会犯一个错误：追求大而全，抓不准产品的内核。要知道，迎合所有人的需求是不切实际的，把大量功能堆砌在一起的结果就是混乱和失败。

因此，我们必须搞清楚产品的内核，精简产品的功能和服务流程，让用户拥有完美而直观的场景体验。

❹ 产品的价值观

一个产品的价值观主要包括：产品的调性、传递的理念、用户在产品中获得的价值、产品向用户输出的态度和观点。

比如，娱乐 App "节操精选" 的主要目标用户是 "90 后" 和 "00 后"，因此产品展现出来的个性就是青春活力、叛逆个性和娱乐化，表达的价值观也是年轻积极、乐观向上的。"节操精选" 这个产品，从名字到内容，无一不在传递和强化自己的个性和价值观。

微信公众号 "公路商店" 则把 "亚文化"、小众、先锋作为自己的核心价值观，并创作出了《每年在机场消失的那 4 000 万个打火机到底去哪儿了》《没有这一碗北太平桥卤煮，夜难将息》等广泛传播的文章，这个公众号以其独特的调性吸引了一批追求个性的年轻用户。

❺ 产品的外延性

产品的外延性就是产品自身价值以外的附加价值，从商业模式的角度出发可以理解为产品的额外附加服务，如游戏里的 "装备"、各类 App 的会员权益等。

从产品形态上可以理解为产品从单一化向生态化发展，我们看很多互联网产品，如支付宝、微信等，会发现这些产品都在拥有稳定市场用户后，开始衍生产品模块，拓展服务类型和场景，力求把产品塑造成一个完整的商业生态。

虽然，运营与产品之间的竞争在所难免，但我们始终不能忘记"关注用户"这个基准点。所有产品经理和运营人员都要以用户为核心，去分析用户，发现价值。

大市场触角：站在高处，放眼全局

除了刚才讲到的用户触角和产品触角外，高级运营人员还需要拥有"大市场"触角——敏感的商业嗅觉，发现行业和互联网之间的结合点，站在大市场、全行业的高度工作。

什么是"大市场"触角？其实就是从整个商业链条的顶端高度，整体梳理市场和行业情况，明确产品服务的内核和商业运作模式，通过产品、运营、市场等多维度的互动协作，实现更大的价值。

下面我想给大家分享几个培养"大市场"触角的关键因素（见图2-11）。

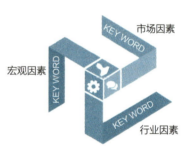

图2-11 高级运营思考因素

❶ 宏观因素

宏观因素可以帮助我们从战略的角度分析和理解市场情况，以及产品所面临的现状。

一般来说，宏观因素主要包括资本市场形势、社会经济发展、成本和资源状况、大趋势。

1）资本市场形势

考察资本市场的现状、投资倾向、融资的难易程度以及影响因素，同类型产品的融资情况等。

2）社会经济发展

了解市场现状，评估经济发展周期对行业的影响，预判自己所处行业的未来发展趋势以及受经济下行波及的可能性。

3）成本和资源状况

了解目前人力资源成本、产品和服务成本以及成本的变化周期、规律等。

比如，招聘成本最低的时间节点在何时？什么阶段的产品成本可以控制相对较低？

4）大趋势

这里说的大趋势，就是社会层面的政策法规、经济战略、社会文化潮流等。

❷ 市场因素

我们要梳理现有市场背景、用户需求以及目标用户群体规模，帮助我们开发产品服务的差异化体验，赢得细分市场和本土市场的竞争优势。

1）用户需求和规模

了解目标用户的需求有哪些？未来增长趋势如何？目标用户群体的增加量有多少？

2）细分市场情况

运营策略要根据细分市场的用户需求、地域特点等，制定切实可行的运营策略。

3）消费动力

尽可能地挖掘目标用户的需求，发现用户选择产品或服务的动机，正确评估用户愿意投入的时间和资金成本，以及用户可以从产品中获得的价值。

❸ 行业因素

不断关注行业的商业供应链和参与方能帮助我们时刻保持商业嗅觉，及时根据竞争趋势的变化改进和修正运营策略。

1）竞争产品

弄清竞争对手产品的市场定位、变现方式、资源和成本状况以及用户策略和运营手段。

2）可替代产品

评估市场上可替代产品的优缺点，用户从我们的产品迁移到替代产品的门槛和成本，以及我们的产品与替代产品的差异。

3）商业参与链

分析在现有行业的商业参与链中，参与者有哪些？他们的商业模式是什么？

利益互动机制是什么？

如果你真的希望成为高级运营，乃至"运营大牛"，就必须拥有上面讲到的多元触角，通过对业务全盘情况的把控，不断培养自己的大局观和宏观视野。

全栈运营，才是运营的未来

全栈运营的概念最初起源于全栈工程师，它考验了运营者的运营手段、工具、技巧等多方面的综合能力。其中，全栈的概念是指能够运用多种方法和技巧，独立支撑起一个产品以及产品全套的运营工作。

对于一个刚刚进入运营领域的职场小白来说，一般会主攻一个方向，比如，负责新媒体内容运营的往往会主攻内容输出领域；负责用户运营的往往会主攻用户精准分析领域。当职场小白的经验积累之后，蜕变为领域内高手后才会再尝试做其他工作。

因此，这种工作模式也催生了一些有趣的现象———些深谙内容输出之道的运营者开始尝试打造自主品牌；一些懂得推广途径的运营者会创立自己的广告公司做内容宣传；而一些线上线下运营都精通的人则可能脱胎换骨，成为人人都羡慕的"霸道总裁"。这样的例子早已经屡见不鲜了，并不是针对某个人，这是行业内正常现象。

现在，我们再回头看一看全栈运营这个概念。在过去，一个组织系统完整的互联网企业，遵循着"品牌总监＋市场总监＋运营总监"的模式；而如今，这种模式将会被改写，因为一个既懂内容又懂用户，还懂评估与推广的新模式出现了，它就是"全栈运营"（见图2-12）。

从另一个角度来看，如果一个企业在发展与壮大的过程中，总是觉得缺少BI分析师、新媒体内容生产者或者推广专员，那么，这家企业缺少的可能只是一个全栈运营。

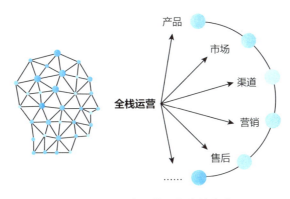

图 2-12 全栈运营所包含的内容

全栈运营真的有神奇的能力吗？答案是肯定的。下面这个例子可能会帮助你进一步了解全栈运营。我们知道，在很多互联网企业中，项目组的工作形式是一个负责人带领一群人，这些人中往往有很多运营小白，缺少独当一面的能力。在这种情况下，负责人就要化身多面手，各个工作模块都要参与，这样的工作强度，使一部分人退缩了，另一部分人则熬了下来，成为"运营大神"。

说到这里，可能有的人还是会觉得全栈运营这个概念抽象。那么，我将从下面三个方面向大家详细介绍全栈运营。

全栈运营的概念

❶ 全栈运营并非全能运营

上文中我们提到，全栈运营相当于多面手，但这种多面并不是指全能。因为人的精力是有限的，随着业务的发展，没有人能照顾所有项目的细枝末节，也无法参与所有的事情。所以，这里的"全"是指全流程掌握和全业务熟悉。"全栈运营"是指精通多个领域的多面手。

❷ 全栈运营为工作内容构建了整体框架

全栈运营就像操盘手控盘一样，能够从零开始建立一个运营项目，然后使项目正常运作，并对项目不断进行优化改进。

用最通俗易懂的语言来说就是，对工作内容框架有整体的认识，能明确自己的工作职责。在工作的过程中，能够将前后步骤融会贯通，总是多想一步。除此之外，还能够清楚地知道如何优化自己的工作内容和工作方式，以便将前后步骤衔接起来。

阿里在这方面给我们做出了很好的示范。在阿里，几乎每一位 P7 以上级别的运营都是全栈运营。就拿我来说，我在阿里做运营经理时，掌握着每一步的正确运营方式，能够做到将渠道、内容、用户、数据等工作模块连接成一个整体，改变了原来的割据状态。

为什么要成为全栈运营

让我们回到运营本身，重新审视这个职位。

运营是最近几年新起的岗位，早期的运营是不完善的、缺乏理论指导的，是以最简单的方式进行职位匹配的。比如，在阿里的早期，我们对运营没有过多的要求，也没有过高的期望，只是因为需要有人去做这项工作，于是便随便召集了一批人。这个阶段的运营，其实也是一个从无到有的过程。

最早的运营是在摸索中产生的，由最先了解互联网的群主、编辑、站长等人，利用自己在互联网初期积累起来的相关经验和在人员组织管理、文案创意、市场分析、数据运营等方面的知识，创造出来的。

在摸索和创造互联网运营的过程中，我们只是以最简单、直接的方式，根据工作内容的性质对工作岗位进行了划分，形成了活动运营、内容运营、用户运营等职位，将综合性很高的运营工作人为地割裂开了。

那么，这种运营方式的划分是否可取？毋庸置疑，答案当然是不可取。我们可以从两个角度来看待这个问题。

从运营人员的职业发展规划来看，如果运营者自始至终都只在一个领域从事工作，那运营人员很快就会触碰到职业瓶颈，这将限制运营人员的职业发展。

从运营行业的发展趋势来看，只具备单方面运营能力的运营者显然不符合运营行业未来的发展趋势。

如果这么说，大家还是觉得不好理解。那么，下面这个例子，相信能让大家对运营有一个全面的认识。

假设小张初入职场时，就负责公司抖音账号的运营，那么，小张的工作内容就是收集视频素材和剪辑视频内容。在小张兢兢业业地工作了两年之后,各方面能力都有了相当大的提升,处理工作游刃有余,并且抖音视频的阅览量和点赞量都取得了不小的成绩。

此时,小张的职场生涯看起来春风得意,实则是遭遇了职业瓶颈。换句话说,小张在抖音账号运营的领域,已经触碰到了天花板,不可能再有大的突破。对于小张来说,未来可能会晋升为公司的内容运营经理。除此以外,难以再有好的发展。

听起来可能会有点危言耸听,然而这个现象在各大公司是普遍存在的。很多公司的岗位都是一个萝卜一个坑,公司的员工到岗之后,便在岗位上勤奋工作。在这种情况下,员工的本职工作可能会完成得非常出色,却难以胜任其他岗位的工作,未来的职业发展受到了很大的限制。这也是运营员工普遍苦恼的地方。

小张的职业发展道路就是"内容运营助理—内容运营专员—内容运营主管—内容运营经理",这也是传统运营人员普遍的职业发展之路。

说完了个人发展,再来看运营行业的发展。

如果运营人员都像小张一样,几年如一日地专注于一个领域,虽然能迅速地深入这个领域,但是他们并不了解运营的整体框架和运营的具体环节。因此,在实际生活中,我们常常会看到很多这样的例子——内容运营人员对素材的收集与提炼已经达到了炉火纯青的境界,却拿捏不准客户喜欢什么;很多渠道运营人员积极地为公司的推广开辟了多元化途径,却不知道有多少用户能被成功转化;很多用户运营人员想方设法地吸引来新客户,但却无法留住客户……这样的例子不胜枚举。

除此之外,还有一部分内容运营人员是属于"半路出家"的。比如,随着互联网技术的发展,传统的媒体编辑、市场营销和客户专员纷纷向互联网转型,摇身一变成为新媒体的编辑、内容运营和渠道运营人员等,这些在互联网发展的初期是十分普遍的。而跨行业者在工作的过程中,常常保持着原有的风格和习惯,对互联网运营一知半解。

其实,无论是上面哪种情况,我们都可以看出,把各项职能强行割裂的传统运营方式是无法很好地驱动运营的。在互联网发展的初期以产品为王，运营的作用并不十分凸显，这种传统的运营方式尚且具备一定的合理性；而在互联网技术日渐完善的当下，运营的作用越来越关键，整个互联网行业都在呼唤运营多面手。

而全栈运营就是运营多面手，它的能力结构是倒三角形的，它打破了割裂的单一模块运营、全方位驱动的整体运营工作。从这个角度来说，无论是对于员工的个人职业规划，还是对于运营行业的发展来说，都是至关重要的。

PART

02
第二部分

如何做互联网运营

第 3 章

内容运营：
如何通过内容打造产品调性

如今的内容运营已经进入个性化时代，每个圈层都有很大的市场，就像向年轻人"卖娱乐"、向中年人"卖情怀"，但如何"卖"，怎样持续打造"10万+""100万+"甚至更多阅读量的爆款内容，是每一个互联网运营人的难题。如果你懂得了内容运营的具体框架和流程，并将它们融会贯通综合运用，那么恭喜你，你将超越80%的运营人员。

3.1 困境：刷屏的内容时代已经结束，如何破局

2019 年，运营人员遭遇"四面楚歌"，将这一年称之为运营人员的"寒冬"也不为过。

相对于2018 年的热血沸腾，2019 年的朋友圈似乎平淡无奇。2018 年"内容为王"的呼声一浪高过一浪，不仅创造出许多定制化产品，还衍生出很多高附加价值的裂变内容，内容的创新风生水起。而 2019 年太过于平静的朋友圈让人有些诧异，互联网行业的内容运营似乎还没有准备好发声。

传统套路集体失效

2019 年"安静"的根源，应该是各种内容运营方式的失效，过去能激发大众兴趣的内容，在今天的用户来看已经司空见惯，运营人员希望以此实现社交平台的引流似乎很难奏效。而许多运营人员最后察觉到，只有在 KOL 群里发红包来刺激平台传播，才有可能在流量池里激起一丝涟漪。

❶ 段子手"黔驴技穷"

段子逗趣类内容是互联网上人气最旺的内容领域，借力微博火爆一时。

在微信社交平台上，很多经典段子类内容一度霸屏，像峰回路转的结局设计、哭笑不得的段子语言、逗趣搞笑的对话等形式在朋友圈广受追捧，可是现在都已经看不到了。如果你经常关注段子类公众号，你肯定也发觉现在好的原创类段子屈指可数。

我们发现，段子类公众号已经变成整合信息的平台，创作的内容大多是"新瓶装老酒"，而用户热衷的早已不是内容的刷屏，而是挤进各大平台的评论区参与话题讨论。

❷ H5 风光不再

2019 年 H5 风光不再。就连屡屡创作 H5 网红款的网易，精心设计的新款 H5

反响也很一般。

无差异化的内容以及雷同的主题设计让用户产生了审美疲劳,再加上 H5 的分享过度依赖引流,在社交平台流量饱和的情况下,H5 的生命力自然也显示出了弱态。

归纳一下,H5 主要包括四种类型:翻页类、观赏类、测试类、游戏类。

翻页类 H5 就是传统的幻灯片模式,早已失去市场推广效果,只是作为表现手段在运营工具中占有一席之地。

观赏类 H5 主要依靠内容打造或视觉冲击获得关注,但现在用户对此的要求越来越高。

测试类 H5 的推出一开始抓住了用户的渴望心理,但时间长了内容没有变化,被超前引导的用户也就逐渐流失。

游戏类 H5 长期使用的赠送小礼品、惊喜活动等传统套路已经很难再留住用户,而且很多游戏既花钱又存在很大风险。

所以,网红款 H5 的火爆停留在了 2018 年,2019 年已经很难在朋友圈看到它们的身影。

❸ **条漫审美疲劳**

条漫(见图 3-1)的出现首先从感观上迎合了公众号用户的浏览需求,不定期发布的条漫成功捕获了用户的眼球。

其次推出的语言对话类条漫很受欢迎,后来推出的"百雀羚"图文并茂表现形式更是成为社交平台的爆款。除此以外 2018 年还有很多令我们记忆深刻的条漫多次引爆网络话题。

图 3-1 条漫

可是今天在朋友圈已经很难看到条漫式的内容了,因其覆盖的圈子越来越小,大部分局限在某些小众偏好范围内。

拿停留时间来讲,阅读条漫的停留时间过长。一般来说,我们浏览一则经典条漫,至少需要五分钟,这就造成了比较高的选择壁垒。用户在目前这个"快餐式阅读"的时代只愿意抽出 15 秒来看视频,不愿花更多时间来品味条漫。

除此以外,因为条漫的原创基本上都带着清晰的个性文化,一方面既是原创作品的长处,另一方面也使得原创作品很难迎合大众需求。所以,很多时候我们看到原创作者发布的条漫内容、主题设计会非常类似,用户对条漫的新鲜感自然就会慢慢消失。

运营人员的自我救赎

抛弃老的、陈旧的思维模式,也是优胜劣汰的过程。去其糟粕,留其精华,是发展的必经之路。

在大家一声叹息的过程中,还是有一些内容运营者依旧坚挺,比如2018年的"兽楼处",用主攻细分偏好市场、原创文化内容而崛起。所以,引流、增加人气并不是无计可施。

下面我将详细讲解内容运营的五大方法(见图3-2)。

图3-2 内容运营的五大方法

❶ **热点治愈阅读量**

在浏览量逐渐流失的今天,火爆的内容一直是赢得用户关注度的最佳选择,也是帮助新媒体平台复苏流量的关键动力。

但寻找引爆点,需要在第一时间以独特新颖的方式呈现,并且内容足够丰富,只是简单的整合信息是无法创造爆点的。

而且挖掘引爆点内容风险很高,并不是所有平台都有能力去做,因此,我们做运营时就需要更加警觉。

❷ **干货创造价值感**

如何通过运营方式的创新,来为目标用户群体持续创造价值,是我们每一个运营人员需要考虑的问题。根据我在阿里的运营经验，最能为用户创造价值的运营方式，要数干货类内容的持续输出了。

不管是在微信社交平台，还是在抖音、快手等新兴短视频平台，我们都能看到，内容涉及技术类、知识类、文学类的干货类公众号，比如"回形针"等公众号，依旧拥有大批的忠实粉丝，而内容包含较多"水分"的娱乐类公众号则大相径庭。

❸ 内容深度抓住用户心

深度内容的价值越来越明显，我们发现，在一段图文并茂的内容中，内容所含的信息量越大、越有深度，用户愿意停留的时间就越长。因此，一些高质量、有深度的文章很容易成为网络爆款。反之，那些停留在表面的信息内容，则无人问津。

深度挖掘文章内容，可以帮助我们在运营推广中，有机会触达层次更高的用户群体，从而实现推广的突破。但其中也有不足之处，那就是内容的深度创作需要耗费更多的时间、精力和资源，而且对原创作者的个人素质要求比较高。两者之间的矛盾如何协调，可能是运营需要重点解决的问题之一。

❹ 搭建私域流量

"私域流量"这个词在时下很流行。顾名思义，私域流量是指个性化的、用户可以控制的流量。私域流量可以循环使用、免费使用，比如公众号、个人微信号等。与私域流量相对应的是公域流量，公域流量是指由平台集中控制分配的流量，运营人在进行内容营销时需要花钱购买的流量就是公域流量，比如微博流量。

如今花高价购买公域流量的行为在运营圈里十分普遍。但是，流量增长的背后也代表了运营成本的攀升。如果我们能够抢占私域流量的市场份额，比如抢占社群、朋友圈的流量份额，那么，我们的运营事业将有可能实现华丽的蜕变。

❺ 人格化黏住用户

个性化、主流化、超值化的内容能吸引更多的流量与人气，独特的内容展示能引发更多的用户共鸣，因此可以提升用户忠诚度，实现内容价值的有效变现。各种方兴未艾的标签网红昭示着网红时代的来临，而网红对于价值变现的强大推动力更是让人刮目相看，2018年"双11"中各路网红的引入让平台销售额迅速破百亿元。

除此以外，为产品贴上人格化标签或者创造超级IP，也是迅速实现互联网平台流量突破的有效手段,但超级 IP 的产生不是短期行为,可能很多时候我们没有时间去等。

因此,在内容运营方式急需迭代升级的当下,"一招鲜,吃遍天"的时代已经过去,未来对运营人员的素质要求会越来越高。有时正是经历了"寒冬",才会去遇到下一个"春天"。

迭代:内容运营的双 K 转化和 10C 要素

在上一节里,讲了 2019 年的内容趋势,意图给运营人员一个建议,告诉大家不要再做那些"网红"的内容了,那些套路已经失效了,我们要改变自己的认知,紧跟时代趋势。

本节,要给大家讲具体的内容运营的实操技巧。在这里,我想要分享给大家的是我独创的、有关内容运营的"双 K 转化及 10C 要素"。

我将结合自己在阿里多年的运营工作经验,来为大家讲解有关内容运营的转化以及内容运营的重点。前面的内容可能会有点专业,我会尽可能地用最直观、易懂的表述方式来说明。如果你愿意用心分析体会,本节知识将会让你对内容运营有更深刻、更全面的认识。

内容运营的本质是什么

关于内容运营的概念,有很多解释,大多比较理论化。我的理解是:内容运营,是指运营人围绕产品生产内容,借用社会化手段和渠道,实现内容的转化并提升运营 KPI,达到吸引流量、培养潜在用户的运营目的。

这里强调关键词——内容的转化、生产内容以及社会化手段和渠道,这些是内容运营的主线(见图 3-3)。

我认为内容运营的关键就是内容的转化,这张图完整地勾勒出了整个流程。

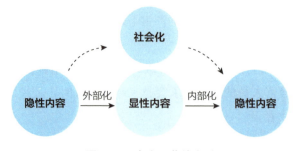

图 3-3 内容运营的本质

什么是"双 K"转化？

首先，要弄清楚一个概念：双 K 转化。双 K 就是指显性内容和隐性内容。根据内容是否可以明确说明和有效地转化，可以把内容划分为显性内容和隐性内容，两者之间的转化就叫双 K 转化。

内容信息大致分为两种类型。通常意义上的内容信息，多数是以书面文字、图表和数学公式形式来传达的，比较常见。而容易被大家忽略的内容信息，比如在完成某项任务后的收获，是另一种内容信息。

前者被称为显性内容，后者被称为隐性内容。显性内容是可以通过语言、符号等各种确定形式整体呈现出来的内容。隐性内容相对于显性内容来说，是指那些客观存在又难以被发现的内容。

图 3-4 所示就是日常生活中的显性内容和隐形内容相互转化的例子。图 3-5 简单说明了内容运营的社会化概念。

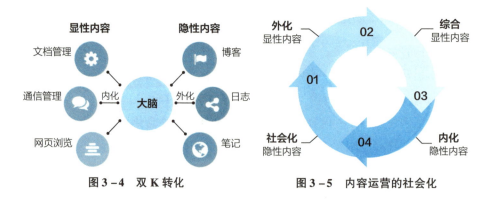

图 3-4 双 K 转化　　　　图 3-5 内容运营的社会化

因此，内容运营的核心就是双 K 转化。

内容运营的重点是什么

大家似乎已经习惯为内容买单。也正因为如此，我们发现为内容买单的本质是：有些内容和信息具有稀缺性和高价值性。同时，获得这种内容信息的方式和手段具有价值变现的可能。

这里所讲的内容主要是隐性内容。因此，我认为内容运营的关键是隐性内容如何转化为显性内容。对于内容运营人员来说，持续关注的价值点应该是隐性内容。

拿互联网运营来说，就是要把隐性内容通过外部社会化转化为显性内容，内容经过编辑处理后传递给用户，而用户最想要的就是这些编辑处理后的贴有个人标签的新显性内容，也就是所谓的"经验"。

比如马云"996工作制"话题为何如此火爆？不管是加班时间还是初创企业需要面对的问题，这些都可以说是老生常谈。但是马云完全是用个人观点来引出话题，不去讲那些早已耳熟能详的大道理，而这些出自马云的个人观点正是很多人缺乏的"隐性内容"，经过马云的显性转化，立刻吸引了用户去争抢这块"隐性蛋糕"。

内容运营10C要素对应隐性内容五大特征

讲完了内容运营的本质和重点，下面我想用案例和模型的方式更加具体地说明内容运营的10C要素。在此之前我们先要清楚隐性内容的五大特征，可以用一幅直观的图来表示（见图3-6）。

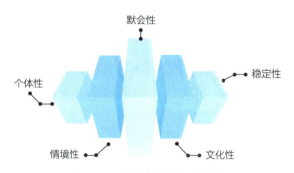

图3-6 隐性内容的五大特征

内容运营 10C 要素

针对隐性内容的五大特征，我建立了一个关于内容运营的 10C 要素模型，可以帮助大家深入了解隐性内容的特点。下面根据 10C 要素模型，来逐一解释说明。

1）标题

隐性内容本身具有先天的相对概念和属性，所以内容运营的标题不应该过于固定，最好带有几分偶然性色彩。隐性内容本身就不确定，获取渠道也比较偶然，所以标题要素要相辅相成。

2）章节目录

内容产品必须配合章节目录，同时罗列重点词汇，就是因为隐性内容的不确定性很强，要通过章节目录提高内容的可读性。隐性内容大多数是由用户的自身感受或者视觉冲击、思维碰撞获得的，完全无章可循。

3）案例和图表

在隐性内容里嵌入案例及图表来进行表述，会让用户更容易理解。隐性内容只可意会、不可言传的特性，决定了其无法通过语言、图表等明确符号来说明。这个时候配合案例和图表，既补足了隐性内容的短板，又能使内容的表现形式更丰富，可谓一举两得。

4）语境

这里所说的语境就是语言环境，主要考虑内容传播平台的语境和内容内部的语境。传播平台的语境就是要关注内容传播的平台以及目标用户群体，比如公众号在自媒体平台上的传播内容和流量平台内容要有所区别。内容内部的语境，主要是方便用户理解。

语境要素也是根据隐性内容的情境特征设计的，隐性内容与独特的情境相辅相成，内容总是发生于特别的情境中。运营要根据用户群体的特征在标题设计、内容主线以及案例配合等方面形成合理的语境。

5）创造性

主题和内容一定要有创意，或者通过一种新颖的内容表达方式传递给用户，让用户感知到创造性，否则用户会对隐性内容失去兴趣。

6）互动

在内容里需要与用户建立合理的互动关系，对于运营来说，更需要运用好内容运营的互动环节。

7）连续性

虽然隐性内容缺乏系统性构架，但是隐性内容的稳定性很强，一旦形成隐性内容，就不会轻易变化，所以内容运营的工作就是连续影响用户的心理感受。

8）检查

每一个做运营的人都应该有检查和确认的习惯，内容产品完成后的检查是不可或缺的环节，如果呈现在用户面前的内容还有错别字，那用户的感受会很差。

9）人设

人设可以想象成内容的精神形象。由于隐性内容具有深刻的文化性特征，人设的存在可以让隐性内容与用户在文化理解上形成共鸣，产生人格载体。

比如我在阿里做内容运营时，用"将军"来做人设，运营的方式和思路都围绕这个特定的人设来展开，"将军"这个人设就会让用户感受强烈，形成独特认知。互联网运营成功的案例中，很多都是人设要素的成功。

内容运营的 10C 要素应用人像模型：把你的文章想象成人物

当我们知晓了内容运营的核心就是将隐性内容显性化后，我设计了一个运营 10C 要素应用人像模型，能让你更清晰地了解 10C 要素与人像模型的对应关系（见图 3-7）。

也就是说，如果把一篇内容文章想象成一个人，那么它的大脑应该就对应 10C 要素的"创造性"，这也是与其他内容形成差异化的根源；五官是它的"标题"，如何让用户第一眼就看到，很多时候真的要靠"标题党"；嘴巴则代表"互动"，用户喜闻乐见的人设，需要经常互动；脖子是人体中连接头部和躯干的重要通道，对应就是"章节目录"，起到承上启下的作用；合理的"案例和图表"形成了丰富的内容表现形式，对应的就是身体部分；保持"连续性"（与下肢对应）意味着人要持续运动，增强活力、强壮身体；脚底对应"语境"，相当于人遇到不同的场景，会做出合适的行为和状态。

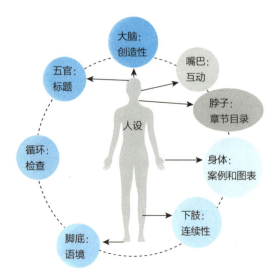

图 3-7 内容运营的 10C 要素应用人像模型

人的身体系统循环，如同"检查"，外在的呈现就是"人设"。用户对内容的第一印象如何？有没有产生继续了解的欲望？这些就要看"人设"的个人魅力了。

我在本节既提出了双 K 转化理论，融入了自己对于内容运营重点的研究分析，列举了隐性内容的五大特征和对应的 10C 要素，并应用人像模型加深理解，希望能让大家对内容运营的工作有一个全新的认识。

3.3 重构"3 步走"策略，搭建完善的内容运营框架

2018 年，移动互联网开启了新时代——内容为王的时代来临。

内容一直以来都是移动互联网的一个重要体系，而最近几年，移动互联网各大平台对内容更是空前的重视，对内容的争夺也进入了白热化阶段。比如，腾讯将 IP 内容定为重要战略，微信公众号、微博加强了对原创内容的保护，音乐、视频领域开始了版权争夺大战……

可以说，内容已经成为未来决胜互联网的制高点。既然内容如此重要，那我们应该如何把握内容，让其为我们所用呢？应该如何理清内容中纷繁芜杂的关系，

让内容成为产品的核心竞争力呢？这是运营人员需要思考的核心问题。

内容的管理不是杂乱无章的，而是一条有自身发展规律的链条。不同的平台在内容的管理上大同小异，不外乎三个方面：即内容推荐、内容管理和内容生产（见图 3-8）。

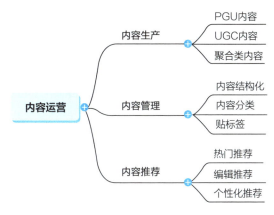

图 3-8　内容运营三部分

内容生产：一切故事的来源

内容生产是一切故事和信息的来源。在我刚刚接触运营行业的时候，我和大多数人一样，在网络上收集五花八门的信息，修改之后发到自己的平台上，就这样完成了内容生产。但随着商业竞争的激烈化和法律监管的严格化，这条路已经难以维持下去，唯有搭建合法合规的内容生产体系才能可持续地发展。

内容的来源可以大致分为三类：聚合类内容、PGC 内容、UGC 内容。

❶ 聚合类内容

聚合类内容基本上来源于外部转载，这看起来似乎是最轻松简单的获取方式。在互联网发展初期，外部转载被多家企业平台所使用，并且依靠该方法成功聚集了大量用户。但实际上这种行为是违法的，抄袭与剽窃他人作品，严重侵犯他人的知识产权。随着版权保护意识的加强和知识产权监管日趋严格，如果想长期经营一个产品，只能采用合法合规生产的方式。

但并不是说绝对禁止这种路径，想要引用借鉴其他优质文章，只需要通过正规渠道，获得作者授权许可后即可转载。

这种内容产生方式不具有稳定性，只适合在资源十分匮乏时使用。

❷ PGC 内容

PGC 是指由专业人士（机构）生产内容，一般由各个领域的精英向用户分享专业知识。PGC 是传统媒体中最重要的内容来源，比如由报社的记者为大家分享新闻内容，由专业律师向大家分享法律内容。

而随着互联网时代的到来，PGC 也开始走下"神坛"，变得亲民起来。曾经的受众也开始分享自己的知识与经验。然而，对于一些要求严格、门槛高的平台来讲，PGC 依然占据了很高的比重，比如门户网站的内容依然是由专业人士生产。而电视剧、电影的拍摄，也是由专业团队进行的。

❸ UGC 内容

UGC 是指用户自己生产的内容。UGC 是 web2.0 时代最重要的产物，其内容的发展和壮大贯穿了整个互联网的发展史，我们熟知的公众号、微博、短视频、直播、社区都属于 UGC。

引导用户为平台生产有用的内容难度不小，不过一旦成功，就能激发巨大的用户潜力，让产品形成更健康的运行模式。目前受益于 UGC 的网络平台不胜枚举，比如百度贴吧、小红书、喜马拉雅 FM、抖音、快手……那么如何激发用户生产内容的热情呢？这是另外一个议题，将会在后续内容中讲到。

内容管理：内容的基础建设

内容过少难以从中提炼出有用的素材，内容过多又会让人在海量信息中思绪杂乱。而内容的入库管理，可以帮助人们理清思绪。

❶ 内容分类

张小龙曾经说过，产品其实是一个逻辑梳理的过程。分类就是一种逻辑，生活中处处都有分类的智慧。比如，在传统行业中，图书馆的图书分类有最成熟的分类体系，一套分类系统被全国各地的图书馆共同使用。如果你想借阅稀有书籍，只需要在其中一家图书馆的分类系统上查阅，你就会知道你要借阅的书在哪里。在当今的互联网行业中，分类最完善的要属电商。就以阿里的电商平台来说，如果你仔细观察它们的框架结构，你会发现其中蕴藏着数以千计的分类。

在海量信息时代，内容数不胜数，如何在短时间内获得我们感兴趣的内容呢？分类体系就提供了这样一个入口。平台将相同或者相似的内容整理为一类，并贴上标签供用户查阅。

比如，在淘宝平台的首页，我们能看到女装、食品、生鲜、百货、洗护等分类。这么做一方面能帮助用户快速找到所需物品，节约时间成本。音乐平台也同样如此，打开阿里旗下的虾米音乐App就可以看到所有的音乐都按类别进行了划分，而且分类方式多种多样，比如曲风分类、歌手分类、场景分类等。

❷ 内容结构化

同一产品的内容往往具有相似性，我们可以在同一类产品中提取结构化信息，以便后续的保存与管理。以电影作品为例，影视作品的直观表现形式是一部部作品，在进行分解之后，一部影视作品的结构化信息有：演员、影视公司、影片名称、发行日期……而当运营人员拿到影视作品后，并不是简单地将影视文件塞到硬盘里就完事了，而是需要费心费力地做好结构化信息提取工作。

因此，在产品还尚未启动的时候，就需要仔细考虑未来内容可能存在的结构，然后以此为依据构建初步的内容管理体系。可以说，信息结构在内容推荐体系中具有基础性地位，由此可见信息结构化的重要性。

构建优质的内容管理体系需要运营人员亲自提取有效信息，而不是仅仅依靠机器。毕竟，由程序控制的机器是死板的，极有可能筛选出无效信息或者遗漏一些重要信息。另外，好的内容/管理体系也能够让运营人员对工作一目了然，从而减轻运营人员的工作量。

❸ 为信息贴标签

分类与内容是一一对应的关系，即一个内容最好只属于一个分类，这样用户根据索引线很快就能找到所需的内容。如果一个内容有多个分类，就如同将一本书放在两个书架上，这样用户来借阅时，可能图书管理员都不知道它究竟在哪里。而标签则更具灵活性，标签与内容可以是一对多的关系，比如，诺贝尔文学奖的获奖作品之一——《蛙》就可以贴上多个标签：莫言、诺贝尔奖获奖作品、乡土风格、现实主义、中文……只需要在计算机上输入一个标签就能查找到这部作品。

淘宝电商平台所使用的个性化推荐系统，正是采用了标签体系，而非分类体系。

标签体系与分类体系在日常生活中，都有着广泛的运用。两者在不同的场景下各具优缺点。

内容推荐：成败在此一举

内容推荐具有直接触达用户的特征。所推荐的内容能否被用户喜欢，决定了创作的内容能否发挥它应有的商业价值。否则，无论创作的内容多么出色，一旦在内容推荐上出了差错，也是徒劳无功的。那我们应该如何精准把握内容推荐呢？下面我将为大家介绍几个常见的内容推荐方式。

❶ 热门推荐

热门推荐是最常见的一种推荐形式。对于一个内容平台而言，以"排行榜"形式存在的热门推荐是必不可少的。毕竟，当用户第一次接触新产品时，还是茫然的状态，对产品也没有宏观的认识。在这种情况下，如果给用户进行微观的个性化推荐显然是不合时宜的。最好的办法就是将平台上其他用户喜欢的产品推荐给新用户。一般来说，喜欢同一款社交软件的用户往往具有相似的兴趣爱好。因此，热门推荐也有很大概率击中用户的喜好。

从这个角度来看，热门推荐是一种既省时省力又讨巧的推荐方式，但是这种推荐方式也有弊端，其中最大的弊端就是容易产生"马太效应"，即强者愈强、弱者愈弱，从而导致推荐内容逐步单一化，使很多新鲜的内容与独特的观点难以有机会呈现给用户。因此，热门推荐模式主要适用于产品的发育期阶段。

❷ 编辑推荐

编辑推荐是由专业的编辑人员代表官方平台所推出的内容，其内容不仅包含编辑人员认可的推荐，还包含基于用户反馈、数据分析的推荐。

编辑推荐的内容往往具有优质性和专业性，能够有效弥补由单一的热门推荐所导致的内容同质化问题。比如，在百度贴吧上，两性情感、动漫游戏这两个话题的热度一直居高不下，常年占据热搜榜。如果继续由热门排行榜来推荐，那么贴吧的页面将会充斥着情感与游戏类话题，这会引发用户的抵触心理。所以，为了规避这一现象，平台的官方编辑人员会定期推送新鲜、有趣的内容在首页展示。

一个理想的运营模式是，专业编辑人员推荐优质内容、增加曝光率，进而形成热门排行榜的一部分。这种推荐方式能保证平台上的内容既有用户喜爱的，也有优质新鲜的，并且平台的内容会不断更新。

❸ 个性化推荐

相较于前两种推荐方式，个性化推荐更具技术性特征。我们对于个性化推荐并不陌生，在音乐、视频、电商、新闻等各大运营平台，都能看到个性化推荐的身影。其中最具特色的就是淘宝个性化推荐。在一个类似于淘宝的电商大平台上，时时刻刻都会有新的内容与用户产生，面临如此庞大的用户群体，编辑推荐与热门推荐都难以满足用户的需求，这时就该发挥个性化推荐的作用了。

目前火爆的大数据，其核心之一就是解决个性化推荐。如果基于大数据分析，能为每个用户推荐专属内容，就能够大幅提升推荐效率，从而获得可观的商业回报。

常见的个性化推荐有图3-9所示的三种形式。

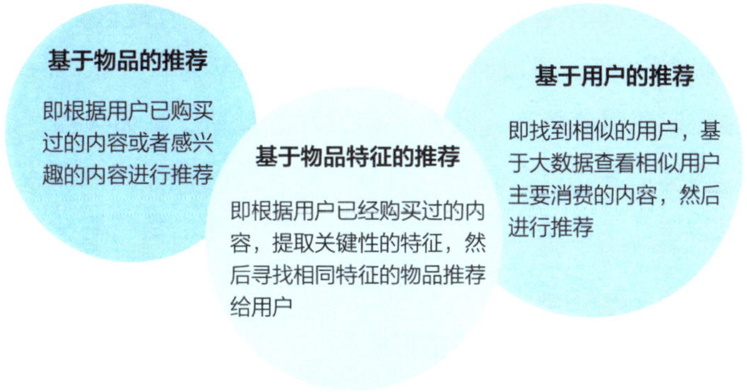

基于物品的推荐
即根据用户已购买过的内容或者感兴趣的内容进行推荐

基于物品特征的推荐
即根据用户已经购买过的内容，提取关键性的特征，然后寻找相同特征的物品推荐给用户

基于用户的推荐
即找到相似的用户，基于大数据查看相似用户主要消费的内容，然后进行推荐

图3-9 个性化推荐的三种形式

从 QQ 音乐看内容运营框架的运用

在这里，我想以腾讯的 QQ 音乐为例具体讲讲内容运营框架的应用。可能有人会问："为什么不以阿里的淘宝、支付宝为例呢？"因为阿里系的淘宝平台已经突破上亿，对于很多互联网公司来说，要达到这个量级，是很困难的。而腾讯系的 QQ 音乐是后来才运营成为国内最大的音乐平台之一的，在 2015 年日活跃用户

数量（DAU）才突破一亿，是一个拥有海量内容和海量用户的典型平台，研究其内容运营对于大多数运营人具有很强的参考价值。

❶ 内容生产：PGC 为主打内容，坚持正版道路

在互联网野蛮生长时期，各行各业都受盗版影响颇深，其中音乐行业几乎被摧毁。以至于有人说，网上可以免费听歌，为什么要花钱去买正版影碟呢？盗版对利益的争夺，让几大音乐平台开始了反击。QQ 音乐、虾米音乐等都举起了版权大旗。

音乐平台提高了创作门槛，音乐内容几乎都由专业人士生产。就拿 QQ 音乐来说，QQ 音乐与国内外的几大唱片公司签订了版权协议，力图将音乐行业拉向正版化，创造了好的平台环境，并维护了原创者的知识产权和利益回报。由此形成一种正向循环，音乐创作者、唱片公司、用户三方都能从中受益。

❷ 内容管理：建立和管理全国最大音乐曲库

QQ 音乐是国内最大的曲库，收藏了 1 500 万首歌曲。面对浩如烟海的曲库，QQ 音乐配备了专门的入库管理团队和自动化处理程序。收藏新歌时，专业化团队和程序会按照歌曲的特征，贴上不同的标签。

一些标签比如演唱者名称、歌曲名称、发行日期、歌曲风格、合唱还是混唱等在创建结构化信息时就会存在，当有新歌发行时，专业运营人员和小程序会将新歌按照其特征录入曲库。后期收藏录入的过程也是结构化信息不断完善的过程。

❸ 内容推荐：多种推荐方式相辅相成

编辑推荐、热门推荐与个性化推荐在生活中早已屡见不鲜。微信新闻采用了编辑推荐的形式，由微信平台的运营人员精选时事热点，然后推荐给用户；腾讯视频采用了热门推荐的形式，平台利用大数据技术，将影片按照受用户喜欢的热度列成排行榜推荐给用户；而淘宝平台"猜你喜欢"则是采用了个性化推荐的方式，以用户曾经购买过，或者加入购物车的商品为推荐依据，为用户推荐可能喜欢的产品，取得了不错的口碑，图 3-10 所示为 QQ 音乐的内容推荐页面。

不管是在课堂上，还是以前在阿里带运营团队时，经常有新人问我："内容运营是做什么的？"而工作 1 年后的"运营老人"会问："内容运营接下来还要做什么？"

图 3-10 QQ 音乐内容推荐

本节我所提到的运营框架能够为大家答疑解惑,运营框架就像是工程师的图纸,每一个小步骤与大规划都清清楚楚地标注在上面,你能明确地知道,自己正处于哪一步,自己接下来要做什么。总结一下,搭建内容框架需要注意以下几点:

1)如果你是第一次接触内容平台的运营工作,你需要思考以下几个问题:生产内容的主体是谁?内容生产者的付出与回报是否合理?内容生产机制是否可以长期存在?

2)当平台的内容开始丰富时,你就需要着手构建内容管理系统后台了,这几个核心问题也是你需要思考的:内容的分类能否做到快速、有序?内容库存是否能做到明确、有序?是否有足够多的优质作品可以作为推荐内容?

3)在用户使用内容产品之后,你可能会收到各种各样的反馈信息,这时就需要根据用户的诉求,合理调整推荐内容。一般来说,前期一般使用热点推荐和编辑推荐方式,当用户量达到一定的规模之后,你需要采用个性化推荐的策略,让内容库的库存内容流动起来,将最合适的内容推荐给目标用户。

内容的"生产、管理、推荐"三步策略,是运营内容产品必须经历的步骤。

因此，我们需要掌握上述内容并进行灵活运用，这将是带领你从文字编辑向运营者转变的阶梯。

3.4 实战：4大要点，让你写出"10W+"爆文

如何评价一篇文章的优与劣，在不同的时代可能有不同的细化指标，而通用指标都是大同小异的，无非是清晰的逻辑、通顺的语言、明确的观点和真挚的情感。

在如今以快节奏为主的互联网时代，"快餐式"阅读习惯广受认可。在社会"求快"氛围的影响之下，爆款软文的评价标准也发生了细微变化。

这些变化不仅存在于前文中提到的"10C要素""双K转化"和内容运营上，还表现在对用户心理精准分析之后的文章选材、选题等方面做出的调整，使之能够迅速吸引用户眼球并进行裂变式传播。

在阿里，内容运营绝不是写文章、推内容而已，其工作重心永远放在运营二字上，每一篇爆款文章的内容都是精心策划的结果，从选题、标题、内容再到对用户的回复和互动，都要经过深刻的分析和洞察，才能获得用户喜爱。

在本节，我将结合自己在阿里的工作经验和后来讲课期间的思考，从选题、标题、内容和回复这四个方面，给大家分享一些我对内容的认知以及写出爆款文章的技巧，希望能对你的文章阅读量与粉丝量增加有所帮助。

选题：超强洞察力，击中用户痛点

洞察力这个词我们并不陌生，通常洞察力指的就是观察力，但比观察力更强调透过现象看本质。洞察力一般指能洞察人性的能力，这里的人性指人的特性，比如善良、真诚、勤劳、勇敢、宽容等优点，以及懒惰、贪婪、妒忌、暴怒等缺点。

而文章选材中的洞察力是指，我们在创作文章内容的时候，一定要仔细揣摩用户的心理诉求，弄清楚用户的痛点在哪里，然后才能创造出一举击中用户痛点的爆款文章。

在我看来，具有超强洞察力的文章选材，需要把握两个方面：一是需要细分

用户，二是能够把握时间的热度。

❶ 细分用户

我们在进行内容创作时，一定要考虑用户群体关心的内容，然后使选材与用户所关心的内容保持一致。为了将内容产品与用户需求结合得更贴切，需要进一步细分用户；然后根据不同类型的用户细分生产内容，这能更有效地提升用户对内容的兴趣，从而为引爆内容打下基础。那么，应该如何洞察用户心理，进行用户细分呢？

可以从这三个步骤来入手：一是对用户的年龄、职业、性别等基本特征进行分类；二是要注意查看网络上是否有可以借势的热点；三是寻找一个能结合内容与热点的切入点，然后创作爆款内容。

如果上面的理论不好理解，那就让我们来看看实际操作吧。我曾运营了一个与阿里运营相关的公众号，我发现公众号中的"阿里运营"和"阿里管理"板块深受用户群体欢迎，下面经常有多条留言。

于是，我归纳整理出了留言中的精华部分，组成了一个话题，以微信公众号或者群聊的形式抛出，引导用户进行深入的交流与思考，然后选取一些有代表性的观点与案例写进文章中。这些被用户广泛关注的话题，就是在撰写文章时需要把握的"管理痛点"和"运营干货"。

如果你具有超强的洞察力，就能轻松掌握用户心理，进而打造出能够一举击中用户痛点的内容。可以说，我自己就是超强洞察力的受益者，通过对用户群体的精准把握，我的公众号在阅读量、点赞量和转发量上均取得了不错的成绩，还有不少用户在留言板上对阿里的产品和内容给出反馈意见。

通过运营公众号，再结合之前在阿里做运营时的经验，我总结出了如何洞察用户心理需求并持续挖掘的经验。

首先，捕获目标用户在日常生活和不经意的聊天中透露出来的心理诉求。

其次，抓准诉求点进行归纳整理，形成话题，然后将话题投放到目标用户群中，并收集用户讨论中的独特观点和案例充实素材。

最后，将收集的素材梳理一遍找出核心观点，整理成文。

在这个过程中，我们会发现对目标用户的敏锐性洞察是开展后续工作的基础，也是至关重要的一步。这一步向上连接文章的核心内容与表现手法，向下连接用户对文章的反馈，包括文章的阅读量、点赞量和转发量，其重要性不言而喻。

那么，应该怎么提升洞察力以精准把握住用户的心理呢？下面两个步骤可以帮到你：

1）阅读图书，关注时事，敏锐地洞察近期热点内容

微信、微博、贴吧、论坛以及不计其数的新闻类 App，每天向我们发送眼花缭乱的热点内容。对此，我们需要养成阅读的习惯，关注热点并及时整理出有用的内容要点。

2）观察生活，留意细节

抓住一切可以沟通与分享的机会，在交流中挖掘用户的兴趣点。具体来讲，我们需要抓住一切机会多认识一些人、多接触一些产品，可能无意识间就发现了用户的诉求，同时，交流分享中也能引发我们的灵感。

❷ 把握时间的热度

上文所提到的公众号，就是借着"阿里热"火起来的，我的文章正好契合了当时用户对阿里的猎奇心理，当用户看到他们感兴趣的内容时，会不由自主地进行裂变式传播。因此，我的公众号文章阅读量也借助"阿里热"的这波热度，取得了不俗的成绩。

总体来说，热点的形式可以分为两种：一是突发性社会热点，二是季节性热点。

热点的魅力在于能够在极短的时间内聚集极大的关注量，这也直接反映了热点具有极强的时效性。上述的借势类文章，通常要求在 24 小时内完成；对于突发性社会热点的要求则更为严格，需要在 2 小时内完成。毕竟对于热点类文章而言，抢占用户时间是决定文章成败的关键点。

在互联网时代，五花八门的新鲜事物层出不穷，要想在第一时间抓住用户的眼球，除了细分用户与把握时间的热度，还需要有一个吸引用户点击的标题。下面，我将带领大家了解标题的特点和内涵。

标题：聚合重要信息迅速吸引眼球

互联网时代文章的呈现方式和传统媒体时代的区别很大。在传统媒体时代，内容与标题同时呈现在用户眼前；而在互联网时代，用户第一眼看见的只有标题，如果标题没有吸引力，用户连点击链接的欲望都没有，内容根本没有机会展现给

用户。所以，标题的作用是至关重要的。

既然标题如此重要，那我们应该怎么取具有吸引力的标题呢？下面，我将为大家分享"秒取10W+标题"的小技巧，具体要把握住5个标准和7种形式。

❶ 判断标题好坏的5个标准（见图3–11）

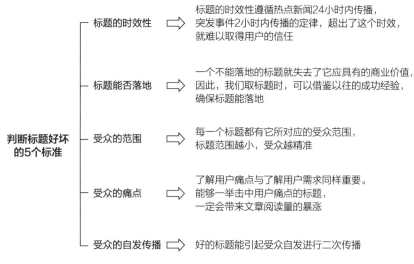

图3–11 判断标题好坏的5个标准

❷ 常见的7种标题形式（见图3–12）

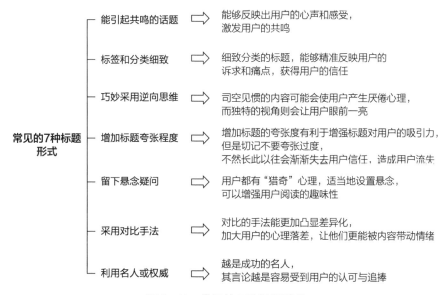

图3–12 常见的7种标题形式

❸ **取标题常用的 6 种方法**(见图 3–13)

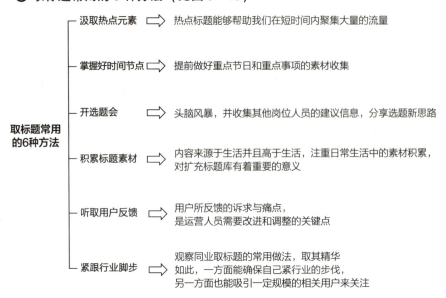

图 3–13　取标题常用的 6 种方法

❹ **取标题要知道的 3 件事**(见图 3–14)

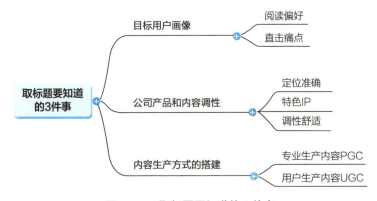

图 3–14　取标题要知道的 3 件事

内容主体：观点清晰，图文结合，夹叙夹议

如果说标题决定了用户是否有浏览内容的欲望，那么内容则决定了整篇文章的质量。在快节奏时代，很多用户都是走马观花地将内容一扫而过，不会仔细斟

酬内容。用户阅读习惯的改变决定了文章的内容也要做出相应调整。

我结合自己在阿里做运营的经历，总结了以下四点，可以帮助大家在互联网时代，用优质的文章内容留住用户。

❶ 多写自己身边的人、事、物

互联网时代充斥着海量信息，人们复制、提取信息越来越方便。因此，内容的同质化现象越来越严重，从而导致用户对相似内容感到厌倦，希望能够看到优质的原创内容。这就要求我们要从自身经历出发，多写原创内容，少参考网上千篇一律的内容，以形成自己的创作风格。我这么说，并不是阻止大家去关注网络作品，而是希望大家能够站在一定的高度，去观察优质网络作品的框架结构和文化内涵，而不是仅仅套用某些句子。

在这一点上，我自己深有体会。我写的大多数文章，都是来自于我多年在阿里做运营的经验总结。刚开始写文章时，我还担心自己的语言和内容是否过于简单直白，或者文章的框架结构是否写得清晰，但看到我的文章广受追捧，并且能给用户带来实际益处的时候，我的担心与顾虑便消散了。

❷ 开门见山，直击主题

我们在写文章时，要开门见山地说明文章的意图，让用户明白你在说什么。在这个时候，我们就需要忘记情景交融、先扬后抑这些具体的写作技巧，而是采用更直接清晰的表达方式，让用户迅速明白你的目的。

❸ 不宜过长，图文结合

对于非知识性的文章来说，文章的长度千万不要过长。普通文章1 500字左右是最为适宜的，过长的文章会使用户心生厌倦，失去阅读的耐性。除此之外，还需要图文结合，以保持文章的趣味性。

❹ 夹叙夹议，案例为丰

人们在网上浏览文章，多是为了满足娱乐性的需求。因此，为了让文章内容契合用户的需求，我们在创作文章时，应该避开枯燥无味的纯理论性知识点，多用一些生动有趣的案例与故事去勾起用户的兴趣，让用户觉得阅读是一项可以让身心愉悦的放松活动。目前，市场上广受欢迎的"励志型"公共推文，采用的就是这种创作方式。

总结起来，就是形成模板化的"开篇+故事+议论+案例+议论+故事+议论+案例+总结"，这种以故事与案例撑起文章主题的行文结构，是用户最喜欢的阅读模式。需要注意的是，在选择故事与案例时，论据一定要符合论点。很多内容创作者通过这种模式获得了极好的市场反馈，大家也可以尝试一下！

回复：积极互动，维护品牌形象

当我们将文章发出之后，如果想看看用户的反馈，最简单的方式就是查看留言板。留言板是作者与用户沟通的桥梁，能让用户真实地感受到是一个鲜活的生命在与之互动，而不是在与没有感情的机器人助手沟通。

互联网时代越来越讲究品牌的个性化、形象化。对于企业推广软文来说，文章本身就是企业文化与价值观的一种输出方式，而文章末端的留言互动更是拉近用户与企业的距离、增强交流、树立企业品牌形象的好机会，是展示品牌形象的重要渠道。

具体来讲，我们应该从以下两个方面入手，最大限度地发挥留言板的作用：一是保持回复风格的一致性，维持用户心中的品牌人设；二是尽量在24小时内回复所有的留言与评论，并与用户积极互动，拉近与用户之间的距离，让用户有被重视的感受。

有了以上爆款内容的四大干货，并不代表就拥有了内容运营的"武功秘籍"，这只是"头菜"，如果想要把内容做"实"，还要在实践中反复操练、灵活运用，达到融会贯通。更重要的是，还要加入我们自己的思考，只有这样，才能产生更多、更好的爆款内容。

3.5 进阶：内容运营终极法则——将内容打造成企业核心竞争力

在前面的内容运营章节里，我给大家分享了很多实在、具体的运营方法，将这些方法应用到运营工作中之后，你的运营工作将会得到很大提高。但如果你想成为内容运营里的"大牛"，你还必须学会这个终极法则——将内容打造成企业的核心竞争力。

阿里作为中国互联网行业的巨头，具有多元化的竞争优势，而内容优势也是其中的重要核心之一。近几年，阿里的投资布局一直聚焦在内容产业上，囊括文学、音乐、影视等各方面的内容，同时也大力发展内容电商，如淘宝直播、微淘等。由此可见，内容是互联网企业未来的竞争主赛道甚至核心竞争力。

对于广大的内容运营人员来说，终极目标也是将内容打造成能够助力企业发展壮大的核心竞争力。

希望本节分享的内容运营技巧能帮助你实现终极目标。不过，在讲解具体的方法之前，我想先给大家介绍一个概念——什么是内容运营的核心竞争力？关于核心竞争力，有很多不同的解释，我结合自己的经验和认识，来谈谈我的个人理解。

对于内容运营人员来说，核心竞争力应该是我们长期实践和研究所积淀的知识，它是你所在企业的积累，对竞争对手来说是壁垒。

巧妙切入：由内容引爆核心竞争力

内容运营的终极目标是成为企业的核心竞争力，那么如何达成这一愿景呢？

需要分两步走。从内容运营的生态链条来看，它所呈现的生命周期可以拆分为两部分：前生命周期和后生命周期（见图3-15）。这两部分都有内容运营的切入点。

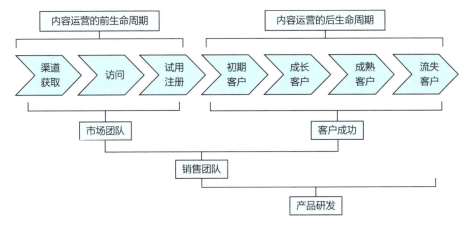

图3-15 内容运营的生命周期

❶ 前期：内容运营要从"我能提供什么"转变到"我要解决什么"

公众号"36氪"就做得相当不错，翻看36氪出品的文章锐评，你能看到关于行业研究和解决方案的内容占据了相当大的比重，同时文章内容见解独到、十分深刻。36氪的文章内容就是针对行业目前存在的种种问题，给出具体的解决方案，强调"我能为你解决什么"，而不是"我能为你提供什么"。

从产品运营到内容运营，要在思想观念上实现从"我能提供什么"到"我能提供什么"的转变。需要明确自己的职责不是为用户提供具体产品，而是倾听用户在运营企业中所遇到的问题，并给出有效的解决方案。

与此同时，从产品运营到内容运营，也有相通之处。比如，产品设计与价值在于满足用户的需求；而内容的理念与方向在于解决用户的问题。

❷ 后期：内容运营要从"客户支持"转变到"客户成功"

目前大部分互联网产品类企业的售后工作做得并不完善。如果将售后运营划分为三个层次，即一般客户支持、优秀客户支持和客户成功，大部分企业只能达到一般支持层面，仅仅做个简单的培训，回答一下客户的问题，这种做法非常初级，在用户资源的开发上，还有很大的提升空间。

想要达到更高的层面，就需要与客户建立长期稳定的关系，引导客户不仅为你的内容服务买单，还能帮助你深度认识行业、改进产品。要想达到客户成功层面，需要确保用户反馈的流程能够不断优化，用户反馈的问题能够得以解决。由此可见，可以从以下两个方面来判断，内容运营能否达到"客户成功"：一是内容上是否具备咨询能力，二是是否有足够的数据与时间支撑内容的发展（见图3-16）。

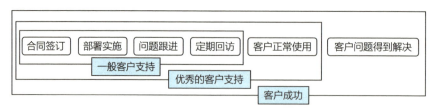

图3-16 内容运营要完成从"客户支持"到"客户成功"的转变

很多东西说起来容易做起来难，客户成功要求内容运营能够确实落地解决问题，而且是能够解决核心问题，如果只能解决使用问题，那只能达到客户支持层面。在这个过程中，内容运营要扮演观察指导员的角色。因为很多客户成功部门缺乏内容输出的能力，而且很难跳出来从行业的高度去思考问题。所以，需要一个局外人来纵观全局。

看透本质：深入研究用户

在阿里的招聘季，我经常会问面试的新人内容运营的本质是什么，总能收集到五花八门的答案。比如，内容运营要以用户为本，内容运营要依靠大数据的分析方式，内容运营的本质是为用户解决问题。不同阅历的人会对内容运营的本质有不同的看法。其实，这些答案都是正确的。他们都点出了内容运营的本质：即深入研究用户。

为了帮助大家更好地理解内容运营的本质，我举一个例子来进行说明。

比如，我们去商场买衣服，交易后拿走，这可以称之为"满足用户基本需求"。但是，有一家品牌商店，发现很多女士渴望过精致有品位的生活，为了打开销路，向用户进行了"购买千元以上的衣服的女人才算得上是有品质的女人"的宣传。当用户想要追求精致有品位的生活时，自然而然就想到了这家店。

去了这家店之后，你会发现商品摆放得很有档次。在你选购商品时，举止优雅的导购全程一站式服务。购买商品后，导购会用十分精美的礼盒进行包装，甚至会为你准备一小瓶代表气质与优雅的香水作为赠品。

普通的商店出售商品，走品质路线的商店提供解决方案，孰优孰劣，一目了然。当我们从内容运营的层面看，只售卖服装的商店中，一旦出现物美价廉的同类竞争者，那么这家商店极有可能失去大量用户，从而失去竞争力。

而这家讲究品质的服装商店，通过为客户营造"女人就应该购买千元以上的商品来提升自己的气质与档次"的氛围，慢慢形成了自己的核心竞争力。即使周边出现物美价廉的同类型店铺，也依然能够留住自己的用户。

因此，我们做内容运营时，要深入研究用户，把握用户心理，解决用户问题。比如，让所有的用户认识到"想要提升自己的品位与档次，就需要购买千元以上的衣服"，并且深入研究目标用户的心理活动，设计精美包装、品质小赠品等。

我们需要清楚地知道，将内容打造成核心竞争力的本质是对客户的问题进行深入研究，并为客户提供行之有效的解决方案。

3.6 阿里内容运营"兵法"：
定位调性＋数据＋品牌＋人才

在前面内容的讲述中，大家对阿里的内容运营有了初步的了解。下面，我将带领大家了解阿里运营的具体做法。

阿里的内容运营现状

从阿里巴巴成为中国最大的电商平台，到马云语录被各路人士热议，阿里的火爆程度不言而喻。而阿里的内容运营作为阿里2015年新设立的岗位，更是从诞生之日起，就深受用户喜爱。

用具体数据来说，在内容运营板块，精品内容创作者达到1.8万名，精品内容日均阅读量约为2亿人次，内容创业者每月营收总额高达2亿元（见图3-17）。

图3-17 阿里内容运营主要阵地

阿里为什么如此重视内容运营？据我分析，有以下几个原因：

❶ 从背景环境分析

随着互联网的日渐成熟，拼多多以及抖音、小红书等内容电商平台迅速成长，成为淘宝强有力的竞争对手。

❷ 从淘宝电商平台分析

淘宝App日趋成熟，使用人数日趋饱和。那么，在此情况下，怎么维持原有的客户呢？加强内容运营或许是一个好办法。

❸ 发展内容运营

对于阿里生态圈内的商家和红人来说，也是能享受红利的。对于淘宝网红来说，发展内容运营更容易让用户深度了解产品的功能属性，从而助力优质产品脱颖而出，成功实现产品变现；对于淘宝商家来说，开展内容运营后，转化率有了明显的提升，具体数据表明：开展内容运营后，日进店转化提高至15%，日活跃用户增幅高达150%。

阿里内容运营的方法

如今，流量呈现去中心化的趋势，搜索、推荐和内容导购三分天下。原来还可以通过购买流量来获取流量，而如今就需要深耕细作了。不过阿里早就准备了流量提升工具助力商家向内容运营升级。

阿里在开展内容运营的过程中，虽然困难重重，比如有短期销售额下降的压力、其他电商平台的竞争压力以及平台转型升级中公司的管理与运营人员压力，不过阿里都一一克服了，并取得了不错的成绩。

下面，我为大家介绍几点阿里内容运营的具体做法，以供参考。

❶ 以数据驱动内容创作

随着大数据技术的兴起与成熟，阿里也在向数据驱动公司积极转型。如今阿里不仅有分析数据的后台，还有商业智能团队来承接数据分析需求。

比如表3-1中的这些数据，就是阿里运营人员最常用的数据后台。

表3-1 阿里常用数据后台

用途	数据后台
查询各项目数据包含收入用户	SCI
查询收入（大盘）	孔明灯
查询PU，UV（大盘）	数视

我们可以看到右上角的SCI，是很多阿里运营人最喜欢的数据后台，这个后台包含的内容十分丰富，包含用户拖拽、用户评论等，还包括用户情况、舆论情况、播放情况、互动率、收入等。

有了数据之后,如何运用数据又是另外一个关键点。

因为大部分运营人员都停留在数据的监控与报告层面,而能够走出这个层面,利用现有的数据去改变经营与策略的人是很少的。因此,这也是衡量运营人员是否足够优秀的重要标准之一。

大家可以结合下面的例子来进行理解。

阿里旗下某视频网站的会员收入公式是:GMV(一段时间内成交总额)= PUV(PLAY UV 播放总人次)× 转化率 × ARPU(每个用户平均收入)

假设 KPI 是 5 000 万元,那么我们可以根据以往经验将 5 000 万元拆分到公式里,再将实际的情况与预想的情况做比较,后期运营可以根据对比的情况,有针对性地对转化率、ARPU、流量相关工作进行调整。

比如,视频网站的内容运营人员可以运用赠送大额优惠券、定制卡、限时优惠等方式,来主推年卡、季卡,以提升 ARPU。数据对于内容的运营具有极其重要的意义。及时的数据反馈,一方面能够激发内容创作者的创作热情;另一方面,也能引导运营人员对内容生产机制不断改进完善。

在内容变现的初期阶段,变现可能不像推荐产品一样来得直接。因为很多用户在浏览了某一篇文章之后,可能会产生购买的欲望,但是并不会直接点击内容的链接下单,而是进入淘宝等电商平台进行搜索,货比三家,确认该商品各方面信息后才下单。所以,针对这种情况,阿里延长了下单数据统计时间。

除此之外,阿里的数据统计方法也能极大地激发创作者的信心。比如一位浏览了某淘宝达人文章的顾客,未来十五天在达人推荐的店里购买了商品,那么顾客的购买金额都算是该达人的绩效。

阿里的内容传播还具有传播持久、内容丰富的特点。从传播时间上来看,用户在浏览淘宝的文章之后,可能会徘徊几天才购买。这一点不同于网易新闻的传播,48 小时后就没有新增阅读量了。从内容生产上看,淘宝的内容推荐除了人工智能推荐还有编辑推荐,内容精彩程度堪比微信朋友圈。毕竟,在别的公司,内容就是内容;在阿里,内容就是产品!

以淘宝为例,淘宝系内的内容创作者只需要专心生产内容,不用操心内容的推广和发布,因为机器会帮忙代劳。而淘宝系外的内容运营人员则需要对内容进行推广发布,最常见的就是在公众号上发布,但公众号的流量有限,不能达到最理想的传播效果，所以很多运营者还要辛苦地去找其他平台。在这种情况下，内容从业者应该尽量选择流量大的平台，才能让辛辛苦苦创作的内容实现其应有的商业价值。

❷ 把握内容的定位与调性

定位和调性是做内容运营至关重要的一步。定位是指运营人员需要明确他要做哪些工作，他的目标用户是哪一类人，准备树立什么样的品牌形象。调性，一般指运营人员的做事风格、语言风格等。

怎么判断运营人员是否有好的定位与调性呢？可以从以下几点进行判断：

1）高代入感

这要求运营人员要学会设身处地为用户考虑，建立起与用户的信任感。

2）高连接性

运营人员能够让每个人都能看见他未来幻想的样子。

3）高辨识度

高辨识度助力涨粉。

调性决定内容要做成什么样，定位告诉运营人员什么不能做。当定位与调性相融合，就构成了内容品牌。内容品牌的价值包含两方面：品牌溢价和品牌信任。

什么是品牌溢价呢？举个例子，同样的一件衣服，在商场专柜的价格会比放在路边小店里的价格高很多，但人们还是愿意去商场专柜买，这就是品牌溢价。

那什么是品牌信任呢？比如，华为的手机售价是4 000元，同样配置的不知名品牌手机只需要3 500元，但人们还是愿意购买华为的手机，这就是品牌信任。

在内容运营领域，发挥品牌的价值同样重要。比如说，你想买一顶"伊丽莎白女王同款"的帽子，你会选择在淘宝搜索，而不是在搜狐搜索，这是因为你相信淘宝能够提供你想要的产品，并且这种产品的质量是值得信赖的。找准内容与定位，这就是内容产生之前，内容平台需要做的事。

❸ 为内容树立品牌

"淘宝二楼"就是很好的例子。

"淘宝二楼"是在年轻人"刷"淘宝的高峰时间段内，即22:00~24:00，推出青春个性的精选好物频道，成功地房获了年轻人的心。

除此之外，"淘宝二楼"每半年举办一次主题活动，已经举办过"一千零一夜""夜操场""背包怪客"三次活动。晚上22点以后，用户可以在淘宝App首页看到入口图，点击进入就可以看到一段制作精良的视频，视频故事中出现的相关产品，都会在最后的着陆页进行推荐（见图3-18）。

那么，阿里是如何进行"淘宝二楼"视频的内容运营的呢？

1）货品选择潜力股

在互动视频里植入哪些货品是最合适的呢？答案或许会令你大吃一惊。因为既不是大热的爆款商品，也不是积压的冷门，而是有话题、有潜质的潜力股商品。

2）视频与着陆页双同步

在视频播放完毕之后，着陆页会呈现与视频相关联的产品。比如说，视频里提到了圣诞节，那么着陆页就会出现圣诞老人的帽子、白

图3-18 淘宝二楼的"一千零一夜"

雪公主的裙子和魔法棒。还有更厉害的，系统能根据不同的人显示不同的画面。有一期节目讲述的是五十六个民族，视频和着陆页也都做到了五十六个民族的同步。比如，我是汉族人，我朋友是苗族人，那么我看到的是汉族服饰，我朋友看到的则是苗族服饰，这种新奇的展现方法，形成了很高的转化率。

由此可见，目前内容运营在变现上，与简单粗暴的卖货活动相比还是稍逊一筹。但是在扩展渠道、树立品牌、提升销量等综合收益上，却能发挥巨大的商业价值。在内容运营中，个性感强、创新能力强、科技感强，或者讲情怀的内容形式会走得更长远。

3）视觉体验精细化

竖版视频的画质精美，风格突出，有很强的电影感，会带给用户美的视觉享受。

❹ 合理运用人才与AI

在前文中我们提到，内容运营是阿里新设的岗位。这个岗位有个特点是，不

需要岗位上的人凡事亲力亲为，而是要求岗位上的人，能够制定激励媒体和用户生产内容的机制，从大众的智慧中，源源不断地获得内容成果。

在阿里的内容运行机制中，人工智能得到了普遍运用，逐渐实现了内容产品化。其内容运营不依托于人工编辑审核、推送，而是让人工智能完成一系列的生产流程。比如，用户手动输入关键词，阿里的人工智能可以根据关键词在海量内容库中选取所有包含该关键词的内容，并自动组成专题或者合集，然后将这些内容推送给需要的用户。阿里的内容运营风格比较讲究效率，时刻以 KPI 为导向，可能在细节之处不会精雕细琢，却能在第一时间为用户推送所需要的内容产品。

总而言之，只有把握好定位、调性、数据、品牌、人才等多个方面，才能打赢内容运营的攻坚战，才能掌握未来互联网领域的话语权。

第4章

社交化运营：社交电商爆发期已到，如何利用"关系"快速获客

目前，社交化运营的概念正当红，它的基本逻辑就是利用熟人卖货，利用人与人之间的社交关系进行商业交易。在微商掀起了社交电商的序幕以后，阿里、腾讯等互联网巨头也纷纷开始布局社交电商。阿里的淘小铺解锁了社交电商新玩法，意在打造"人人可参与的社区化电商"新模式。不过，无论用哪种玩法，社交电商的基础都是组织和团队，因为社交电商始于组织建设，成于团队建设。

熟人卖货逻辑是否可行

我在阿里做运营的时候，常常会对竞争对手进行全方位的分析，对比自身的实际情况，扬长避短。现在，我来为大家介绍一下阿里和腾讯的社交电商。

作为电商业的两大巨头，阿里和腾讯长时间以来都是在各自的领域内经营。随着互联网的快速发展，如今的阿里和腾讯因为抢占市场份额已经"势如水火"，竞争日趋白热化。

腾讯的方式是以微信为主力，大力发展微电商，并且投资京东，进一步整合了电商资源；阿里则大力推广"来往"，在社交上重点布局。最终的结果我们不得而知。但我们从中可以看到，在不久的未来电商与社交将不再相互独立，它们会形成一个新的经济共同体，彼此依靠。

社交电商自微商兴起的时候出现，如今被人们津津乐道，它的实质究竟是什么？这么多人看好社交电商的原因是什么？这种主要通过熟人销售产品的逻辑行得通吗？

阿里的社交布局

阿里巴巴前总裁卫哲讲过这样一个故事，在他负责阿里 B2B 业务的时候，有一天员工把 1688 网站（阿里巴巴 B2B 中国站）上方的卖家社区入口改成了一个 Banner 广告位，结果引得马云大发雷霆。

马云对卫哲发了一通脾气，最后马云才说出了原因，卖家不可能天天来网站进货，但每天肯定有不少新的卖家会在社区交流彼此的经验。这个故事表明，马云对社交的重要性的认识先人一步。

在人们的潜意识中，社交主要存在于 C 端用户之间，但纵观阿里的发展史，社交产品早已出现，最初它存在于 B 端卖家之间。

初期的淘宝，并不是一个真正意义上的电商网站，而是以一种社区的形式存在，通过在社区沟通，促成买卖双方完成交易。从这个方面来说，阿里可以成为社交的先行者。

随着淘宝网的不断发展，对于社区功能进行了进一步完善，在淘宝页面一级入口，仍然保留了淘宝大学、淘宝论坛等社区板块。正因为如此，越来越多的新手商家，通过淘宝的社交板块得到了提高和成长，对于平台规则、营销工具和店铺运营都有了一定的了解。

作为阿里的参谋长，曾鸣把淘宝定位为一家慢公司，因为它不像腾讯和百度一样在创业初期就实现了快速成长，在2008年之前，它步步为营，将重点放在构建卖家端，致力于为卖家提供各种社会化服务。在淘宝，卖家可以找到店铺装修、营销工具以及物流支付等百余种提供服务的商家。

在买家的眼中，淘宝可能仅仅是一家购物网站，但在卖家的眼里，它并不局限于一个销售渠道，而是一个有着丰富优质内容的学习平台社区。在这里，不仅可以销售产品，交流经验，还能寻找合作对象，尽可能地提高卖家工作的效率，能让卖家更好地做销售工作。

在互联网发展初期，阿里就是利用以上的方法，通过构建卖家端协同网络，形成了千万卖家加盟的规模，从而坐稳了电商第一把交椅。

随着科技不断发展，短短几年时间，移动互联网发展愈发完善。凭借微信，腾讯在社交市场占据了一席之地，虽然阿里推出来往与之抗衡，但收效甚微，最终败下阵来。

这个时候，阿里才开始逐渐重视建设买家端社交协同网络。随着张勇的上任，阿里发展的思路摆脱了模仿微信的方式，开始基于资深用户开发新的社交工具，比如基于购物的淘宝社交、基于支付业务的支付宝社交以及基于办公的钉钉，都是在这一时期推出的。

从2013年开始，淘宝开始进行社交化转型，搜索权重逐渐被降低，它鼓励的是加强买家与卖家的互动。也是在这个阶段，淘宝先后推出了微淘、淘宝直播、淘宝头条、淘宝二楼、淘宝社区等业务，这些业务的推出，在一定程度上弱化了淘宝作为一个购物网站的职能。

在淘宝生态内部，搜索GMV（Gross Merchandise Volume，网站成交金额）占比甚至已经降到了50%以下，靠各种社交渠道产生的收益所占有的比例越来越高。

网红卖家是淘宝近两年收获的意外惊喜。他们的宣传方式不同于以往，主要是基于自身的粉丝流量引流，完成粉丝变现转化。这其中，最具代表性的非张大奕莫属，在 2017 年的"双 11"中，其店铺销量比肩优衣库。

从淘宝卖家服装模特起家，到现在张大奕已经成为淘宝卖家中的一股越来越不容忽视的力量。

为什么社交电商会成为主流

当下社交电商作为主流的根本原因，笔者认为社交电商遇到了发展的最有利的条件，天时、地利与人和。

❶ 天时：沟通 24 小时

移动通讯越来越普及的今天，在全球随时随地进行沟通已经变为现实，两个人点对点直连已经没有任何障碍，彼此间的沟通效率提高了。

❷ 地利：社交平台

针对不同人群，不同电商社交平台应用应运而生，能迅速找到目标人群。

❸ 人和：圈子效应

不同的社交平台所累积的人群类型也是不一样的，各个社交平台都会形成自己的圈子。圈子的形成，为用户间的沟通、分享提供了非常便利的条件。而电商应用，会通过圈子效应不断扩散。

熟人卖货的逻辑是否可行

社交电商是一种建立在信任的基础上的交易模式。它的缺点在于让人们之间的关系变得复杂，甚至有人指出它是在逐渐消耗人与人之间的诚信。那么，通过熟人销售产品的可行性有多少呢？

社交，不止停留在熟人的层面上，社交电商也不会局限在仅依靠熟人关系进行交易。

我们在生活中往往会看到这种现象，经过认真挑选的商品打算付款的时候，如果听到朋友对这些商品有不好的评价，尽管你觉得这不是重要的地方，但最后你往往会因为他的评价而重新选择商品。从这个层面上来说，这就是熟人评价对你的购买行为所产生的影响。

对大部分人而言，他们买东西的时候缺乏对商品的有效的信息搜集。在潜意识中,他们会首先选择大品牌或者物美价廉的商品,或者看别人的选择来买东西。在这过程中,他们会尽量减少决策所花费的成本消耗(比如时间和精力),来寻求一个让他们满意的购买方案。

如果觉得朋友买的产品不错,就会跟朋友买一样的产品,这是最省时省力的购买方式,这也是生活中经常发生的情况。社交电商牢牢把握住了这一点,通过有效简化购买决策流程,利用亲朋好友的分享和推荐让用户产生购买决定。

这一点,我们通过图4-1《2018年中国移动社交用户洞察报告》就可以窥探一二。根据艾瑞发布的《2018年中国移动社交用户洞察报告》显示,78%的用户会在购物前收集信息,进行比较,而收集信息的主要方式来自于身边的熟人。

从这个层面来看,通过熟人推荐销售产品是可行的,也是最经常出现的。

图4-1 社交电商影响消费者购买因素分析

熟人推荐,优质产品是前提

熟人推荐产品,看起来合情合理,但这需要建立在彼此信任的基础上,建立在真正为对方着想的基础上。要想赢得熟人的好感,产品的质量尤为重要。

对于微商产品,有人曾总结过它们的特点:第一保质期长;第二配送简便;第三效果不好也不坏。几年前,这三条对微商产品或许适用。但随着微商的不断发展,各大品牌也加入进来之后,微商市场上的"三无产品"逐渐被淘汰,产品的质量直线升级。"以用户为起点,以质量促消费"的理念才是微商未来的发展趋势。通过良性互动，让用户的需求真正得到满足，而非只停留在"抢"流量层面上，借助流量大数据刺激消费，形成大量的"一锤子买卖"。

如果是以用户为起点，就可以从销售单一商品向销售特定类型商品来转化。不必让对方知道你销售什么商品，只需要让他们知道你在销售哪种类型的商品，用户需要的时候就会自动来找你咨询。

大多数人都不愿意花费过多的时间和精力去做选择，而更乐意利用熟人介绍的方式来购买产品，这就是做购买决策过程中熟人所发挥的作用，从这个角度来看，"熟人卖货"的逻辑是合理的。

但是，不论采取哪种方式来销售产品，最终的落脚点都需要回归到最初的卖货思维上——提供优质的产品和优质的服务。

4.2 运营人员必须知道的两种模式：强关系电商+弱关系电商

通过阅读上一节的内容，相信大家了解了社交电商的基本逻辑，所谓"认知决定思维，思维决定行为，行为决定结果"，接下来，大家带着这种认知，再来具体了解一下运营人员应该如何做社交化运营。

在本节里，我将向大家介绍目前运营人员常用的几种社交电商模式，了解这几种模式的优缺点及具体的做法，有助于运营人员在做社交化运营时选择符合自己产品的电商模式。

强关系社交电商

强关系社交电商，就是依靠微信和QQ等社交平台自带的社交属性，达到裂变式的传播效果，以极低的成本提升了产品的关注度，延长产品的生命周期。

目前存在的强关系社交电商可分为个人与平台两种方式。

❶ 个人

依靠个人微信朋友圈起步的电商，即微商。具体因推广渠道不同又可以分为以下两类：

个体微商：主要业务是代购，主要推广渠道是朋友圈；

社群微商：从共同的兴趣出发建群，主要推广渠道是微信群。

个人的强关系社交电商的优势是：零门槛，除了商品之外无须承担其他成本，只需一部手机即可；潜在用户基数大，权威统计表明，微信用户规模已突破9亿。

它也存在许多不足，比如：运营缺乏规范，微信朋友圈出现刷屏，影响其他用户的应用体验；产品质量参差不齐，最初多为"三无产品"；层分销模式导致底层用户出现大量产品积压的现象。

正因为这些不足，曾经火爆一时的个人微商发展的空间越来越小，口碑越来越差，最终被市场边缘化。

❷ 平台

相对个人来说，平台能解决更多的问题，这其中包括供应链、仓储、物流以及售前售后保障。以微信为渠道的社交平台电商目前分为两种：分销和拼团。

1) 分销

分销是依托于社交渠道，通过用户代销供货商产品，将其分享给社交好友，下单之后，由供货商直接发货，并返给用户相应的佣金。如果是多级分销的模式，下单用户的多层上级均有佣金提成。分销的目的就是实现产品从厂家向目标消费群体的流通（见图4-2）。

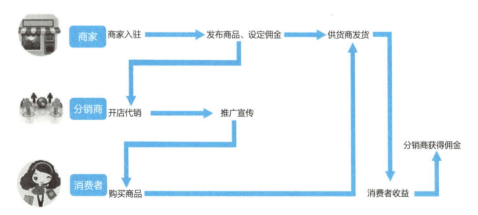

图4-2 分销模式示意图

分销有三大优点：对消费者来说，分销不用考虑货源、仓储、物流等环节，没有库存压力；

对供货商来说，用社交人脉打开消费市场，商品得到推广的同时也获取了流量，能更好地把握分销渠道；

对平台来说，分销模式有利于客户的进一步沉淀，形成一定的群聚效应。

2）拼团

拼团是指用户选择需要购买的商品，支付之后，分享给社交好友，邀请有需要的好友参加团购，达到参团规模，就能以参团的价格（一般参团价格会低于单独购买价格）购得产品；如果没有达到参团规模，则视为团购失败，之前的付款将会原路返回（见图4-3）。

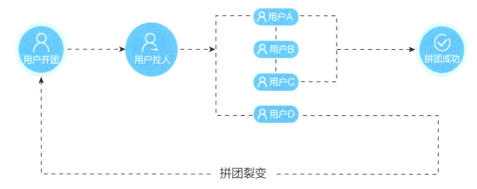

图4-3 拼团模式示意图

目前拼团的类型五花八门：秒杀团、团免团、超级团、抽奖团等。不同类型的拼团所发挥的作用也不相同。

拼团的优点有三个：对用户而言，拼团的低价很有吸引力；对商家而言，拼团低价所裂变的社交流量能打开更广阔的消费市场；对平台而言，在获取社交流量的同时，也节省了营销成本，一举两得。

不过，拼团的低价也会引起一系列连锁反应，首先成本回收困难，由此会影响产品的质量，最终影响用户的产品体验。而且，大部分平台只重视前期的流量积累，对商品从质量到物流以及售后环节缺乏有效保障。

弱关系社交电商

弱关系社交电商主要是以兴趣爱好为纽带，此类电商最具代表性的有美丽说和蘑菇街，它们最初都是作为导购平台存在的，之后才逐渐向社交电商转型。

此类电商主打粉丝经济模式，以"大V"、达人为核心主导，通过向粉丝分享自己的购物体验，来带动粉丝购买商品（见图4-4）。

弱社交电商的优点是：对用户而言，用户作为达人以及"大V"的忠实粉丝，对其推荐的广告比较认可，有一定的购买欲望；对平台而言，通过达人以及"大V"不断宣传，刺激粉丝消费，平台相应用户的转化率和黏性会提高。

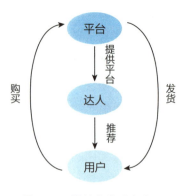

图4-4 弱社交关系电商

社交电商衍生模式的思考

❶ 三级分佣模式

三级分佣模式将拼团和分销模式的优点结合，主要利用流量的快速裂变和返佣机制，让用户积极地拉新和宣传（见图4-5）。

图4-5 三级分佣模式示意图

比如，A 用户开团，将开团链接分享给好友 B，好友 B 点击则形成了相对于 A 的一级团员。同理，B 的一级团员就是 A 的二级团员，当下级团员购物，用户 A 均能获得佣金。

三级分佣模式的局限性在于团员关系在维持一段时间之后会自动取消，这种做法主要是为了防止老团员在团员数达到稳定时候，不再有拉新的主动性，坐享其成。

❷ C2B 定制团购模式

消费者对自身生活品质的要求不断提高，挑选商品的眼光也越来越挑剔，现有的购物模式正在发生着变化。个性化定制商品的用户越来越多，企业提供的个性化定制商品在一定程度上也让用户更能感觉到诚意与尊重。

C2B 定制团购具体实施：用户邀请社交好友，针对某一种商品提出个性化定制要求，参团成功后向商家下订单，商家根据具体需求进行个性化生产产品（见图 4-6）。

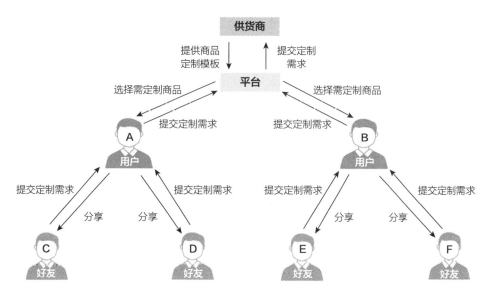

图 4-6　C2B 定制团购模式

C2B 定制团购模式的优势对用户而言，用户能买到称心如意的商品；对商家而言，商家可以避免库存积压，又能有效降低单人定制产品生产成本。

可是，定制化产品需要现场生产，因此从开始至到达用户手中需要的时间会比较长。为避免出现此类问题，可选择中低频次、价值比较高的产品作为定制产品，例如手机、电脑等3C产品。

不论是强关系社交电商还是弱关系社交电商，最终的目的都是商家卖出产品，消费者得到实惠，中间商拿到佣金。这其中，需要根据自身的实际情况选择合适的平台，选择一种适合自己的销售模式来操作，在各方利益最大化的同时，让消费者拥有最好的购物体验。

4.3 阿里新玩法：
淘客＋微商，打造人人可参与的社区化电商

每个时代都有它好的一面，也有它坏的一面，当下也是一样。随着互联网快速发展，新兴事物出现的频率让人防不胜防。

2003年，淘宝开始上线，当时很少有人看好这种网上销售商品的模式，现在回顾起来，早期开淘宝店的人现在已经赚得盆满钵满。

当2015年拼多多出现的时候，有人说它最多存活一年。今天来看，它已经崛起为国内排名第三的电商平台。

当电商的发展越来越迅速的时候，更关注社交的阿里推出了淘小铺，这将会带来什么变革呢？

关于"淘小铺"

淘小铺是阿里基于社交电商推出的一种新模式。

从阿里对淘小铺的描述中，我们不难发现，淘小铺平台区别于淘宝，它主要依靠会员分享来完成推广直到达成交易，与淘宝天猫相比，它的社交属性更为强烈。阿里将它定位为"人人可参与的社区化电商"（见图4-7）。

淘小铺供货商渠道多样，包含有品牌商家经销商、厂家以及线下渠道商家。淘小铺作为销售前端，会向消费者推广相关产品。

这样看来，我们会发现"淘小铺"的真实身份，其实就是淘客与微商的结合体。

❶ 开店条件

按照阿里对淘小铺的规定，只有芝麻信用分超过 700 的用户才有权申请开通淘小铺。

想要创建自己的店铺，会员还要满足以下条件：

（1）淘宝身份认证通过，本人（包括自然人、法人、非法人组织及其负责人等）信息真实有效；

（2）符合淘宝对开店主体负责人的年龄要求；

（3）淘宝账户与有效的支付宝账户绑定；

（4）账户所有人未出现被阿里平台处以特定严重违规行为处罚或发生过严重危及交易安全的情形。

在正常情况下，一个淘宝会员只能申请一个淘小铺，只有具备持续运营能力、满足相应运营条件的诚信会员才可以拥有申请多个淘小铺的权利。

淘小铺是人人可参与的社交电商

淘小铺依托强大的阿里生态系统，基于现有的淘宝消费者社区，通过整合天猫品牌等多方优质供应链，让普通消费者也能成为淘小铺掌柜，只要分享自己的宝贝，就能赚钱！不需要承担发货与售后，没有任何门槛与费用，致力于打造人人都可参与的社区化电商。

整合新的销售角色
内容达人
社交分享

整合优势供应商
供应链多样化
品牌原产地直供

提供新的增长方式
以用户增长为核心
聚焦品牌人群画像

图 4－7　淘小铺介绍

❷ 商品来源及数量要求

淘小铺的商品只能来自于淘小铺平台，在自家的淘小铺店里，掌柜可以添加商品推荐上榜理由，但没有编辑商品的权限，也不能发布淘小铺平台以外的商品。

目前，阿里规定一家淘小铺最多可以推广 1 000 种商品。

❸ 商品如何交易

（1）淘小铺的商品可以直接购买。在该模式中，淘小铺是作为推广者存在的，主要负责售前咨询及推广；销售主体为供货商，主要负责发货售后。

（2）淘小铺掌柜自己可以直接在淘小铺购买商品。在该模式中，淘小铺掌柜是以买家存在的，销售主体还是供货商，主要负责发货售后。

淘小铺的定位和业务模式

阿里对淘小铺的定位是：独立于淘宝的社交电商。例如，阿里明文规定：淘小铺的推广不能占用淘宝站内渠道，不能采取非正常方式参与分配淘宝的公域流量。

通俗来说，阿里的目的是将淘小铺打造成一个独立于淘宝和天猫的新社交电商。

这个新的社交电商可能与淘宝客类似，都是依赖自身的社交资源来引流。从规模上来看，淘宝客只能作为淘小铺的急先锋，淘小铺才是真正的主力。

在这个体系中，以前的商家是 S 端，相当于供货商；在淘小铺中相当于淘宝客是 B 端，消费者是 C 端（见图 4-8）。

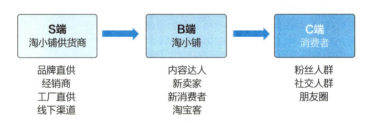

图 4-8 淘小铺业务模式

淘宝为什么要布局"淘小铺"

淘宝之所以做"淘小铺"，意在解锁社交电商的新玩法，打造"人人可参与的社区化电商"。

定位上的社区化，流量上的站外引流。阿里争夺流量的"野心"昭然若揭，它利用各种渠道，将竞争对手的流量都吸引到自己的阵容。淘小铺将阿里的社交野心暴露无遗。

社交一直在阿里的规划当中，无论是"双 11"战队 PK，抑或是会员小黑裙，都可以将阿里的"社交流量算盘"看得一清二楚。目前来看，阿里在社交流量这一块最大的竞争对手是腾讯。

早些时候，有一个公众号名字叫淘客，它和淘小铺的模式差不多，但这种方式的局限性在于流量平台限制。所以，阿里在社交上的布局一直没有进步，这一时期，微信依靠自身的优势慢慢将自己的电商体系完善起来。

因此，当阿里着重于将淘宝客与微商结合起来，退出淘小铺的时候，对于淘客、微商都是一个利好的消息。有了阿里的站台和背书，让越来越多的社交流量进入，逐步完善了阿里社交电商的体系，让商家、淘宝客和消费者之间的渠道更加清晰简便。

淘小铺之于运营人员，是机遇

做了那么多的铺垫，到了划重点的时候了。淘小铺对于做运营工作的人，究竟有什么影响呢？

做运营的人都应该知道，新鲜事物的风靡会带动它周边的项目发展。所以，淘小铺之于运营，是非常难得的机遇。

我们可以这样理解，淘小铺是阿里为推广平台所尝试的一个新的渠道。以往，阿里在推广渠道这方面，有钻展、直通车、淘宝客这三种形式。随着淘小铺的退出，这对于推广而言将是一种全新的模式。看起来类似淘宝，但不论是从规则，还是从佣金设置来看，都是不一样的。从任何一个层面而言，淘小铺都是独立于阿里其他业务而存在的。

而且在推出淘小铺的初期，一定会有大规模的红利。初期因为关注的人少，进驻的商家不多，这一部分人会得到阿里的流量加持。与此同时，商家也具备开通淘小铺的条件，当商家开通淘小铺之后，就会让它更加接近消费者，通过与用户的沟通，了解用户所需所想，为用户提供更好的服务，自身也会获取更多的流量。这也是阿里退出淘小铺所要达到的目的。

当前淘小铺还在内测，对于它推出时会收到什么样的效果，我们也不知道。对淘小铺的前景分析，我们是基于互联网风口论得出的。淘小铺的推出，是新的风口，还是一场闹剧，让我们拭目以待吧。

面对淘小铺，有人翘首期盼，有人质疑，但根据以往经验，新鲜事物的兴起都会带动周边项目，就看谁能赢得这一波红利了。

4.4 社交电商始于组织建设,成于团队发展

每个人的朋友圈,都充斥着各种广告,其中云集、贝店、达令家、环球捕手、每日一淘、爱库存、花生日记这些名字可能会经常出现在你的朋友圈里。

在一些人眼中,社交电商等同于传销,这种靠拉下线和忽悠的销售方式,迟早会退出市场的舞台。

在一些人眼中,社交电商要做得好,就得做独家代理,"独家货源+控价+控渠道",这样就能做好。

在一些人眼中,社交电商就是发展下线,通过一层一层的分销将团队做大。

……

也许这些人中大部分都没参与过社交电商,对社交电商存在一些误解,他们的评论通常带有片面性。

与一枚硬币存在两面相同,社交电商的出现,也有人性和金钱的两种考验。如同互联网金融里面的P2P,距离金钱越近时,可能就会距离道德越远。但不能就此将互联网金融全盘否定。支付宝和微信支付给我们带来的便利,早已超过了它带来的弊病。

我们经常会听到"我们不缺商品,缺团队"这样的言论,由此可见,团队对社交电商的重要作用。但仅仅有一个团队就可以了吗?

团队的组织建设,决定了成败

团队和组织,看起来没有区别,其实这是两个不同的概念。

团队,主要讲究一群人要团结;组织,主要是为了让团队成员的结构层级清晰,明确自身的权利,担负起自己的责任。为什么平级团队的业绩不如金字塔组织团队,根本原因在于平级团队缺乏有效的组织,而有效的组织可以让社交电商流量产生高速裂变。

用孙子说过的一句话来概括就是:"凡治众如治寡,分数是也。"

对于上限几百人的团队,靠有效管理,如果想要继续扩大发展,就必须靠金

字塔组织体系。不同的人聚集在一起,为的是共同的利益,取得利益的前提,靠的是有效的组织建设。

优质社交电商组织的特点

诚如孙子所言:"于万仞之上推千钧之石。"优质的组织体系一定有好的制度来约束,因此它的发展就如同滚雪球一样,越滚越大。

优质社交电商组织的特点有:

结构清晰,层级清楚,每个成员明晰自己的权利和责任。各个层级的付出与回报,清晰可见。

金字塔顶端收获的除了利益之外,更多的是荣誉、地位以及权利(见图4-9)。

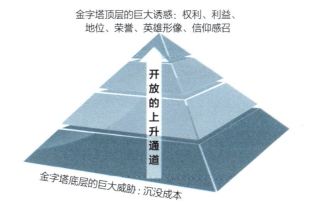

图4-9 优质的组织

组织开放透明,拥有透明的上升渠道,在规则的约束下,成员公平良性竞争。遵循先来后到的原则,一分耕耘一分收获。

优质的组织是逐渐成长起来的,一口吃个胖子是不存在的。

优质组织一定存在接地气的"英雄",给成员们以鼓励,带给大家前进的信心。

优质组织内部一定有信仰,让成员能够通过自己的努力劳动去获得丰硕的果实。让成员明白平台只有赋能的作用,大家都在为自己打工。

优质组织一定有各种优质资源加持,包括商品系统、发货支持、成员培训、素材支持等。

综上所述,优质组织建设的目的,就是要让成员和平台达到共赢。要想快速发展,只需满足两个条件,巨大的诱惑和强烈的危机感。优质组织的建设一般都是从这两方面入手。

组织与团队的水乳交融

组织建设是社交电商初期发展的主要因素,团队快速发展是社交电商体系成熟的标志。

从社交电商平台的角度考虑,想要组织建设做好,这个过程中就会衍生无数的团队。在社交电商组织体系中,这些团队是主要的组成部分,不同的层级有相应的团队,不同的团队大小也不相同(见图4-10)。

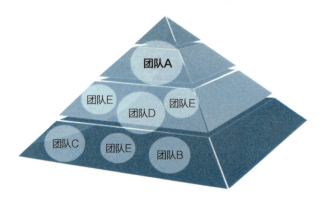

图4-10 组织与团队的关系

组织体系的成功运作,需要一个优质的团队通过一定的途径快速成长起来。如果都是扁平化团队,成员都在金字塔底部的位置,即使团队成员再多,也达到不了滚雪球的效果。

对于社交电商而言,即便成员通过不断努力,来到了金字塔的高层地位,也是远远不够的,你还需要不断从权利、利益、荣誉以及地位方面给其他成员赋能,让他们有上进的积极性。如果整个组织缺少了层级划分,那么它有可能在不远的将来被淘汰。

金字塔组织形成的目的是让整个系统能够得到良性运转,让成员实现不断裂变。如果做不到这些,最终的结果也不会如意。这就需要让其中的一些成员站在金字塔顶端,成为别人眼中的"英雄";让一些成员不断处于上升期,激发他们的斗志;让大部分底部的成员都能以他们为榜样,不断向上。

在金字塔组织形成的过程中,少不了一个重要的角色——讲师。社交电商组织建设也一样，需要无数的讲师，他们主要为大家提供精神食粮，不断鼓励大家，确保组织拥有凝聚力、向心力，从最底层开始就有不断奋斗的动力。

组织体系对团队而言，就如同一个小社会，不同的团队在其中都在不断成长。

"剪不断，理还乱"的团队、组织和平台

作为一个开放的平台，社交电商平台的作用是为大家赋能，对平台而言，每个人都是以创业者的角色来为自己定义的。

平台和个人的关系，是合伙人，而不是单纯的雇佣关系。社交电商的组织体系是由无数的团队所组成，这些团队又是由无数成员组成的。所以说，组织体系中的每个人，都是有效的一分子（见图4-11）。

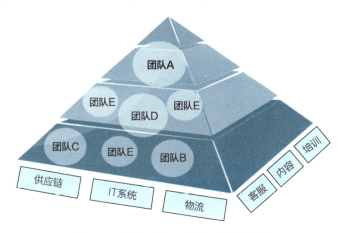

图4-11 社交电商：团队、组织与平台

我们都知道的云集，它是一个拥有700万会员的组织体系，花生日记则是一个拥有2 100万会员的庞大组织。

所以，对每个人而言，在社交电商平台中，你不是一个人在奋斗，你是在跟千千万万个合伙人一起努力。

平台中的每一个团队，都是平台的合伙人，平台对团队赋能，但不会去控制团队。而团队是一个组织非常严密的整体，他们以社群为单位，一起奋斗、成长和收获。

由此可见，平台和团队是相互促进，共同前进的。团队对平台的贡献越大，它的势能也就越大，滚雪球效应也会越来越大。所以，对于平台而言，缺的不是货，而是优质团队。

第 5 章

活动运营：
如何做一场"刷屏级"活动

所谓"无活动，不运营"，活动对于互联网企业来说，是一个万能载体，可以为企业的产品设计、推广、营销和服务等环节提供路径支持，也能为企业塑造品牌和口碑提供资源支撑。做活动不能随性而为，否则费时费力费钱还达不到预期效果。作为互联网运营人员，要熟悉活动运营的内在规律，策划好每一场"刷屏级"活动，这样才能高效地达到既定的目标。

5.1 不懂活动策划,就别说你会运营

阿里的运营岗位很多,但是活动运营对人的能力的锻炼是最明显的。每年阿里的"双11""双12",大家一起挑灯夜战,看到销售记录被再度刷新时的全员雀跃,看到前期付出终于产生了回报,感到异常的兴奋。

活动运营往往能看到很多平时不会暴露的问题,比如系统的稳定、产品的体验、商家的配合和运营效率等。在活动执行的过程中,每一个细节、危机事件的处理,都非常考验人和锻炼人。新人跟着做几次活动,不仅所有的流程都了解了一遍,能力也会有很大的提升。活动就是团队协作的试金石,对鼓舞士气有非常重要的作用。

优秀的运营人员都是从一次又一次的活动中成长起来的。每一个活动都是对运营人员综合能力的考验,为什么这么说呢?因为一场活动从前期的好创意开始就需要运营人员去思考,有了创意之后,还需要策划人调动各种资源让创意落地,其中对策划人的统筹能力有很高的要求。此外,活动运营人员不同于品牌运营人员,他需要和渠道、数据、用户、新媒体等各个岗位的同事密切合作,共同推动引爆活动。

简言之,活动运营需要有整体的运营思维,需要有较强的综合素质,也需要有统筹协调的能力。

活动策划的全流程思维

活动策划的全流程思维可以用5W2H来分析(见图5-1)。

WHY:为什么要做这个活动,这是常规活动,还是节假日活动?运营人员需要全面了解活动的背景。

WHAT:做这个活动的目的是什么?拉新、促活、留存还是创收?

WHEN:活动开始、结束的时间,活动的周期是什么?

WHERE：活动在哪里做？是线上、线下，还是线上线下联动？

WHO：活动针对的客群是哪些？

HOW：怎么做？活动前要拟定的活动规则是什么？

HOW MUCH：整个活动的预算是多少？预计能创收多少？多少人参与？

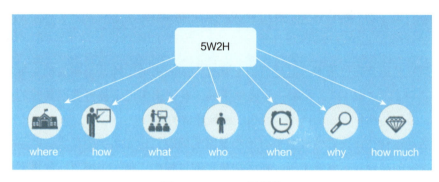

图5-1　5W2H示意图

❶ WHY：为什么做这个活动？

活动必须有依托，比如新品发布、节假日营销、危机公关、品牌升级等。除了自己的一些大事件之外，我们也可以考虑市场大环境的热点，比如行业的动态、竞品的活动、社会热点和政策变动等。

品牌运营和活动运营的目的是不同的，如果同样是公司的周年庆，品牌运营的目标是品牌宣传、增加曝光量，活动运营则需要在活动中促销产品，帮助业绩部门完成各项指标。

❷ WHAT：活动做什么？

在活动开始之前就必须想清楚活动的目的，目的主要有以下3种：

1）增加收入：活动运营一般承担着一定的业绩指标，他们需要在活动中通过销售模式的创新，比如商品打包、商品团购、预售、限时秒杀、全场折扣、积分兑换等方式提升销售额；

2）吸引用户：从用户角度来看，有三种目的：拉新、促活和留存。活动运营人员要针对客户的类型策划一些活动。

在拉新方面，新用户送优惠券、代金券，或享受更高的折扣都是不错的想法。从新用户的角度来说，他们的消费往往具有试探性，运营人员要做的是让他们迈出第一步，可以让企业提供一定的扶持。

若目标是调动平台用户的活跃性，那么你需要分析用户的登录习惯，通过活动手段来调动用户的登录频次，提升平台的活跃度。最常见的做法是登录送积分，登录即送抽奖机会、会员等级激励等。

留存主要针对已经流失的用户，运营人员需要分析客户流失的原因，通过活动让用户回到平台，回来之后如何让用户留下来。在平时的运营过程中，你也需要了解用户流失的相关数据，及时升级平台的服务和产品，通过前置的活动运营让流失的比例降低。

3）品牌运营：活动也是品牌运营的最佳契机，一个活动可以提升品牌的知名度、公众的认知度。同时，我们也需要做好危机公关的预案，一旦出现问题及时处理，化解危机。

❸ WHEN：何时做活动？

对每一个活动，我们都需要考虑活动的执行周期和各个时间节点。

活动节点包括前期的活动预热、活动开始和结束的时间。

活动周期简单地说就是举办活动的频次，比如一个月举办一次还是每次一周。我们要将活动做成长期的活动还是一次性的活动。若是常规活动，你需要固定活动周期，同时做好复盘，通过各项数据来评估活动的结果，调整活动的力度。

❹ WHERE：在哪做活动？

活动可以分为线上和线下两种模式，当然两种模式相结合也是可以的。

关于线上活动，你需要找到流量入口并做好引流，流量入口可能来自站内或站外。站内流量的导入路径包括 Banner、贴片、按钮、链接、公众号等；站外广告则指搜索引擎、微信公众号、朋友圈、微博、短信、邮件等。

关于线下活动，你需要考虑场地的大小、场地的布局、物料的摆放等，最主要的工作是现场的搭建和活动期间奖品的派发以及活动的执行。

❺ WHO：营销对象是谁？

对每个活动你都需要定位客群，做出基本的客群画像，分析他们的年龄、性别、行为习惯和消费喜好等。同时，你还需要了解客群的活动范围，大到城市，小到人流聚集地在超市的入口还是出口。此外，你还需要了解场地的各种限制，比如八点前不得搭建、奖品只能放在指定的地方、该区域堆放奖品的最大容量等。

活动策划并不是一个人在策划，也不是一个人在推进整个活动，这需要统筹协调，跨部门、跨公司来进行人员邀约、内容策划、活动推广、数据分析和活动后期的效果跟踪等。

❻ HOW：怎么做活动？

怎么做是活动运营人员最头疼的问题，有时候策划得很好，但是具体的执行过程中却出现很多问题。活动执行也是最耗费人力、物力、财力的环节，需要在前期活动策划的基础上，分步骤实施，调动推广渠道、明确人员分工、精准衔接各个环节、明确调配物料的时间点等。

每一个活动策划人员都需要明确产品的卖点、主推的产品、活动的主题、标语、微博的话题和活动形式的各个层面。

比如，活动主题可以定位"新品五折嗨翻天""粉丝周年赚不停""进出口满减""大学生创业扶持计划""创意商品促销""注册就送礼""全场八折"等。

1）怎么做线上活动？

线上活动一般需要IT人员开发专门的页面，活动策划则要撰写需求文档，产品经理负责原型图的设计、交互设计、页面设计、数据库、上线前测试等。一旦活动页面到达预上线阶段，活动策划还需要向相关部门传达活动的内容，并向相关部门申请活动支持和推广支持，此外你还需要培训客服人员，让他们熟悉活动的流程和过程。

其中包括活动的上、下线时间、怎么才能参加活动、什么条件可以增加抽奖的次数、过期未领奖品怎么处理等。若需要展示数据，那么你还要在页面上展示活动的规则和领取奖品的条件，涉及线下领奖品或者邮寄的情况，你也要在页面中描述清楚。

2）怎么做线下活动？

线下活动可以分为撰写策划书、考察场地、场地预定、物料和礼品的设计和购买、前期人员分工、场地的布置、现场人员的职责、撤展等方面。和线上活动不同，线下活动常常会出现各种纰漏，比如实际场地和活动前拿到的现场图不一致，导致有些物料无法摆放；无法扫描易拉宝的二维码，或者扫描之后不能跳转到活动页面；活动规则改变之后物料并没有及时更新等。如果线下活动有互动环节，你一定要确保礼品充足，不能出现奖品没有了活动还在继续的情况。因为中奖的用户现场得不到奖品，会产生不好的用户体验。

3）其他要素

有时候仅靠自己的平台无法达到想要的活动效果，此时你需要调动其他资源，比如通过合适的自媒体（微博、微信）导流，通过 KOL 或媒体来帮助你推广，通过合作伙伴或经销商来推广等。

对于线上活动，除了活动策划之外，你需要调动产品、IT、设计、测试、客服人员。对于线下活动，你需要调动采购、设计、文案、活动运维（处理礼品的采购、运输）人员、协作方（主要负责活动场地的搭建、现场的主持和礼仪、表演节目）和现场人员（负责签到、活动讲解、布置、奖品分发）沟通。

时间的把控在活动中非常重要，每一个时间节点都需要严格地控制，每一项工作都需要跟进，否则很容易出问题。

物料的筹备是活动执行过程中最重要的环节，它包括设计、制作、运输、展示、回收、寄送等。

作为活动策划，你需要时刻了解每一个人的工作进度、物料的进展情况，出现问题要及时解决，甚至调整活动方案，千万不要等到最后一天才发现物料还没到位、活动页面还没上线等。此外，你也需要有应急预案，一旦出现不可控的情况应该怎么处理。

❼ HOW MUCH：预算有多少

每一场活动都是有预算的，最高花费是多少，预计能为公司带来多少业绩，转换率是多少等都要考虑清楚。

在制定活动预算的时候，你可以参考之前活动的数据，分析其投入产出比、行业的形式和同行类似活动的相关数据，以此作为依据来分析活动的效果。

评估活动效果的指标有很多，比如页面的访问量、新增用户的数据、新用户的转化率等。当然，在活动的过程中你需要对活动预设的各种数据进行修正，比如高峰时段投放奖券的数量等。作为活动的策划人，你需要统筹各个节点人员的工作，及时调整战略，争取比之前活动的效果更好。

5W2H 理论其实就是全流程思维的总结，它给运营人员提供了全盘控制、活动目标分解、人员分工、现场把控等全方位的工作内容。

5.2 如何操盘一场全网联动的线上活动

一提起电商活动,我想大部分人脑海中首先出现的会是以下场景:

"全场书籍特价出售,每本五元。"

"邀请用户一起瓜分消费红包。"

"今天拼团成功,立减十元。"

"满减活动今天最后一天,抓紧选购。"

……

以上提到的这些场景都是各个电商平台吸引流量的常用方法——打折、秒杀、团购、限时抢购。通过这些活动,电商平台每天都保持着高流量、高活跃度。可以这样认为,如果没有这些活动,电商平台的活跃度将大大下降。

我们这里给线上活动下一个定义:线上活动是指在网上发起,以网络为依托,在网上发布活动消息,吸引消费者,在网上进行销售活动的流程。它的主要目的是吸引消费者参与,提高产品的用户黏性,增强平台与用户的互动性。

作为一种互联网营销手段,根据不同的目的,线上活动的类型也不相同。从目的出发,线上活动可以分为促销、拉新、品牌曝光以及用户互动等类型。一次成功的线上活动可以带来大量的用户流量,平台送出的几十万张优惠券背后,是成千上万单的成功交易。

阿里旗下电商平台的线上活动甚至可成为一个品牌,比如"双11""双12""年中大促""聚划算"等,这些活动不仅起到了提升销售额的目的,也让人们对阿里旗下的电商品牌有了更深刻的印象。

线上活动是一种低成本的营销手段,但是却能为企业带来较高的回报,企业可以根据业务需要,适时开展线上活动。

接下来,我主要跟大家介绍一下成功开展线上活动所需的条件,以及如何成功开展线上活动。

成功线上活动的必备五大要素

线上活动首先需要明确主题，让用户看到活动名称就能知道这活动主要是做什么的，对消费者有什么好处；然后再确定成本，进行活动的可行性分析研究并得到公司的认可。之后，线上活动成功开展还需具备以下五大要素（见图5-2）。

❶ 时间安排

对公司运营人员而言，需要在脑海中对全年重要的节假日时间表有一个非常清晰的认识，因为一场成功的线上活动，需要提前进行营销策划。

比如，阿里的"双11""双12"等一系列"消费节日"，都需要至少提前一个月进行活动策划、宣传预热，只有前期做好宣传铺垫，才能在活动当日收到预期的结果。经过长时间的打磨，运营团队就可以对一些临时的营销活动沉着应对，快速反应。

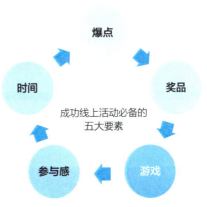

图5-2 线上活动应具备的五大要素

对于活动的时间安排，一般最长以10天为宜。如果活动安排时间太长，会降低用户的活动体验。比如，线上投票的时间如果较长的话，会逐渐消磨用户的耐心，难以长时间保持关注。相反，如果投票的时间比较短，就会让用户有一种跃跃欲试的感觉。

❷ 爆点安排

成功的线上活动一定会有让用户动心的"爆点"，这个点可以是爱心，也可以是特殊的奖品，甚至仅仅是精神奖励。这都需要活动的策划者了解用户参与活动的出发点，然后才能结合公司实际情况给客户安排合适的"爆点"。

❸ 奖品丰厚

奖品丰厚，才能激发用户参与的欲望，这些奖品可以是实物，如手机、平板电脑、出国旅游，也可以是荣誉，如"最佳歌手"等。如果一个活动的最大奖品只是一张电影票的话,那么最终的结果我们都能想象得到,参与的人寥寥无几。

❹ 游戏简单

线上活动免不了要做一些游戏,除非活动的奖品足够吸引人,否则复杂的游戏规则会严重降低用户的活动体验,会让参与活动的用户越来越少。因此,线上活动的游戏规则要简单易行,能够让用户在轻松的氛围中完成,才能进一步将活动推向成功。

❺ 参与感十足

活动如果吸引不到用户来参与,就不能称之为成功的线上活动。为了解决这个问题,需要平台和用户进行足够多的互动。比如,可以举办投票活动,在规定的时间内谁的票数高,就会有精美礼品相送,为了拿到奖品,用户就会邀请更多亲朋好友参与活动进行投票。

这五个因素是线上活动成功开展的关键,除了这些,活动的节奏也要牢牢把握好。

把握好活动的节奏

把握好活动节奏才能确保活动成功举办。如果活动当天才宣布要举办线上活动,那收到的效果肯定会大打折扣。即使是线下活动,也要提前发活动消息来预热。

运营与销售的不同之处在于,销售是当下进行的活动,是通过一定手段能即刻产生收益的交易;运营更侧重布局,它的最终目的是提升活动当天的平台交易量。所以,在运营前期,想要收到立竿见影的效果是行不通的。

根据运营节奏的把握,可以把运营活动分为以下五个时期:造势期(非必需)、预热期、正式期,发酵期(非必需)、尾声。其中,每个时期都有相应的工作要做,对每个运营工作人员而言,不同时期自己身上担负的责任也是不同的。运营活动是一整套体系,而非一个简单的流程。

❶ 活动造势

时间:预热期开始前的 5~10 天为造势期。

主要工作:提出活动亮点,以便于在预热期进行预告,用一句话来概括就是

"犹抱琵琶半遮面"，在吊足用户胃口的同时，引起用户的好奇心。如果公司的号召力不够，可以弱化甚至省略这个时期。

❷ 活动预热

时间：正式期开始前的 3~5 天为预热期。

主要工作：公布活动亮点。在淘宝电商平台这一工作表现为将活动游戏、抽奖、优惠券、加收藏及购物车规则、活动商品一一曝光。其中，我们最关注的是点击收藏和添加商品至购物车的数据，因为它是销量转化的关键因素。对于其他运营活动，这一时期常见的形式为报名售票，全方位曝光活动。我们熟知的"双11"，它的预热期达到了 10 天。一般而言，活动越重大，预热期越要发力。

❸ 活动实施

时间：预热期之后的 1~3 天。

主要工作：提高转化率。对电商网站而言，商品优良且购物体验流畅，能有效提升成交数量。对线下活动而言，这一时期的目的是让用户"路转粉"，增强用户的现场体验感。要让用户的现场体验感超出预期，这样才能对活动在不同社交媒体的宣传起到非常积极的作用。线下活动的目标不仅是到场的用户，真正的目标是到场用户通过宣传带来的推荐效应。

❹ 活动发酵

时间：活动实施之后。

主要工作：增加活动影响力。对于电商活动而言，这个阶段一般是不存在的。但对于品牌营销和事件营销活动而言，这个阶段是非常重要的。活动实施期只是点了一把火，如何让这把火烧得更旺需要一定的手段。比如，这个阶段可以请 KOL 以及媒体将活动实施阶段值得宣传的地方重新包装进行二次传播。由此产生的效果有可能比现场活动更大，那么我们的目的就达到了。

❺ 复盘总结

时间：活动结束之后（若存在活动发酵阶段，则在活动发酵阶段之后）。

主要工作：主要分两个层面，对内和对外。对内主要是进行复盘总结，吸取经验，总结教训；对外主要是宣告活动圆满结束，将活动中的亮点和爆点通过包装完整地呈现在用户面前，为公司做一次有效的公关宣传。

❻ 尾声

活动万万不可止于正式期！就算没有发酵期，也应该有尾声。尾声的意义不容忽视，对内是复盘总结，吸取经验；对外是宣告活动圆满落幕，包装活动全程中的亮点、爆点，做一次漂亮公关。

了解了活动的节奏，下面我们来看看一场完整的线上活动应该经过哪些流程，其中又有哪些环节需要我们重点把握。

一次线上活动的整体流程

从时间进度出发，一次完整的活动流程分为活动前、活动中以及活动后。活动运营每开展一次活动，都围绕这三个流程环节来准备，无论线上活动还是线下活动，都是一样的。

❶ 活动前

"凡事预则立不预则废"，活动前期的工作就是"预"的过程，它的完善与否直接关系到整个活动的成败。所以，优秀的活动运营人员会把前期准备工作做到最好，达到"万事俱备，只欠东风"（见图5-3）。

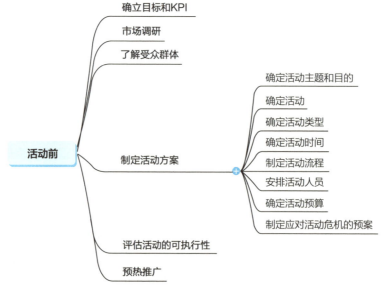

图5-3 活动前要做的事情

那么，运营在这一环节具体应该做哪些工作呢？

1）确立活动目标和 KPI

无论策划什么活动，都会带有一定的目的性。对活动运营而言，活动的目标就是通过一定的途径让用户做出某些特定的举动。我们通常会看到以下活动：关注公众号送礼物、下载安装 App 送会员卡、线下进店送礼等。

所以，在做活动之前，活动运营需要综合实际情况，分析做活动的原因，活动要达到的目的。这个目的可以是长期的，也可以是短期的。

短期活动 KPI 主要有以下四个方面：

拉新：它主要面对的是新用户，让新用户能够注册或者关注相关产品。例如：新的 App 上线，为了吸引用户下载安装所举办的活动；公众号为了吸粉办的关注有奖活动；为了提高天猫 App 的下载量，会给首次下载该 App 的用户赠送购物券等活动（见图 5-4）。

促活：使平台用户更活跃。为了提升用户活跃度，平台会举办相关产品的秒杀或者团购的活动。

留存率：用一些手段最大限度地延长新增用户的关注时间。比如，为了提升用户留存率，一些 App 举办"每日签到"小活动，我们熟知的"淘宝签到送淘宝币"的活动就是如此（见图 5-5）。

图 5-4 天猫用户的新人礼包

图 5-5 淘宝设置的每日签到

免费转付费：让用户从免费类型转向付费类型，如一些视频网站 App 中经常有类似"首次充会员赠送×××"的活动（见图 5-6）。

做活动的长期目的是大大提升品牌的知名度和辨识度，这里会涉及品牌和产品的具体策略,所以暂时不做具体说明。

2)市场调研

做活动跟市场推广一样,都需要进行分析和调查。比如了解竞争对手的活动,参考对方的案例,对其成败进行分析,吸取经验教训。

对市场保持持续的敏感度是活动运营所必备的,要对当下流行的活动形式了如指掌,并能探究到其深受欢迎的原因。

3)了解活动受众群体

作为活动运营人员,要明白无论什么活动,最终都需要得到用户的认可。如果用户没有好的活动体验,再好的活动也不会有价值,活动 KPI 指标自然就不能完成了。所以,在活动之前需要深入了解活动受众群体,了解受众的关注点、兴趣点,从这个角度出发,来设计相应的奖品。

图 5-6 爱奇艺 App 转付费优惠活动

4)活动方案的制定

制定活动方案的过程也可以称为活动策划。为了完成活动的 KPI 目标,活动策划需要创意突出、可执行性和可操作性比较高的方案。那么具体要从哪些方面来制定活动方案呢?

① 确定活动主题和目的

深入思考通过活动想要达到什么样的效果,比如公众号吸粉或者新款 App 拉新。这些在上文中已经提到过,就不多做阐述了。

活动主题就是活动的主旨,一个符合活动目的、简单明了的主题是每个活动所必备的,用户了解主题的途径主要是通过活动的策划文案。

② 确定活动创意

创意在活动中的地位是非常重要的,它是活动的灵魂所在。出色的活动创意不仅能提升用户参与活动的积极性,对于达成活动目的以及传播品牌都有非常重要的作用。好的创意在于独特以及新颖的思维方式,而且创意的活动需要与时俱进,与当下潮流相结合。

以"4小时后逃离北上广"这个活动为例,新世相用"逃离北上广"这个话题,结合免费机票、酒店以及未知的旅程这些亮点,成功吸引了用户的关注(见图5-7)。

图5-7 "4小时后逃离北上广"活动

③ 确定活动类型

活动的类型多种多样,线上活动主要有微博话题、转发分享抽奖、问卷调查、H5小活动、贴吧盖楼、微信集赞、投票活动、刮刮乐、口令活动、签到活动等。活动类型的多样化让活动运营在选择上无所适从,可以记住一点,我们选择的活动类型不在于多,而在于对用户是否适合。

一般选择活动类型主要通过两个途径:一是根据具体的需求场景,二是根据活动的最终目的。

例如,活动目的是为App寻找用户资料,这其中包括相关用户的性别、年龄、电话以及使用的手机系统等。这个时候,就可以选择有奖问卷调查的方式来进行,将需求以问卷的方式来让用户填写,因为有相应的奖品设置,用户也会乐于参加这个活动。

也可以根据用户需求选择相应的活动类型,如果App的目标群体主要是"90后",需要先了解他们都喜欢哪种活动方式。他们的日常生活离不开社交、时尚、微博。如果要做App的拉新活动,可以对应选择"微博转发、贴吧盖楼或者H5活动"的形式。

④ 确定活动时间

活动时间包含两个部分:开始时间和结束时间,也可以理解为活动期限或活动周期。制定活动期限的目的,一是为了提高活动的活跃度,二是可以进行有效的成本控制。

活动时间分为绝对时间和相对时间。如××某日××时到××某日××时为绝对时间，××天之内为相对时间。一般而言，天猫整点秒杀活动属于相对时间。

⑤ 制定活动流程

指定活动流程的目的是将整个活动可视化，让运营能清晰把握活动的进程，让用户能够知道参与活动的顺序。指定活动流程，最好用阿拉伯数字标注清晰，图 5-8 是一个购物 App 的活动流程展示。

图 5-8　某 App 活动流程

我们可以看到，整个活动流程非常清晰，每个环节都有具体说明，在有效节省用户时间的同时，运营人员的工作量也大大减少。

⑥ 安排活动人员

运营人员负责活动安排，但活动从策划到落地执行的过程可能会涉及方方面面的工作（如设计、开发，活动 UI 设计等），这就需要每个方面的工作都有专人负责。运营人员要跟进每一个板块的工作进度。

⑦ 安排活动预算

活动预算是对整个活动进程需要花费的金额有一个大致估算。一般从活动类型、活动奖品、活动周期、活动人员、活动目标等方面进行考虑，对每一个环节所需要的花费做出合理的估计。

⑧ 应对活动危机预案

在活动举办之前，将活动中可能出现的问题一一罗列出来，逐一提出解决方案。未雨绸缪是为了使我们遇到情况不至于手足无措，确保活动能够顺利进行。

比如如果一个App举办分享有奖活动，万一用户分享不成功，不能领取奖品，这种情况下的解决方案是什么。

5）评估活动的可执行性

为了保证活动能达到预期效果，在活动开展之前需要对活动进行可行性研究，比如配备的活动工作人员是否合理、申请的活动场地或者活动平台能否满足活动要求，以及活动所需成本能否达成预期目标等。

6）预热推广

内部渠道主要有：官方微博、微信公众平台、产品社区、社群以及官网广告位等。

外部渠道主要有：媒体宣传、自媒体平台推广、第三方活动营销平台、网上垂直行业论坛、第三方社交平台、找名人转发或者代言等。

❷ 活动中

活动消息传出去后，只是运营工作的开始。在活动有条不紊地推进过程中，运营人员需要对活动整体进行把握，看看活动的哪些地方可以优化。除此之外，还需要实时收集活动数据，便于进行下一步调整（见图5–9）。

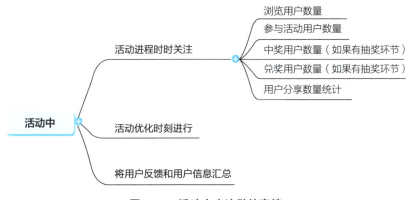

图5–9　活动中应该做的事情

1）持续关注活动进程

当活动真正开始时，需要对活动进行时时评估，看能不能达到预期目标，这就需要运营对活动的实时数据进行掌握。具体需要关注的数据如下：

①浏览用户数量

这个数据从侧面反映了本次活动的受欢迎程度，具体数据包括活动页面的浏览次数、历史累计浏览次数和人数。

②参与活动的用户数量

为了方便运营人员在活动过程中及时弥补不足，需要对线上活动的每个阶段活动的用户参与数据进行记录，以及不同时间的用户参与度。

③中奖用户数量（如果有抽奖环节）

为了监控中奖概率的合理性，对活动中的中奖数据需要及时检测，便于在数据发生异常的时候，可以及时调整中奖概率，让活动重回正轨。

④兑奖用户数量（如果有抽奖环节）

设置了中奖用户，就有兑奖用户，并不是所有中奖用户都会来兑奖，统计兑奖用户的主要目的是可以从侧面反映用户对奖品设置以及活动流程的反应，发现不足，可以及时更正。

⑤用户分享数量统计

通过活动分享次数的高低，可以评估整个活动的质量（从活动内容、形式、奖品、渠道来分析），这样便于运营人员吸取经验教训，为下一次活动打好基础。

2）活动优化时刻进行

当活动偏离预期轨道的时候，运营人员需要及时排查问题出现的原因，对活动进行及时优化，让活动重回正轨，及时止损。

3）将用户反馈和用户信息汇总

活动的对象是广大受众群体，目的就是向用户推广平台的产品。所以，用户的相关反馈和信息汇总是非常重要的。

用户反馈：将用户在活动参与过程中的体验记录下来。

用户信息：分为基本信息和动态信息。基本信息包括用户的性别、年龄以及电话号码等；动态信息包括用户的相关浏览时长、对奖品的选择以及使用习惯等。

❸ 活动后

活动后应该做的事（见图 5-10）。

图 5-10　活动后应该做的事

1）面向用户，告知活动结果

活动结束后，活动组织方应该将活动结果及时告知用户。线上有奖活动尤其需要这样，因为线上活动的参与者有很大一部分都是冲着活动奖品来的，他们关心的是活动结束之后自己能不能中奖，活动大奖最终花落谁家。因此，线上活动结束，活动运营人员应该在第一时间通过各种渠道通知用户。例如可以用公众号文章推送的方式，微博转发通知以及 App 应用中公布活动结果。

2）对运营团队，需要分析总结

活动有没有达到预期的效果，相关数据是最好的说明。缺少了数据的参照，活动也就失去了评估的标准，活动的成功与否也就无从谈起。

对于活动数据，它主要分为活动进行中的动态数据和活动结束后的统计数据。对于动态数据，我们需要实时监测，对于统计数据，我们需要回收分析。通过对回收数据的分析，我们才能判断活动效果的好坏，才能找到活动的不足之处，找出解决方法，避免在以后的活动中重蹈覆辙。

5.3　四个支点，撬动用户的参与意愿

作为一名活动运营，常常会遇到下列问题：

（1）我们已经通过多元化渠道对活动内容进行宣传，并且活动内容也已经触达用户，为什么用户参与率还是不高呢？

（2）在活动过程中，用户提出了一些好的建议，我们也根据用户的建议对活动进行了及时调整，为什么活动效果还是没有明显提升呢？

（3）上一次活动举办得很成功，我们也对上次活动的成功经验进行了归纳与总结，并且将有益经验运用到了本次活动之中，为什么本次活动效果不尽人意呢？

问题出现在哪里？究其本质，还是要回到用户参与意愿这个关键点上。

从用户参与意愿的层面来分析，要解决上述疑难杂症，还需要从以下三个问题里寻找答案，即"用户是谁？""用户想要什么？"以及"如何提升用户的参与意愿"（见图 5-11）。

图 5-11 解决用户参与意愿时需要考虑的三个问题

精准定位用户

当谈到用户定位和用户画像的时候，很多人都会想当然地根据用户的属性和阶层进行划分。毫无疑问这种定位方法非常主观、武断，划分时极易出现偏差，由此方法定位的目标用户也不一定有很强的参与意愿。

比如说，一家小型房地产开发公司有一批精品豪宅待售。负责此类营销活动的运营人员可能想当然地将目标用户锁定为该市的顶尖级企业家，并直接向企业家发出邀请函参与活动。

由此可能产生的后果是，花了大量的人力财力做宣传，但用户参与度却极低。如果我们换一个角度思考，邀请企业家夫人来参加房产的营销活动，可能会收到意想不到的效果。毕竟，一方面企业家夫人闲暇时间较多；另一方面她们能够将用户信息有效地传达。

由此可见，想当然的客户定位，可能会导致目标用户不能发挥其商业价值，而恰恰是被忽略的用户，可能会带来意想不到的流量与参与度。这种主观性的定位方法，即使歪打正着取得了不错的活动效果，却难以将经验用到下一次活动中。

那么，我们应该如何正确地进行用户定位呢？我们需要考虑以下两个问题：你希望什么样的用户来参与你的活动？参考以往的运营活动，参与活动的用户有哪些特征？

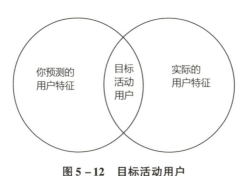

图 5-12 目标活动用户

图 5-12 中两个区域的重合部分，就是我们所要寻找的目标用户。我们只有基于准确的目标用户，才能制定出针对性强的活动策略，才能取得理想的效果。

挖掘用户需求

根据马斯洛需求层次理论，人的需求包含生理需求、安全需求、社交需求、尊重需求和自我实现需求。我们可以据此反思一下，运营活动能够满足用户的哪些需求？哪个需求层次的用户会热衷于参加我们的活动？

反思之后，你会发现活动吸引的是一批具有相同或者相似需求的人。其实，活动运营的本质就是精准定位并聚集一批具有相似需求的用户，使其在活动中得到满足。我们只有精准定位用户，才能提高用户的参与意愿。

精准定位目标用户之后，我们需要思考目标用户需要什么？深度挖掘用户需求，然后以用户需求为依据，制定针对性强的活动策略。同时，也能避免因为用户需求过于主观而乱猜测。当你深度挖掘用户需求后，你会发现亿万富豪并不一定只买豪宅，普通用户也不一定只喜欢便宜商品。因此，我们在挖掘用户时，调查方法一定要做到客观。如此，才能为后续活动策略的制定提供有用的依据。

我们举个例子来加深理解，某淘宝汉服店要做一次活动，组织一次客户聚餐，以扩大其在汉服圈内的影响。在活动开始之前，活动运营人员将活动地点定为"以汉服文化为基调的小众餐厅"，并且以此为依据来制定活动策略。但是，在与目标人群进行沟通交流之后，发现实际用户需求与预测用户需求大相径庭，用户的实际需求为：

此次聚餐的目的是为了与论坛内其他喜欢汉服的人群进行面对面地沟通与交流；

聚餐目的地最好在本市，且交通方便；

餐厅的装修以传统文化风格为基调；

餐厅能够提供棋牌、桌球、笔墨纸砚等多元化娱乐设施。

在这次沟通的成果中，我们可以看到，寻找一个交通便捷、设施完善、装修传统风格的餐厅，远远比追求汉服文化的小众餐厅有吸引力。因此，在全面沟通、确实了解用户需求后再制定活动策略，才能获得目标人群的认同感，提高目标人群的参与度。

那么，我们应该如何确定用户需求呢？

首先，要对自己的平台、用户群体、活动的目标有一个初步的了解；其次，需要在了解的基础上，与用户群体进行深度、全面的沟通；最后，根据用户群体的反馈进行归纳总结，得出本次活动中最主要的用户需求点。

撬动用户互动意愿的四个支点

相信大家已经对用户需求有了一定的了解，能够精准定位目标用户和用户所在的需求层级。接下来，我将带领大家系统地了解撬动用户意愿的四个支点。

❶ 认同感

一般来说，增强认同感有两种方式。一种是通过客观的数据显示，增强用户的信任感；另一种是通过讲述与目标用户关联性强的故事，来激发用户的认同感。

淘宝电商达人张大奕，在2018年曾创下年利润过亿元的纪录。她就是一个十分擅长以分享自己的小故事，来增强用户信任感的人。

首先，她放弃了以往电商红人直接推荐商品的模式，转而营销"人设"；其次，她在与用户的互动中，经常选取与目标用户全体特征非常符合的故事情节，融入自己的情感生活，以点及面，引发用户的情感共鸣，顺势推出电商活动。

亚里士多德说过一句话："我们无法通过智力去影响别人，情感却能做到这一点。"从张大奕的成功中，我们能得出什么经验呢？如果我们也有一个运营活动，是否可以借用她的经验呢？

以增强用户认同感的方式，来提升用户的互动意愿，具有一个其他方法难以匹敌的优势，那就是聚集起来的用户往往具有高度忠诚度，会对平台与店铺有着更强的认同感。

❷ 物质激励和代金激励

要说在运营活动中，提升用户参与度最常见的方法是什么？那一定是物质激励。物质激励能以简单直接的方式，在短时间内迅速聚集流量。活动方式非常简单，适用群体非常广泛。通常使用的物质激励的方法有：集赞送好礼，比如用户将运营人员提前准备好的内容转发到朋友圈，集满18个赞即可免费领取一份小礼品。这类活动往往能取得不错的宣传效果，但是参与活动的人群可能只是冲着小礼品来的，并不是我们的目标用户。

也就是说，通过物质激励与代金激励的方式来刺激用户互动，满足的可能只是最低级的需求层级。可能积极参与活动的不是我们的目标用户，或者我们的目标用户有更高层次的需求。因此，这种方式并不能精准提升目标用户的参与度。

除此之外，以这种方式吸引来的用户往往不具有稳定性。可能在活动期间，会出现用户流量和用户参与度大幅提升的情况，而在活动结束之后，这些热度与用户流量也会随之消散。对于平台与商家来讲，很难积累用户。

❸ 竞争意识和炫耀意识

美国社会学家欧文·戈夫曼的《日常生活中的自我呈现》中说到过一个观点：人们经常通过有意或无意的表演向他人展示某种形象，或者承担起一定的社会角色。

的确如此，在生活中我们常常可以看到这样的场景：律师往往会光鲜亮丽地出现在众人面前，以凸显自己精英的形象；小微创业家往往爱与大企业家合影，以凸显自己人脉丰富、资源广的形象；不少人喜欢晒旅行自拍，以凸显自己热爱生活的形象。

图 5-13 网易云音乐发布的年终盘点活动

每个人都希望将自己最美好的一面展示给他人，从而在他人心中留下"优雅知性、幽默风趣、聪明机智、能说会道"的形象。由此及彼，在活动运营中用户也有这种心理，我们可以采用为用户贴上正能量标签的方式，来迎合用户的心理。很多软件就是这样设计的，比如网易云音乐的"年终盘点"与支付宝"年末账单"，就十分巧妙地迎合了用户的炫耀心理（见图 5-13）。

❹ 营造危机感、稀缺感

人们常说，物依稀为贵。越是稀有的东西越容易被重视。如果你想让某件物品珍贵起来，不妨赋予他稀缺属性。人为制造的稀缺感，也能让物品的知名度与价值陡然提升，而掀起抢购热潮。

金融学领域的"损失厌恶"很好地阐释了这一点。"损失厌恶"是指当人们面对同样的收益和损失时,损失所带来的痛苦要远远超过收益所带来的快乐。比如一家企业在上个月亏损了五百万元,在本月盈利了五百万元。那么对于企业股东来说,上个月亏损所带来的痛苦要远远高于本月的收益所带来的快乐。

我们生活中常见的"饥饿营销"就利用了人们的这种心理,饥饿营销带来的稀缺感、危机感和紧迫感要远远高于一般的营销手段。在危机感和稀缺感的驱使下,人们会把"买不到产品""参加不了活动"当成一种损失,为了避免损失带来的痛苦和焦虑,人们会选择积极抢购商品或参与活动。

饥饿营销的例子很常见,比如说小米的F码发放就是很典型的"饥饿营销"活动(见图5-14),F码意味着优先购买权,得到F码的用户欣喜不已,而没有得到的用户则会产生危机感,在抢购时会更加卖力。正是因为善于营造危机感和稀缺感,小米手机每次新品发售的关注度和参与度都很高。

图5-14 小米F码

一场活动的运营能否取得最后成功,关键在于能否定位用户、深度挖掘用户的需求,并根据用户的实际需求来增加用户的参与意愿。如果能成功地增加顾客意愿,那么一定能带来客户流量与参与度的大爆发。

5.4 以拉新为目的的活动该如何做

在这里,我们需要对活动拉新做一个准确的定义。

活动拉新,是以拉新为目的开展活动的统称。为了提升新用户的注册数量、激活率以及提高相应平台的关注度,需要通过不同的活动来实现。可以这样说,拉新是让平台产品走近用户的第一步，关系着平台产品的成败。

以阿里系产品如今的体量和成熟度，依然需要进行拉新活动，因为新用户对产品和企业来说就像"源头活水"，无论多么成熟的产品和平台都需要拉新。老用户的离开不可避免，新的目标用户也在逐渐成长。所以"如何进行拉新"是每个运营人的必修课。

但是对刚开始做运营工作的人而言，通常会有这样的困惑，拉新活动具体有什么形式？因为我们在生活中接触到平台活动非常多，拉新活动就在其中。

活动拉新都有哪些形式

拉新活动的形式多种多样，有长期的、短期的，也有线上和线下的，他们分别有不同的特点，活动开展形式也不尽相同。

❶ 短期活动 VS 长期活动

从时间长短来分析的话，活动拉新有短期和长期之分。短期的主要有话题营销，热点营销以及事件营销等；长期的主要有新人注册有礼、推荐注册有礼以及初次消费有折扣等。比如，为了提高办信用卡的业务量，通常银行会给新开卡用户赠送礼品。

根据持续的时间不同，短期活动营销和长期活动营销的特点也各不相同。

以拉新为目的的短期活动营销就跟以品牌曝光为目的的活动一样，都有一定的相似性。不同的是，拉新的活动营销的切入点是产品的用户体验，将产品的亮点融入推广的活动中，并围绕产品的核心亮点进行包装推广。

比如，去年火爆朋友圈的"柏拉图性格分析法"活动就是如此。接下来我们着重分析一下柏拉图性格分析法。柏拉图性格分析法是一个周期短但收入高的活动，它主要是通过熟人社交平台——朋友圈来开展的，这个活动的成功之处在于，它利用每个人的好奇心和窥探秘密的心理，迅速席卷了朋友圈。那段时间，几乎每个人的朋友圈都被图5-15刷屏。

要知道，柏拉图性格分析法的"30 000万+"

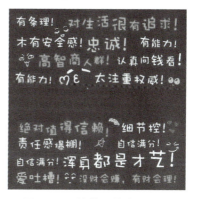

图 5-15 柏拉图性格分析法

浏览量，20 000万人参与生成卡片，为微信拉新"400万+"粉丝，产品新增"20万+粉丝"等数据成绩是在短短4天内完成的。影响之大导致其被微信封禁。但从传播效果来看，这是一次非常成功的短期营销活动。

当我们对这个活动进行复盘的时候，我们会发现三个成功规律：窥密心理、参与零门槛、好奇心。这是柏拉图性格分析法成功的关键。

因为大家彼此认识，所以在彼此的印象中都被贴上了固定的标签，对于自己所关心的人，我们会格外关注，尤其是当他展示出一些平时很少展现的信息的时候，好奇心会驱使我们一探究竟。

仔细分析我们会发现，柏拉图性格分析法中所呈现的个性词很少有贬义的，大部分都是褒义的。同时，出于"心理暗示"作用会让我们"对号入座"，相当于用柏拉图性格分析法将自己赞美了一番，何乐而不为呢？

以拉新为目的长期活动一般都具有规律性和周期性，比如新用户注册送大礼包等活动无论什么时候都会持续开展。长期拉新活动也会根据实际运营情况进行策略上的调整，比如，某视频网站开展了新会员注册有礼活动，但赠送的礼品会配合节日促销而发生变化。

❷ 线上活动 VS 线下活动

按活动执行环境的不同，拉新活动可以分为线上活动和线下活动。

依托于线上，用户主要在线上平台完成注册、激活环节的活动即为线上活动。以我的经验来看，我们接触最频繁的拉新活动就是线上活动。

作为线上活动的补充，线下活动是配合线上活动进行的。如公众号或者App开展的地推活动。这种活动一般在人流量大的地方开展，用户只要注册激活就会有礼品相送，短期内可能会增加很多用户，但如果不好好维护，这一部分用户也会逐渐消失。

人流量大的地方毕竟有限，不是每个商家都会在人流量大的地方开展活动。有一些商家就会剑走偏锋，比如，写字楼里面的一些商家就会用以老带新的方法来进行拉新活动。

这类商家因为店面小、人员少，所以对每一个用户都格外珍惜，通过"动之以情，晓之以理"以及低价策略，引导一部分老用户来发展新用户。

讲了这些，你可能认为对拉新活动已经认识得足够透彻了。其实，上面讲的这些是远远不够的，我们还需要知道拉新活动中的注意事项。

活动拉新需要注意哪些

❶ 明确受众群体，摸清用户心理

进行拉新活动，首先要明确受众群体，只有深入研究受众群里的特性和心理需求，我们才能进行相应的物料准备，活动宣传以及监测调控等。如果我们对受众群体分析有误，之后我们所有的努力都有可能会付诸东流。

在拉新活动中，要将重点放在与产品高度吻合的用户上面。不可能所有年龄段的用户都是你的目标用户。比如摩拜单车，就是先从一线城市起步，当一线城市模式逐渐成熟了之后，才进一步推广到其他城市。

其次，活动的成败也在于对用户心理需求的把握。要确定用户群体，我们需要详细分析用户的心理特性，列出他们可能出现的一些共性问题，在共性问题上进行活动策划创意。

最后，活动需要借势。如果活动有一些热点可以拿来做推广的话，那是再好不过的事情了，不过这需要有一定的运气。

❷ 活动运营的最高境界是洞悉人性

如果达到了活动运营的最高境界——洞悉人性，我们甚至不需要设置奖品，也能够做到用户自传播。当然这一切是建立在深刻洞察用户心理的基础上的。

在这里，我们再一次以"柏拉图性格分析法"为例来进行分析。我们会看到，它给我们每个人的标签页，跟别人是不相同的，这符合了年轻人对"个性"的定义。

其次，它的措辞非常严谨，即使是缺点，它也会用一个褒义词委婉地提出来。这对于喜欢塑造完美人格的我们，无疑是适用的。一个完美的性格标签，没有人会不乐意将它分享在社交平台。

除了这个案例，支付宝的"晒账单"活动，也是对人性充分洞察后，才设置的噱头（见图 5-16）。

图 5-16 支付宝账单截图

❸ **活动运营的最高准则是让用户满意**

一个新平台和新产品,用户对其的认知是有限的,因此拉新活动的呈现方式以及参与流程设置一定不能复杂,要逻辑清晰,流程简单。活动呈现方式尽量直观一点,比如用图片和视频的方式,让用户在最短时间内了解参与活动的流程;在用户参与活动时,要以尽量减少用户操作为宜。

以刷微博为例,在我们每个人刷微博的时候,每条信息的关注时间一般不超过两秒,如果两秒钟内我们不明白信息所要表达的意思,我们就会放弃,转去看另一条信息。所以,在进行活动设置的时候,我们需要从用户的角度出发去考虑问题。

活动拉新技巧有哪些

❶ **借势营销,以热点提升效果**

在我看来,热点可以从两个层面展开。第一个层面是固定热点,比如二十四节气和固定节日、纪念日等。在策划活动之前,我们可以将这一年的固定热点梳理一遍,选取和自己的产品关联比较密切的节日,来做相应的活动策划。

第二个层面是社会热点。借助社会热点营销一定要"快、准、狠",要在最短时间内完成热点相关活动的策划,这样就能将热点的传播周期转化成自己品牌的推广周期。这种借势的方法,对策划人员的策划能力和信息敏感度的要求是非常高的,对策划团队的短期策划能力也是一种有效的考验。

❷ **核心渠道重点攻坚,其他渠道同步导流**

通常,我们所说的用户基本上都活跃在微博、微信以及各大 App 平台上。如果我们确定了用户拉新的核心渠道,对于其他渠道我们也可以做同步导流的方案。比方,我们准备为一个 App 拉新,那么,我们可以在所有的传播渠道上发布相同的活动,但活动必须标注:仅在 App 上参与活动有效。这样,就可以对其他渠道的用户有效"导流"。

再比如,有一个 App 改版,为了推广新版本的 App,运营人员就采用了上述方法,结果,短短两个月的时间,新版 App 下载量剧增。在无专门推广活动,零经费的情况下,该款 App 下载量在同行业中名列前茅。

❸ **建立社群，增加黏性**

相较于老用户，新用户的忠诚度一般较低。因此，通过拉新活动吸引的新用户极易出现流失现象。针对此情况，为了提升新用户的黏性，可以建立相应的社群来维护。比如，在活动执行的海报中留一个官方群的二维码，新用户可以扫码加入。群里面有专门的客服针对新用户提出的问题答疑，这样就能有效增加新用户的活动体验，从而使新用户对产品的好感度直线上升。

对运营而言，以拉新为目的的活动，吸引到新用户只是一个开始。如何让新用户留存下来变成我们的忠实用户才是我们最终所要达到的目标。

5.5 如何办一场合格的线下活动？突发事件来袭，如何处理

在互联网技术的广泛运用下，线上活动大行其道，线下活动反而被人们忽视了。而新零售的兴起，线上线下运营的深度结合，让线下活动的影响力也进一步扩大了。未来，互联网企业的线下活动会越来越多。

阿里每年举办的"天猫双11晚会"就是一场规模盛大的线下活动。星光璀璨，节目精彩的"双11晚会"每年都会吸引成千上万人观看，2017年和2018年的"双11晚会"都夺得了同时段全国收视第一的殊荣。

当然，向"双11晚会"这种规模的线下活动不是一个团队，甚至不是一家公司能够完成的，需要多方的配合和协调，还要有严格周密的计划和前期准备才能保证万无一失。

不同于线上活动，精心筹备之后，一切就能按部就班地进行，线下活动在举办过程中，随时都有可能发生意外。对于这些突发状况，我们应该如何应对，才能让活动发挥出它应有的商业价值呢？

一是要加强员工培训，提升员工职业素养，避免工作中的失误；二是要优化工作流程，规范工作细节，避免活动安排中的失误。由此，确保线下活动的顺利开展。

当然，举办一场合格的线下活动，仅仅从这两个方面着手是不够的。接下来，

我要为大家分享一套完整的线下活动策划流程（见图 5-17），以及应对突发事件的具体方法，希望能够对你的线下活动运营有所帮助。

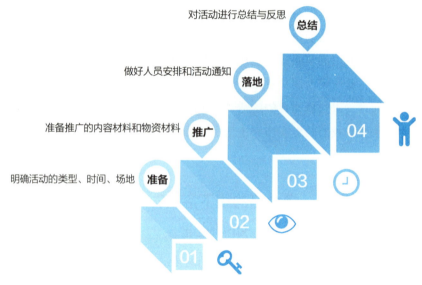

图 5-17 线下活动策划流程

前期准备阶段

在前期准备阶段，我们需要明确举办这场活动的目的是什么？以及想要达到什么样的效果？比如，举办这场线下活动可能是为了扩大宣传，打出企业品牌；也可能是为了吸引客户流量，推出新产品等。

明确活动的目的之后，我们就需要按照活动流程，完成好每一步，循序渐进地达到活动目的。具体的活动流程如下：

❶ 明确活动类型

如何确定活动类型？这取决于活动的受众人群，即你的活动是为谁准备的，这一点至关重要。

如果你的活动是为了老客户、老业主准备的，那么活动类型可能是一场答谢会；如果你的活动是为了潜在客户准备的，那么活动类型可能是新产品发布会；如果你的活动是为了公司内员工准备的，那么活动的类型可能是联欢晚会。

❷ 选择活动场地

在选择活动场地的过程中，一般要考虑交通的便捷程度和场地的容纳规模。如果是户外活动，还要确保活动场地的安全性。

❸ 确认活动的时间、预算、规格、参与人数

根据具体的情况确定活动的时间、人数、规格、预算。比如，你想举办一场亲子活动，五一节假日可能是一个不错的选择；你想举办一场职工联欢晚会，在端午节、中秋等带有团圆寓意的日子里举办效果更好；你想举办一次户外活动，那一定要看看天气预报，再确定具体的活动时间。然后根据参加活动的人数和规格，做出大致的活动预算。

❹ 制定活动邀请函

首先，要定好活动主题。然后，确定活动的时间、地点、流程、活动对象、联系方式等内容。最好同时制定纸质邀请函与电子邀请函，纸质邀请函更能表现出对与会者的尊重，电子邀请函能加速活动的传播。

在制定电子邀请函的过程中，我们可以借助秀米等网页，一键式制定专属邀请函和活动小程序，节约一部分的人力物力。

❺ 选择策划公司（如有需要）

是否选择策划公司，主要由活动的规模来决定。如果是大规模的活动，一般会引入专业的活动策划公司；如果是小型的交流会，则不需要引入策划公司。

中期推广阶段

在中期阶段，则需要做好活动的推广。活动推广分为线上推广与线下推广两种形式。线上常见的推广方式有：官网落地页推广、公众号推广、小程序推广、抖音视频推广、直播推广等。线下常见的推广方式有：在人口密集的地方，比如公交站台、电梯内、商场门口投放宣传板；对参加活动的人员发放带有企业及公司 LOGO 的小赠品；免费为参会者拍照摄影。

在中期推广阶段，具体可以从以下两个流程做起。

❶ 准备推广材料

进行推广宣传，毫无疑问要提前准备推广材料。推广材料分为两类，一类是

物资材料，一类是内容材料。物资材料一般有活动展板、指引牌、会刊等；内容材料有文字、图片、视频、新闻稿等。准备完毕之后，为物资材料配备合适的内容材料。

❷ 选择推广渠道

小型的活动可以采用发放邀请函或者电话邀请的方式。一方面，这种一对一的邀请方式会让被邀请者感觉更受尊重；另一方面，这种上门邀请与付费邀请的形式也会让用户觉得更正规，到达率更高，精准推广的效果会更好。

大型活动可以选用微博、微信平台，利用公众号、QQ群来进行推广。一方面，这种推广方式能够最大范围触达用户，发挥最大范围的宣传效果；另一方面，这种线上与线下相结合的宣传方式，可以利用线上的大数据技术，对本次活动参与人群的数量、特征、爱好进行全面的数据分析。

除此之外，如果想使活动给用户留下权威正式的感觉，可以尝试和有关机构及官方媒体进行联合推广，这样活动也能被用户重视。

落地执行

无论我们制定什么样的计划，开展什么样的活动，能够确保落地执行，上述步骤才有意义。为了确保活动的完美落地，我们需要提前做好一些事项的准备。比如，你想举办一个户外游乐活动，但你同时也要准备一个应对天气下雨的预案；你想提前为嘉宾安排座位，那么你需要拥有一份完整的嘉宾名单；你希望与会人员按照约定的路线进入大堂，那么你需要提前规划好路线，甚至可以在规划路线旁展示艺术品，带给与会者完美的感受。

因此，在落地执行阶段，可以具体落实到以下5个流程：

❶ 提前一周，通知参加活动的人员关于本次活动的时间地点注意事项。活动前一天，再次通过短信、微信群、QQ群进行通知，并提醒与会人员注意相关事项。

❷ 确定活动流程并做出应急预案，同时准备应急预案中所需要的物资材料。

❸ 确定场馆接待人员的联系方式和职能。

❹ 合理安排人员引导与会人员进行签到、签名等。

❺ 对重要的活动内容进行彩排。

活动结束收尾阶段

在活动结束之后,我们要对本次活动进行收尾,让参与会议的人员感受到尊重。

比如,我们可以为与会人员拍一张合影,以此作为留恋。可以向与会人员发送一封感谢信,让与会人员感受到我们的诚意。可以做一个问卷调查,及时收取与会人员的反馈。

然后对本次活动进行总结,写入工作记录之中,为下次活动的开展提供依据。

上面这个思路,可以具体落实到以下 4 个流程:

❶ 给活动参与者拍一张合影,并赠送一些小礼品。
❷ 给活动参与者发送感谢函表达诚挚的感谢。
❸ 针对活动参与者做一个问卷调查,及时收取反馈。
❹ 撰写活动总结。做得比较好的地方可以为下次活动提供经验;做得不足的地方可以指导下次活动改进。

综上所述就是一场线下活动的总流程。前期需要做好活动规划,中期需要做好活动推广,后期需要做好活动实施,结束之后还需要做好活动的总结。每一场活动都包含了无数的细节,细节决定成败,我们只有将每一个细节都尽量做到完美,才能举办一场成功的线下活动。

活动遇到突发情况怎么办?

线下活动不同于线上活动,无论活动方案做得多么完美,在活动实施中,随时都有可能出现意外情况。比如,在自驾游活动中,在荒山野岭的地方车子可能突然坏了;在户外活动中,提前看了天气预报但活动当天偏偏就下雨了;在专家讲座活动中,嘉宾可能突然身体不适不能出席活动。这些突发情况都是难以预料的,如何进行妥善处理,是对运营人员随机应变能力的考验。

其实,在活动开始前,每一个运营人员都会像驾驶舱飞行员一样仔细检查每一个小细节,活动所需要的电子设备是否已经进行调试?活动所需要的物资设备是否已经准备到位?活动的出席嘉宾是否都能够准时到场,供应商是否已经对接好？即使如此，还是难以排除一些意外情况，当发生意外情况时，活动运营人员应该如何应对呢？

具体来讲，我们应该做好以下3点：

❶ 成立一个应急小组

应急小组的组成人员包括处理突发事件的总负责人，现场主管和活动各个环节的负责人。当发生意外事件时，应急小组的总负责人要统筹全局，第一时间做出决断。现场主管应及时进行配合、协调，或对突发事件做出说明，安抚活动参与者的情绪。各个环节的负责人要各负其责、各司其职，在各自负责的工作范围内做好各项工作的准备，一旦出现问题，能够及时反应、快速排除，将损失降到最低。

❷ 准备好应急物料

中国人自古有着"晴带雨伞，饱带饥粮"的应急储备传统。为了让活动能够完美举行，活动运营人员应该提前做好物资的准备。比如，提前预定好接送嘉宾的车辆、嘉宾下榻的酒店，提前将重要参会人员的联系方式排列在表格上等。

❸ 灵活应对可能发生的突发状况

除了通过充分准备、周全规划能够排除的损失以外，还有下列突发情况，可能让你措手不及：

1）麦克风故障

处理办法：马上调换麦克风，活动现场可以播放音乐或者小视频，避免冷场。

预防：多准备几个麦克风备用，有线、无线的麦克风均需准备。

2）电源故障

处理办法：安排多名电力维修人员，及时进行抢修。

预防：活动前要对线路进行检查，排除隐患，并准备备用电源，尽量令大功率电器错开使用，避免同时在高峰期间使用。

3）媒体文件无法播放

处理方法：播放其他备用文件或更换播放设备。

预防：做好文件备份，活动开始的前一天，需要对视频和音频文件进行调试，一旦出现无法播放的情况要及时更换设备或者文件。

4）音响故障

处理办法：及时更换音响设备，或者更换音响损坏的原件，及时对音响损坏的路线进行维修。

预防：音控师在活动前一天下午进场将音响及各配件调试到最佳状态。提前与活动举办场馆联系好，准备一套备用音响以应急。

5）现场布置、装饰出现掉落、损坏等

处理方法：如果可以补修，联系工程人员及时进行补修；如果不能补修，联系清洁人员及时进行清理。如果出现大面积坍塌，应该及时更换场地，确保人员安全。

预防办法：工程人员提前对场馆内的装饰进行检查，查看是否牢固正常。对于需要用到气球、礼炮、鞭炮工具的活动，可以准备音频来弥补现场气氛。

6）人员意外伤害事件

人员意外伤害是线下活动中最常见的紧急突发事件，也是最容易造成负面影响、最难以防范的事件。

处理办法：首先，应该在第一时间联系现场医疗小组，对伤者进行紧急救治。如果伤势比较严重，要及时拨打120。同时，对受伤的患者和家属做好情绪的安抚工作。作为活动的举办方，活动参与者在活动中出现了安全事故，要积极地履行责任。比如，提前为患者垫付医药费，不仅能够帮助患者在第一时间得到救治，还能增加患者对活动举办方的好感。

预防：如果活动有潜在的危险性，那么活动开始之前，一定要为相关人员办理保险。同时，应该成立现场医疗小组。

7）天气突变

处理和预防方法：对于天气突变的状况，应以预防为主。主办方要准备防御措施，比如为灯光、音响、电视录制设备等进行防雨处理，对灯光架进行加固。尽量选择在基础设施完善的场馆举办活动，并且要留意活动举办当天及前几天的天气预报。

8）混乱的现场秩序

处理方法：在举办活动前，与公安部门进行联系，以得到公安部门的许可与支持。在人流量大的区域，应该多安排一些人员对秩序进行管理，防止发生拥挤、踩踏事件。

预防：主办方要合理规划疏散路线，尽量将人流量分散。协调各方共同维持活动秩序。

9）重要嘉宾缺席

处理方法：如果嘉宾迟到，那么运营人员应该及时联系主持人，对活动节目的顺序进行调整。如果嘉宾无法参加，那运营人员应该以最快速度调集其他人员到场，保证活动顺利开展。

预防：活动开始前要与嘉宾及时沟通，确定好活动的时间和地点，帮嘉宾安排住宿，重要嘉宾要派专人接送。

在活动举办之前，运营人员应该将各种有可能发生的意外情况都考虑到，制定应急预案，以备不时之需。万一出现意外情况，要在第一时间统筹各方，冷静地处理，将损失降到最低。同时，也要对活动的各个环节、各种设备仔细地检查，将事故发生的概率降到最低。

线下的运营活动，每一次都是直播，没有彩排，也没有缓存。所以，我们一定要做好万全的准备。

5.6 "双11"来了，三招教你如何实现流量转化

电商靠什么生存？当然是最后的用户成交。一开始，电商最吸引用户的就是价格，简化了层层流通的环节，产品直接抵达用户，价格优惠力度非常诱人，线下实体店根本没办法"接招"，网购顷刻间成为流行的生活方式，改变了用户的消费习惯。

社交电商的兴起也是如出一辙，高举"低价"牌，只是用户的接触渠道改变了。利用社交平台与用户的深层次关系，挖掘用户价值，低价的爆品在朋友圈这样的社交平台会引发连锁反应，用户口碑传播变得更加容易。社交平台在中间只是扮演了流量通道的角色，价格才是用户流量转化的真正诱因。但流量总有枯竭的一天，到那时，低价策略又能支撑多久呢？

所以阿里走在了前面，把搜索转化成了社交，把寻找式的网购转变成以卖家为中心的推荐式网购。淘宝最早的社交电商形式就是淘宝论坛，很多用户会在论坛上与其他人交流，期望能在论坛上淘到自己喜欢的宝贝。其实这个转化逻辑就已经十分社交化了，用户不是通过自己的搜索购买商品，而是通过他人的推荐。

这种转化逻辑虽然很早以前就已经存在，但是一直没有得到拓展，现在阿里希望在社交电商领域有所发展，就一定会以把这种转化逻辑扩散出去，从淘宝内部走到更多、更大的社交场景中去，于是就有了"阿里牵手微博"等社交平台的一系列故事。

阿里与微博的强强联手，打通了阿里全域营销和微博广告业务的通道，实现了社交场景和购物场景的无障碍转换。卖家可以自由地在微博和淘宝两个平台穿梭，建立自己的社交网络，发展粉丝群体，然后依靠专业推荐来实现转化。这种获取用户的方式，由过去的"抓取"变成了"圈养"，淘宝上的网红卖家都采用了这种运作方式。

互联网生态下的用户碎片化、圈层化特征明显，阿里布局社交平台的目的就是延伸到细分的社交圈，在任意场景平台展示商品、接触用户、吸引用户并建立自己的品牌社群，改变用户的消费习惯，提高用户黏性。

不论是以文娱爱好为主的用户群，还是细分的海淘、母婴等专业市场用户群，都可以实现用户转化，而阿里的工作就是找到这些用户群所在的平台，建立自由进出的通道，帮助卖家实现用户的成交。

那么，阿里到底有哪些好的方法呢？下面，我们以"双11"活动为例来分析阿里如何实现社交电商的流量转化。

转化休眠流量，加速流量变现

在从传统线下零售发展到线上网购，再由线上网购演变到线上线下并驾齐驱的新零售时代，我们感受到了商业模式的不断升级变革。而在演变的过程中，阿里的"双11"活动模式则一直扮演着"旗手"的重要角色。

"双11"的每一次迭代升级，都是市场对阿里运营的一次检验。但在"双11"成交量逐年大幅度增加的同时，也暴露出了很多隐忧。

图 5-18 说明了阿里"双 11"的成交量逐年递增,增长率持续下降。

成交量的增长当然是最重要的指标,不管是大集团还是小公司,只有一直保持较高的成交量增长,才有机会去谈战略和业务拓展。

"双 11"活动的成交量逐年递增,阿里花了 10 年的时间让成交量增长了上千倍,应该算是个奇迹。但巨量递增的背后,也存在很多隐忧,比如成交增长率就在逐年下降。那么,这其中的原因又是什么呢?

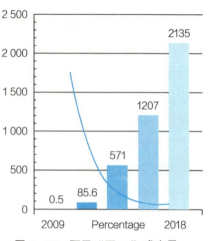

图 5-18 阿里"双 11"成交量柱状图及增长率曲线

庞大的用户群体基数势必会造成增长率的缓慢爬升,而且前几年的爆发式增长主要集中在 PC 端,后期移动端用户增长乏力,趋于饱和。而且互联网生态催生了一大批后来居上的竞争对手,比如创新团购模式的拼多多,赢得细分群体用户的社交电商蘑菇街等,在某种程度上给了用户消费更多的自由度,昔日独霸一方的局面被彻底打破了。

那么,如何应对增长率乏力的隐忧,阿里一直没有停止思考,在"双 11"中成功通过转化休眠流量、加速流量变现、创意活动这三大方法,获得了市场认可(见图 5-19)。

图 5-19 流量转化的三大方法

❶ 转化休眠流量

2018 年"双 11",淘宝通过自己的渠道进行了一次社交电商实验——"淘宝战队"活动。"淘宝战队"的火热程度不亚于病毒式营销,淘宝战队能够在

"双11"活动中有如此优异的表现,得益于其成功的运营策略。下面,我们来具体看一下淘宝战队的运营步骤:

第一阶段为人气对抗阶段,时间为10月20日到10月31日,此阶段的主要活动内容为:

（1）获得战队原始能量；

（2）由系统自动匹配,进行战队人气对抗,消耗的能量为活动门票；

（3）好友助力,每个用户可以为除自己战队以外的其他6个站队主力。

第二阶段为完成人物阶段,时间为11月1日到11月9日,此阶段的主要活动内容为:

（1）战队每天要完成系统发布的4个任务；

（2）根据任务邀请更多好友来支持；

（3）助力好友的"双11"网购消费历史并入战队成绩；

（4）战队成员分享团队能量。

所以,"淘宝战队"活动第一阶段主要是吸引用户进入淘宝,多次点击和浏览页面,加深印象,进而关注淘宝品牌卖家,由任务引导消费过程,将商品放入购物车,完成整个淘宝购物的全场景体验。

同时,借鉴了拼多多的拼团模式,运用邀请好友助力、团队挑战任务的方式,获得了市场的追捧。再通过任务诱导,让用户不知不觉中习惯游戏规则,引发用户的冲动消费。在好友助力的利益驱动下,整个朋友圈都会参与其中。

第二阶段的目的很明显,就是要实现用户的成交。助力好友是这个阶段的重要资源,任务引导用户必须邀请助力好友,而且助力好友必须是有淘宝网购经历的老用户,环环相扣,层层递进。

任务内容商品的设计刚好匹配助力好友的网购消费经历,这种看似无意识的巧合,实际上对燃起助力好友的消费欲望很有效。而淘宝战队的成员除了上面说的任务挑战外,还可以通过日常的平台签到打卡这种简单方法积累"双11"积分,积分的刺激让用户参与度更高,也会引导用户尝试平日没有关注的平台,增加体验流量。

❷ 加速用户流量变现,全方位跨平台融合

新零售时代对加速用户流量变现的要求越来越高,那些互联网大咖们更是如此。本身用户流量已经遭遇"天花板",流量的红利逐渐消退,提高流量的转化率就变得迫在眉睫。于是,阿里一网打尽,希望通过跨平台的融合,覆盖全方位的用户体验场景,以此加速用户流量的变现。

从下面这些阿里布局的部分领域可以发现阿里的战略方向(见表5–1)。

表5–1 阿里战略布局

布局领域	布局动作
搜索门户	收购雅虎中国、UC 浏览器
直播领域	投资陌陌,收购优酷
O2O 门户	投资美团,收购饿了么、口碑网
出行服务	收购高德,开辟高德打车业务、投资滴滴打车
网络基础	收购中国万网

很多互联网公司会运营会员系统来提高用户的转化率。电商平台的会员制很大程度上在借鉴国外的先进成熟经验,比如超级会员享受超低折扣,通过运营会员来提高用户的转化率。

有些时候,预先的想法无法执行到位,比如会员制的权益和星级服务等,想法很好,但因为会员推广或其他问题,运营结果差强人意。

2018年的阿里"双11"首创了"88 VIP",可能很多人之前比较熟悉亚马逊的会员体系,而覆盖了吃喝玩乐、衣食住行等各方面会员权益的会员系统88 VIP,不仅有购物折上折,还有爆款商品的专属折扣、免费升级年卡会员等心动福利。"双11"活动中"88 VIP"取得了极大的市场反响并聚拢了人气,加速了阿里用户的流量变现。

❸ 创意活动刺激流量

2018年阿里的"双11"氛围营造得相当成功,极富创意。从国庆节就开始在支付平台推出"中国锦鲤"小游戏,流行元素的巧妙融合,引发了用户对"锦鲤"话题讨论不断,激发了用户的主动参与性。

当然还有我们提到的"双11"挑战任务获取能量分的淘宝战队PK,最终赢得清空购物车惊喜大奖,在每一个活动创意中阿里运营们都力求个性化,体现出阿里的性格，同时又兼顾用户的选择自由度。阿里充分关注了用户需要和流行元素，通过创意活动的设计来刺激用户流量的提升，并转化为平台价值。

我们说，阿里"双11"是成功的运营，可能带有偶然性。但阿里"双11"10年间成交量呈几千倍的增长，无疑是阿里运营的巨大成功。尽管存在流量红利消退、成交量增长率变缓等不利因素，但阿里运营通过转化休眠流量，提高流量转化率，创意活动差异化等手段，实现了"双11"的持续成功。

第 6 章
精细化运营：如何在流量黑产横行的时代引爆产品增长

让一个用户下载 App 的成本为 40 元以上，但 70% 的人下载后都没有消费，每 10 个人下载我们的 App，就有近 300 元人民币被白白浪费掉。粗放式流量获取已经行不通了，如今的互联网运营要做精细化运营优化流量漏斗，对 AARRR 模型里的转化率、留存更加关注。

6.1 精细化运营是对技术的追求，还是产品的不挽留

很多人都说，互联网已经进入了运营驱动的时代，我十分认同这个观点，但更准确的说法应该是：互联网进入了精细化运营驱动的时代。精细化运营比普通意义上的运营更加细腻，用户和流量等数据的颗粒度也更小。

精细化运营是指通过对用户行为、渠道、市场环境进行数据分析，然后再针对用户展开运营活动，以实现运营目的的行为。而且，只有实现了流量价值最大化，用户运营个性化的运营策略才能被称为精细化运营。

相比普通运营，精细化运营更关注用户细分，在用户分析和用户画像上做得更细致，而且还会对用户进行分层。精细化运营重视流量转化，更关注留存率和转化率，在数据分析方式上也更加多元，力求发挥数据的最大价值。

精细化运营驱动的时代到来了

技术、产品和运营一直被称为驱动互联网的"三驾马车"，而这"三驾马车"始终都是围绕着用户的，用户又可以被抽象成流量，所以，无论是技术时代，还是产品或运营时代，获取流量，永远都是最高准则。

"三驾马车"在不同的时代分别占据过主导地位。在互联网早期，技术是第一驱动力，如今的互联网技术泰斗如比尔·盖茨、乔布斯等都曾在那个时代崭露头角。互联网时代早期，新技术不断涌现，高科技产品不断给用户带来惊喜。

后来，互联网飞速发现，同类产品的竞争越来越激烈，用户也从"小白"慢慢变得对互联网产品略知一二，他们对产品的要求也越来越高。在这种背景下，互联网行业开始强调用户体验，因为技术的优势已经逐渐变得不那么明显，人们需要把产品做到极致，才能赢得用户。这是一个产品驱动的时代。

随着互联网越来越成熟，产品设计也已经有了很多通用模板，解决方案也已

经十分成熟，很难再有新的突破，产品经理的价值和作用也不断减弱。运营成了产品增长的主要引擎，但粗放型的运营已经无法有效吸引用户，精细化运营的时代到来了。

为什么要实施精细化运营？

在获客成本居高不下的今天，企业都在想办法提升 ROI（也就是提高投资回报率），想用最低的成本达到最好的运营效果。所以，精细化运营势在必行。为什么这么说呢？我认为原因有以下三点。

❶ 流量成本过高，必须提升转化率

有机构做过一项调研，如果 App 获得一个用户的成本为 40 元，但有 70% 的用户下载后未使用或未消费，那么每 10 个人下载该 App，就有 300 元的投入被浪费了。

这样的获客成本还不是最高的，游戏类 App 的获客成本为 60 元，而金融行业的获客成本已经达到了惊人的 3 000 元。而且当下的"流量注水"现象严重，甚至已经形成了灰色产业链。所以企业必须进行精细化的流量运营，优化流量渠道，提升留存率和转化率。

❷ 人口红利消失，市场竞争激烈

人口红利消失，市场大环境发生变化，从增量市场转为存量市场，因此市场竞争变得日益激烈。企业要生存，只有两条路：一是走出去，积极拓展印度、东南亚等海外新兴市场；二是实施精细化运营，用最小成本，获取最大的用户价值。

❸ 互联网技术成熟，精细化运营得以实现

互联网技术日益成熟，云计算、大数据等成为互联网行业的基础资源，而广大互联网企业也获得了应有的技术支撑，可以进一步深入挖掘用户数据，优化运营方式，进行产品迭代，还能实施更精准的个性化运营。

转化，是精细化运营的核心

精细化运营的核心思路是转化，要求每个运营环节都要做到流程化，并提升每个环节的转化率。精细化运营更关注过程，即从下单到成交的每一步。

图 6-1 是一个电商购物流程漏斗模型，在漏斗的每个环节中，都有用户流失，漏斗越陡峭说明流失率越低，转化率越高。我们可以利用漏斗模型来分析每一个环节的用户流失率和流失的原因。

而且，漏斗模型的每一个环节还可以被进一步细分，比如浏览商品页面并加入购物车的环节可以细分为：进入店铺首页，浏览商品目录，浏览商品详情页，加入购物车。在这些极细微的环节里，我们可以更精准地把控用户转化率。

图 6-1　电商购物流程漏斗模型

精细化运营最关键的是读懂用户，深度观察和分析用户行为背后的意义，挖掘用户潜在需求，在每个转化环节有针对性地实施不同的运营策略，达到最终的转化目标。

技术、产品、运营这"三驾马车"，在不同的时代都发挥着不同的运用，而今运营的价值正不断凸显，市场对好运营和精细化运营的需求日益强烈，运营同仁们，你们准备好了吗？

6.2　精细化运营的三个维度：人群、场景、流程

一旦产品从初创走向成熟，也就意味着积累了一定数量的客户，不但包括留存客户和历史客户，还包括刚刚接触产品的新客户。当用户群足够大之后，运营人员再也无法用一个营销策略来影响所有的客户。此时，运营人员需要考虑差异化，也就是我们常说的精细化运营。

精细化运营只针对有一定用户群基础的平台，通过差异化的运营来覆盖所有的用户，以此来提升运营效率和最终的运营效果。精细化运营通常可以从人群、场景和流程三个维度出发来制定相关策略。

精细化运营三大维度

下面我们从人群、场景和流程这三个维度来分析精细化运营的策略。

❶ 人群精细化

常言说"人上一百,形形色色"。这句话说明人是个独立的个体,每个人都有自己的个性和喜好,如果都以一个标准来运营,显然是不能满足所有人的喜好的,运营人员可以通过分级来进行精细化运营。

刚注册平台的用户是新用户,正在平台上接受服务的用户是留存用户,因为某些原因觉得平台不好而离开就成了流失客户,平台通过一些活动,让部分用户重新回到平台,他们就是回流客户。平台上的所有用户基本都可以归为以上几类。

当然,每个用户也不止一个身份,你也可以通过客户的状态去划分,将其分为付费用户和免费用户,活跃用户和一般用户。

此外,你还可以通过会员的等级来划分。比如很多游戏都有等级,最低等级的是青铜,最高等级的是王者。不同的等级对应的需求和成功感也是不同的,比如高阶的游戏玩家,他们需要的是更稀有的元素或者更高阶的技能。如果你用给新手的一套奖励方案,高阶玩家以后肯定就不会再参加活动了。

当然,你还可以根据用户的性别、年龄段、所在的区域、兴趣的属性等不同来进行分级。

QQ作为微信的前一代社交工具,在精细化运营方面有很多独到之处(见图6-2)。

图6-2 QQ会员

刚开始，QQ 以每月 10 元的会员服务吸引了相当多的客户。每天有大量新用户成为 QQ 的会员，同时也有一批用户不满意 QQ 的会员服务而流失，或者因为忘记付费而流失。QQ 通过一系列优惠服务，又挽回了部分用户，就这样形成了一个完整的用户流动闭环。

当用户群不断增加之后，比如存量用户达到新进用户的 10 倍时，就需要根据用户的流动阶段来进行精细化的运营。

新注册用户怎么才能转换为付费用户呢？QQ 采取了 7 天免费体验、免费试用等方式来促进其转换。此外，还可以用低折扣或者非常优惠的价格吸引用户付费。现在视频网站采用这种方法比较多，新用户首月付费 9 元，而正常的价格是 20 元。设置一定的付费门槛是为了过滤掉没有付费能力和不愿意付费的用户，用户只要愿意付费使用说明他们对产品是认可的，未来就可能转化为长期用户。

此外，还可以通过社交来拉新，比如"拉好友免费体验送积分""好友开通会员介绍人有奖"等。实践证明，通过社交渠道做转化的效果是非常明显的。

运营人员还可以通过一些付费点来刺激用户买单，比如 QQ 会员享受聊天记录漫游功能。运营人员甚至设计了专门的付费入口，引导用户付费以得到这项新技能。

一旦用户成为你的付费用户，那么你需要提供更多的服务让用户认为自己付费是值得的。显然聊天记录漫游这一项服务是无法满足客户的，QQ 还设计了 QQ 秀和 QQ 装扮功能，很多人有帮洋娃娃打扮的兴趣，QQ 让每个人都拥有一个虚拟的形象，而 QQ 秀则满足了用户给虚拟形象打扮的兴趣。QQ 秀巅峰的时候一个部门的营收抵得上一个事业群的营收，曾经是腾讯的王牌赚钱部门。

除了功能权限之外，QQ 还通过各种标识来满足付费用户的尊贵感，比如点亮黄钻、红钻、蓝钻等。只有让用户感受到充值特权在不断增值，他们才会长期在平台投资。

流失客户是每个平台都会遇到的问题，流失的原因很多，但是有一部分却是用户忘记续费造成的。QQ 一般会在会员到期的前七天、前三天、前一天给用户发信息，提醒他们续费。虽然频繁地提醒给用户造成了一定的困扰，但是很多用户确实是忘记付费了，显然提醒是非常有必要的。

同时，腾讯也通过社交关系提醒用户已经离开了付费会员群，通过集体的认同感，让用户继续付费。此外，有部分用户确实对目前的腾讯特权失去了兴趣，一旦有新的特权出现的时候，他们也可能回流。

有些用户觉得付费很亏怎么办？可以通过折扣的方式来挽留。当然这种折扣只针对特定的人群，也不能大范围推广，只能单独发消息通知对方，这种方式也能稳定客群。

❷ 场景精细化

不同的用户会在不同的时间、不同的位置，使用不同的权限。运营人员需要洞悉这些差异，有针对性地进行运营。往往不同的运营方式，其转化率都会有一定的差异。

举个例子来阐述场景精细化运营：

很多自媒体在公众号文章的最下方放了广告位，一个 App 在一个公众号上投放了一个广告位，在腾讯新闻的下方也投放了一个广告位。每天 3 000 元的预算，可以带来 500 次左右的下载量，使一个用户下载成本大概在 6 元左右，还能不能优化一下成本呢？

广告位在哪个位置，广告在哪个时间段投放，甚至广告本身的设计都对用户是否下载有很大的影响。

在优化成本之前，每天 3 000 元的预算，公众号需要花费 2 500 元，腾讯新闻只花 500 元，如果带来的下载量相差不大，那么腾讯新闻的成本显然更低。

再比如，这个 App 在两个时间段投放了广告，一个在早上八点，一个在下午六点。虽然都是热门时段但是成本是不同的。可能早上八点单个下载成本在 5 元左右，下午六点单个下载成本可能达到 10 元。认真分析之后，运营人员在早上八点加大了预算的投入，下载量达到了每天 800 个左右，下载量一下提升了 60%。

可见，推广的位置、推广的时间的不同，所产生的运营成果也是不同的。运营人员需要通过数据来进行分析，分析在什么位置、什么时间点效果最好，以此作为精细化运营的基础。只要选对场景和时间，运营效率的提升是立竿见影的。

❸ 流程精细化

流程精细化最主要的工作是做好引导。以 QQ 秀来举例，如果 A 换上了 QQ

秀，那么你怎么让他的朋友也成为付费用户？你可以让换了 QQ 秀的 A 给小伙伴们发礼物，礼物当然是付费才能得到的 QQ 秀，好友通过链接进入页面之后就可以免费领取了，只是这套免费的衣服只能试穿一周。很多人试穿之后就可能顺理成章地成为 QQ 的付费会员。

方案的预测和结果有时候会有出入，当时预估每天有 10 万人换上免费的 QQ 秀，活动上线后每天有 60 万人换上 QQ 秀，每个人可以发三次礼物，也就是可以影响 180 万人。但是最终的付费会员转换只有 1.5 万人，为什么差异如此之大？

梳理流程后你会发现，虽然每天有 60 万人换上 QQ 秀，但并不是每个人都发了邀请，真正发送礼物的用户只有 20 万。每个人发了 3 份，但是只有 40 万份礼物送达，10 万人会接到通知，真正点击的只有 3 万人，最终转化为付费用户的只有 1.5 万人。

该怎么优化呢？我们在设计活动的时候，一定要把可能流失的场景列出来，然后增加提醒功能，帮助用户点击参与活动。有时候在设计活动的时候，你可能想不到这些，当你有了一定经验之后，你就会做全流程的节点分析，让成果最大化。这就是一个典型的流程精细化运营的实例，相信你看完就会有自己的想法。

精细化运营的实施流程

❶ 实施步骤

做精细化运营之前，运营人员一定要明确运营目标，是增加用户还是增加收入，抑或是提升用户的活跃度。围绕目标在人群、场景、流程三个方面做细分，结合自身的资源，通过定制化的运营方案来达到运营目标（见图 6-3）。

图 6-3 精细化运营实施流程

在运营的过程中，一旦出现效果达不到预期的情况，一定要及时调整方案。活动结束之后，对整个活动进行复盘，总结成功的经验和需要改进的地方，让下次的活动做得更好。

❷ 精细化运营实操的关键点

做事情一定要抓"主要矛盾"，每一次运营你都需要知道核心问题是什么，先解决哪些核心问题。

虽然精细化运营讲究"精细"，但是一定要在团队能力范围之内。千万不要盲目地细分客群，分得太细，差异反而不显著。虽然会员的等级有七级，但是我们没必要根据每级来做一个运营方案。我们只需要针对新手和资深用户的区别性制定方案。

因为用户群有区分，所以我们没必要让用户知道所有的运营内容。比如，针对特定的用户有一折续费的优惠，那么其他正价续费的用户心里肯定不高兴。但是对于这些特定的用户来说，有优惠的价格他们肯定愿意参与。

每一个运营活动都不是独立存在的，需要通过活动形成一定的口碑。支付宝之前有个"赚赏金"的活动，用户每消费一次，达到一定金额之后就会有赏金。赏金从周一开始积累，到了周末就可以当作红包进行抵扣，虽然红包的金额不大，但是能形成良好的口碑。

❸ 精细化运营自动化

精细化运营到了最高境界就可以靠设备、机器来完成。前提是你有足够多的活动，能够涵盖每一个细分的用户群。比如针对新注册用户、新付费用户，只要用户有注册和付费的动作，系统就会自动派发一定的奖励。

今日头条每个用户都有标签，系统可以根据你的标签推送相应的内容给你。广点通也一样，每个用户都有自己的标签，广点通会通过你的标签来判断你的兴趣点，有针对性地推送广告给你。

总之，精细化运营的前提是了解你的用户群，了解他们的需求。做用户喜欢的活动、内容、产品才是精细化运营的最高境界。现在已经不是泛运营时代了，你需要通过数据来做精细化运营，让运营的效果最大化。

6.3 如何进行用户分层，实现精细化运营

精细化运营的核心是什么？就是进行用户分层，然后针对不同特征的用户推出不同类型的产品。那么，我们以什么为依据对用户进行分层呢？通常是根据用户的差异性消费习惯与偏好来分层。

用户分层的方法多种多样，常见的分层方法有用户价值金字塔、用户生命周期分层、二八分层、RFM 模型等，其中最经典的分层方法就是 RFM 模型。RFM 模型同时拥有操作简单易上手和实用性强两大优势，深受运营管理者的喜爱。

那么，接下来我将为大家分享一下运营工作中的实操案例，带领大家走近 RFM 模型。

RFM 模型概念

RFM 模型是用户价值模型中的一个重要板块，RFM 模型在用户价值模型中有两种形式。

一种是基于用户生命周期来搭建，即根据用户的消费行为路径与产品的成长路径来搭建模型；另外一种是基于用户关键行为来搭建，即根据用户消费习惯、消费频率、消费金额等因素来搭建模型。

在本节内容中，我将只为大家分享后一种 RFM 模型，即基于用户关键行为搭建的 RFM 模型。

❶ RFM 模型定义

我们先来了解一下 RFM 模型中的三个字母分别代表什么意思。

R 是指最近一次消费（recency），用户最后一次消费时间距离统计时间越短，对我们来说越有统计价值。

F 是指消费频次（frequency），即用户在规定时间段内，消费该产品的频率。

M 是指消费金额（monetary），即用户在产品上花的钱，金额就是她的价值

贡献。

了解了这三个字母的意思以后，我们要将 R 值、F 值、M 值分为高、低两个档次：

第一步，找出 R、F、M 的中间值，R 取最近一次时间的中间值。

第二步，分别确定 R 值、F 值、M 值的高低，高于中值的为高，低于中值的为低。R 值、F 值、M 值每个有高、低两种，把它们进行排列组合后，一共可得到 8 种用户分类。

第三步，我们将 R、F、M 的 8 种用户分类，分别排列到表格中，可以得出价值用户的重要程度。如表 6-1 所示。

表 6-1　八种用户类别模型

用户类别	R	F	M
重要价值用户	高	高	高
重要发展用户	高	低	高
重要保持用户	低	高	高
重要挽留用户	低	低	高
一般价值用户	高	高	低
一般发展用户	高	低	低
一般保持用户	低	高	低
一般挽留用户	低	低	低

根据以上表格，如果我们知道用户属于上面 8 类中的哪一类，我们就可以根据用户特征制定出相应的产品策略。

❷ RFM 模型的多领域运用

RFM 模型并不局限于电商领域，在其他领域也同样适用。我们可以找出 R、F、M 相对应的数据字段，并对数据字段做出定义。比如：

在电影电视领域，R 可以定义为最近一次观影时间，F 可以定义为一个月内的观影次数，M 可以定义为电影评分；

在文学创作领域，R 可以定义为最近一次发表文章的时间；F 可以定义为一年内发表文章的次数，M 可以定义为评论数；

在游戏动漫领域，R 可以定义为最近一次玩游戏的时间，F 可以定义为一周内玩游戏的次数，M 可以定义为充值金额。

当然，在进行数据定义时，还要结合实际情况进行评估。

比如，假设你是王者荣耀手游的运营负责人，你发现过去半个月内，王者荣耀的新增用户人数环比降低了 30%。同时，游戏人物"大乔"的购买率环比下降了 15%。当你采用 RFM 模型进行分析时，可以将 R、F、M 分别定义为充值金额、近半个月内玩游戏的次数、用户最近一次玩游戏时间的峰值。

当王者荣耀的新增用户数量降低时，运营人员可以去看近半个月，大多数用户最后一次玩游戏的时间是什么时候。同样，当游戏人物"大乔"的购买率降低时，运营人员可以去看用户的充值金额。由此，运营人员可以有针对性地进行分析，为后期制定运营策略打下基础。

❸ RFM 模型的好处

RFM 模型能够在多领域广泛运用，这是其模型的优势之一，但不绝于此。运营人员可以借助 RFM 模型对用户进行精准分层，从而制定差异化战略。比如说，针对有重要价值的用户，可以向其推出核心价值产品；对于一般保留用户，可以向其定期推出节日问候，加强客户黏度。

RFM 模型如此实用，大家是不是已经跃跃欲试了呢？下面是我在某电商平台截取的一部分数据，我将采用最简单的方法，带领大家完成 RFM 模型的搭建。

利用 RFM 模型进行用户分层的方法

RFM 模型搭建步骤如图 6-4 所示：

图 6-4　RFM 模型搭建步骤

❶ 截取 R、F、M 三个维度下的原始数据

我在淘宝电商平台某店铺后台截取了一部分数据，然后根据最近一次消费时

间、消费频次、消费金额，赋予 R、F、M 不同的数据字段。表 6-2 就是我所截取的部分数据的展示。

表 6-2 某店铺用户数据截取

用户 ID	最近一次消费时间	消费频次	消费金额
A1	3	5	6000
A2	8	1	8000
A3	19	2	2000
A4	2	8	10000
A5	6	1	680
A6	9	3	900
A7	17	2	3000
A8	6	1	700
A9	8	4	6000
A10	4	2	5400
A11	2	1	6200
A12	2	6	1200
A13	9	3	800

❷ 定义 R、F、M 的评估模型与中值

将所截取的数据，即最近一次消费时间、消费频次、消费金额都用占比趋势图表示出来。图 6-5 展示的是消费频次图。

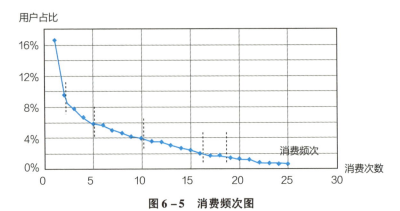

图 6-5 消费频次图

在图6-5中，我们可以看到，消费频次出现了几个比较明显的断档，比如：我们将断档作为分界点，对消费频次进行分类，然后根据分类赋予其相应的F值，如图6-6所示。

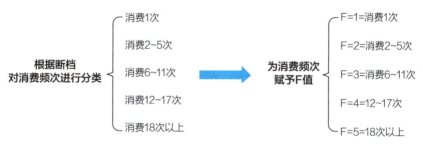

图6-6　为F赋予数据值

采用相同的方式，找出R值和M值5档相对应的数据区间。由此可得，R、F、M三个数据指标下的分档标准（见表6-3）：

表6-3　RFM三个数据指标下的分档标准

	1	2	3	4	5
R	2天	3~8天	9~14天	15~22天	23天以上
F	1次	2~5次	6~11次	12~17次	18次以上
M	600元	601元~3 800元	3 801元~6 200元	6 201元~10 000元	10 001元~15 000元

❸ 进行数据处理，获取R、F、M的值

计算所截取的数据，每条数据下最近一次消费时间、消费频次、消费金额对应的R、F、M值。计算方法如下：

首先，我们在Excel中写入if语句：

单元格E2 = if（B2＞23，5，if（B2＞15，4，if（B2＞9，3，if（B2＞3，2）））），这个if语句的意思是：如果B2大于23，则A1用户对应的R值=5，否则进入下一个if判断，以此类推。如果你还不明白，可以看看图6-7的步骤。

计算F值和M值也可以采用相同的方法，通过计算后我们可以得到表6-4中的R、F、M值。

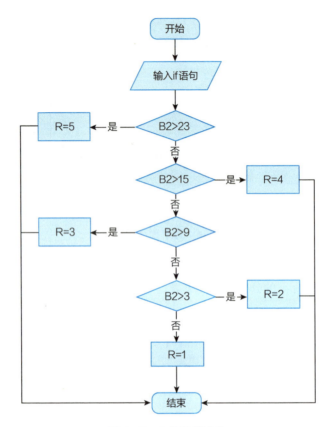

图 6-7 R 值计算方法

表 6-4 数据对应的 R、F、M 值

用户 ID	最近一次消费时间	消费频次	消费金额	R	F	M
A1	3	5	6000	2	2	3
A2	8	1	8000	3	2	4
A3	19	2	2000	4	2	2
A4	2	8	10000	1	1	4
A5	6	1	680	2	2	2
A6	9	3	900	3	2	2
A7	17	2	3000	4	2	2
A8	6	1	700	2	2	2
A9	8	4	6000	2	2	3

(续)

用户ID	最近一次消费时间	消费频次	消费金额	R	F	M
A10	4	2	5400	2	2	3
A11	2	1	6200	1	1	3
A12	2	6	1200	1	1	2
A13	9	3	800	3	2	2

然后，我们还要计算R、F、M的平均值：利用求和公式（直接求和再除以项数）可以得出：R=2.9，F=1.8，M=2.7。将截取数据每个用户的R值、F值、M值和平均值进行比较，并标出高低。高于平均值为高，低于平均值为低。我们在比较高低值时，可以使用一个简单的if语句：H2=if（E2<2.9，"低"，"高"），F值和M值也采用同样的比较方法。

最后我们可以得到表6-5：

表6-5 R值、F值、M值的高低

用户ID	最近一次消费时间	消费频次	消费金额	R	F	M	R值高低	F值高低	M值高低
A1	3	5	6000	2	2	3	高	高	高
A2	8	1	8000	3	2	4	低	高	高
A3	19	2	2000	4	2	2	低	高	低
A4	2	8	10000	1	1	4	高	低	高
A5	6	1	680	2	2	2	高	高	低
A6	9	3	900	3	2	2	低	高	低
A7	17	2	3000	4	2	2	低	高	低
A8	6	1	700	2	2	2	高	高	低
A9	8	4	6000	2	2	3	高	高	高
A10	4	2	5400	2	2	3	高	高	高
A11	2	1	6200	1	1	3	高	低	高
A12	2	6	1200	1	1	2	高	低	低
A13	9	3	800	3	2	2	低	高	低

❹ **参照评估模型与中值，对用户进行分层**

参照前面的 8 种用户类型模型（见表 6-1），对用户尽享分层，得到表 6-6：

表 6-6 用户分层表

用户ID	最近一次消费时间	消费频次	消费金额	R	F	M	R值高低	F值高低	M值高低	用户层级
A1	3	5	6000	2	2	3	高	高	高	重要价值用户
A2	8	1	8000	3	2	4	低	高	高	重要保持用户
A3	19	2	2000	4	2	2	低	高	低	一般保持用户
A4	2	8	10000	1	1	4	高	低	高	重要发展用户
A5	6	1	680	2	2	2	高	高	低	一般价值用户
A6	9	3	900	3	2	2	低	高	低	一般保持用户
A7	17	2	3000	4	2	2	低	高	低	一般保持用户
A8	6	1	700	2	2	2	高	高	低	一般价值用户
A9	8	4	6000	2	2	3	高	高	高	重要价值用户
A10	4	2	5400	2	2	3	高	高	高	重要价值用户
A11	2	1	6200	2	2	3	高	低	高	重要发展用户
A12	2	6	1200	1	1	2	高	低	低	一般发展用户
A13	9	3	800	3	2	2	低	高	低	一般保持用户

到此为止，我们得到了这些数据的精细化分层。运营人员可以此分层为基础，有针对性地制定运营策略，并由此展开运营工作。

❺ **以用户分层结果为基础，制定运营策略**

运营人员在制定运营战略时，既要结合用户分层结果，又要考虑产品的实际运营业务逻辑。我们还是以上述电商平台为例，在得到精细化分层结果之后，可以制定如表 6-7 所示的策略：

表 6-7 以用户分层结果为基础的运营策略

用户类别	R	F	M	运营策略
重要价值用户	高	高	高	保持现状
重要发展用户	高	低	高	提升频次

(续)

用户类别	R	F	M	运营策略
重要保持用户	低	高	高	用户回流
重要挽留用户	低	低	高	重点召回
一般价值用户	高	高	低	刺激消费
一般发展用户	高	低	低	挖掘需求
一般保持用户	低	高	低	流失召回
一般挽留用户	低	低	低	可放弃治疗

需要注意的是，运营人员在制定策略时，要尽量站在一个较高的层面去考虑。比如，在制定"增强游戏充值"战略时，应该尽可能尝试所有与游戏充值有关联的战略，而不是一开始就给出"充值返金币""充值送皮肤"等过于细微的方法。策略本身是具有一定的概括性的，是可以延伸和复制的。

运营人员在制定运营策略之后，还可以对 R、F、M 数值及其分布和中值进行比较，由此对产品运营中的各个模块都进行全面的分析，由小及大，来带动整个板块的提升。

运用 RFM 模型的注意事项

RFM 模型简单易上手，但仍然有以下几点，需要引起我们的注意。

❶ 多种方式定义 R、F、M 值的评估模型

运营人员在定义 R、F、M 值时，既可以采用本文中所使用的整体趋势图，也可以使用透视表、占比图、散点图等多种方式定义 RFM 评估模型。除此之外，除了通过数据去发现断档，还可以结合自己的实践经验。

举个例子，像"饿了么"这样的外卖软件，一般会在工作日出现使用高峰。所以，当我们分析饿了么的业务时，可以根据日常经验和业务实操，将消费频次分为 5 个档，分析最近一个季度的业务表现。比如 F = 1 = 24 天以内，F = 2 = 25～48 天，F = 3 = 49～72 天，F = 4 = 73～96 天，F = 5 = 96～122 天，然后将用户的消费频次对照着 5 个档，来确定用户的 F 值。

❷ 中值的计算

中值的计算方法有很多，本文介绍了最简单的平均值计算法。除此之外，常见的还有二八法则。当然，还有更为复杂的计算方法，需要寻求专业程序人员的协助才能精准取数。

在进行业务指标分析时，除了前文中提到的3个核心业务指标交叉分析，在实际运营中，2个指标、4个指标等也非常常见。因此，掌握核心计算方法，再灵活运用才能以不变应万变。

在制定运营战略时，也要全方位考虑，既要结合由RFM模型所得到的精细化分层结果，又要结合自身的业务水平和实操经验。

❸ 结合实际业务

我们在截取原始数据时，根据实际业务，灵活地对数据进行定义是关键。千万不要照本宣科地将其全部定义为最近一次消费时间、消费频次、消费金额。如何灵活地定义，在前文中已经展示了很多案例。

对于本节介绍的方法，建议大家在实际操作中多练习和领悟。

6.4 B端运营：
如何设计客户分级体系来实现精细化运营

在本节开始之前，我们要先理清一个概念，B端是什么，它和C端有什么不同。

C端是指个人消费者，如果一家企业的产品和服务是面向大众消费者，这家企业就是2C企业，如果这家企业的运营是面向大众消费者，该运营人员就是C端运营。

B端是供给端，我们常说的2B就是面向供给端的产品或服务。比如，阿里云、阿里跨境供应链人工智能服务和大家熟悉的"钉钉"都是面向企业的，医疗器械和材料是面向医院的，它们的客户是一些机构和企业，不是个人消费者。所谓B端运营就是面对企业客户的运营。

如今的2C市场已经是一片红海市场，而2B市场则是一个亟待挖掘的万亿级市场，以阿里、腾讯为首的互联网巨头都开始了在2B市场的"跑马圈地"运动，对互联网企业来说，2B仍是一片充满希望的蓝海，B端运营也越来越受企业的重视。

要确定 2B 市场中的买卖双方关系并不是一件很容易的事,必须经历一系列烦琐而漫长的过程。因此,企业一旦确定了这种买卖双方的关系之后,一般不会轻易动摇。值得注意的是,企业不要认为 B 端用户黏性高就可以高枕无忧了,如果后期产品和服务不到位,会导致服务期内容客户的大量流失,若想再次召回,恐怕是比登天还难。

相信大家都听过二八法则,也就是约有 80% 的销售业绩是由 20% 的客户贡献的,相对于数量规模有限的 B 端客户来说,20% 的客户流失造成收入损失是不可估量的。因此,若想服务好 20% 的关键用户,就需要对客户进行分级管理,通过这种方式来提升运营效率。

客户分级体系的意义与价值

一般来说,客户分级管理的意义在于挖掘客户的最大价值,为企业提高收益。B 端销售额主要是由客户量、购买量和复购量这三个因素决定的(见图 6-8)。

图 6-8 B 端销售额的计算公式

当然,每个阶段的运营侧重点也是不一样的。比如,通常软件客户会经历漏斗转化流程,也就是从最初找到需求客户,到签订合同,再到交付,然后运维服务,最后再次购买或流失这几个阶段。运营的主要目的就是通过有效的营销策略找到需求客户并签订合同,然后交付满意的产品及有针对性的运维服务,从而提升客户的复购率。

因此,根据不同阶段的客户,每个阶段的客户分级管理价值也有一定的区别,但价值体现方式主要有以下四种:

❶ 增大流量

找准目标客户,并进行精准营销,以拉新为目的,来增加流量。

❷ 提高购买量

对客户等级进行划分,当普通客户升为价值客户后,会享受更多的优惠和优质服务，客户的黏性会增加，购买量也会提高。

❸ 提高复购量

针对每个等级的客户提供相对应的技术支持、运维服务和增值服务，这样不仅可以提升客户满意度，还能提高复购量。

❹ 降低流失率

若客户的服务请求得不到回应，客户就会对企业产生不信任感，导致服务故障率过高而出现客户大量流失的状况。因此，只有通过分级体系管理，并针对不同等级的客户进行有针对性的服务，才能最大程度的降低流失率。

客户分级体系的设计角度

❶ 客户角度

我们可以按客户价值的高低，把客户分为几个层级（见图6-9）。客户价值越高黏性就越大，对于权威性、专业性、可靠性的要求也就越高，对价格也越不敏感。因此，对于这类高价值客户，企业在进行服务维护的时候要提供最优质的人力和物力。

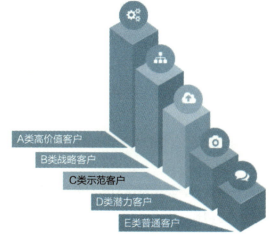

图6-9 客户等级分类

而价值低的普通客户，黏性低，对专业性的要求不高，但对价格十分敏感。普通用户更注重性价比，可通过优惠的价值去吸引普通用户的关注，用打折、优惠券等促销形式来达成交易。

❷ 产品角度

除了可以对客户进行分级管理之外，对产品同样也可以进行归类管理，针对不同级别的客户需求，进行相应的产品供给。因此，二八法则也可以用于产品，因为 80% 的产品销量是由 20% 的产品贡献的。

以互联网基础设施领域的产品为例，等级越高的客户，越倾向于选择新品、现金流产品和增值服务类产品，而等级越低的客户，往往会选择低价格的成熟产品。为什么会出现这种情况呢？了解这四类产品的特点之后，你就会找到答案了（见图 6-10）。

图 6-10　不同等级客户选择的四类产品

1）现金流产品

现金流产品在互联网基础设施领域中一般指互联网数据中心，而且多为一线城市"T3+"级别的产品，如阿里云。互联网企业大多分布在一线城市，"北上广深"的大公司就更多了。他们对产品的运维服务要求更高。如今，通过智能化信息服务平台来实现对整体资源的调配和掌控，不仅降低了故障率，还大大提高了客户黏度。

2）增值服务类产品

这类产品能为有特殊需求的客户，提供一些跨境专线服务、光纤专线、安全防护服务。比如金融业和游戏行业客户对安全支付有较高的要求，而且客户需求量也较大，所以提供安全防护类的增值服务产品，能提高这类客户的黏度。

3）维护成本过高的产品

对设施老旧的机房或故障率高的数据中心，要结合不同层级客户的需求，做一些改进、完善或直接更新，并逐步实施客户转移策略。

4）新品

由于客户的业务形态升级，企业也需要对产品进行升级，比如云数据中心、SaaS 运维平台服务等。

评定客户等级的方法

前面我们讲过客户分级体系的意义和价值，就是通过客户分层管理，来提高客户黏度，避免出现客户流失。

除此之外，通过客户分级体系，让企业精准定位产品、发展方向及目标客户群体，从而提高整个销售过程前后的服务水平，维护每个层级客户的权益。

那么，我们在设计客户分级体系的时候，除了结合客户体量和业务特征外，还可以用"定量+变量"的方式来进行分级，如表6–8所示：

表6–8 定量指标评估表

客户等级		定量	
客户等级	等级分值	两年内加权订单额	原始分值
两年加权订单额＝上一年订单额×30%＋本年度订单额×70%			
A	80分以上	500万以上	80
B	60~79分	301~499万	60
C	40~59分	101~300万	40
D	20~39分	51~100万	20
E	20分以下	0~50万	10

定义客户等级最直接的方式就是依据贡献值，但这并非唯一的评定方式，毕竟有些客户只是暂时的订单额较少，后期转变也是大有可能的事。因此，我们在定义客户等级的时候，要从客户的整体经营状况出现进行全面的了解和评估，最终做好客户等级的精准划分（见表6–9）。

表6–9 变量评估指标表

客户倾向性评估			
变量（可选加分项）			
维度	指标	明细	分值 （0~5分可填）
业务需求	1. 毛利率	年毛利率≥40%	5
	2. 产品需求种类	机柜、宽带、安全防护、传输产品、增值服务中任选3以上	5
	3. 多机房托管	3个以上机房托管	5

(续)

客户倾向性评估				
变量（可选加分项）				
维度	指标	明细		分值（0~5分可填）
客户关系	4. 合作基础	其他事业部合作客户		5
	5. 合作年限	合作2年以上客户		5
	6. 客户响应	沟通无障碍，出现故障易安抚		5
	7. 推荐客户	成功推荐过1个以上客户		5
经营管理	8. 品牌影响	财富世界500强排行榜企业 美国或香港上市企业 非上市但估值高的企业 央企或政府部门及事业单位等		5
	9. 回款情况	1年内无逾期付款记录		5
	10. 增长潜力	订单总额连续两年有10%以上增长		5
变量（可选减分项）				
维度	指标	明细		分值（每项10分）
经营管理	1. 回款情况	1. 1年内有逾期或拖欠款项记录		10
客户关系	2. 合作口碑	2. 在IDC业内口碑较差		10
	3. 违约情况	3. 合作期间单方面中途终止合约		10
	4. 服务难度	4. 难沟通、有投诉、诉讼等纠纷		10

从上面这个变量评估指标表可以看到，在评定客户等级时，我们可以先以客户订单额为基础，然后通过各种变量的加分和减分进行综合评定。

比如某客户的订单额很高，但基础分很低，只有10分，因此将A客户归到E类普通客户中。但是，客户之前成功推荐过2个新客户，且业务需求种类也很多，未来的成长性较高，通过评估加分，客户最终获得了35分，这时，客户就不划分在E类普通客户中，而是上升到D类潜力客户。那么，运营人员对该客户做出的服务也应该得到相应的升级。

我们除了要遵循这个评定规则外，还要跟踪客户。当客户等级发生变化时，需做出及时地更新和调整。精准的客户等级评定，不仅要符合市场发展规律，还要与公司产品的战略方向保持一致。

客户权益设计

我们知道，C 端产品的会员体系主要是通过登录、购物、评价、晒单累计成长值来提升会员等级，而 B 端客户分级管理体系则是以客户量、购买量、复购量为标准进行设计的。

评定客户的等级主要依据客户的订单额和未来增长潜力。在进行权益设计的时候，主要围绕"需求—合同—交付—运维—复购/流失"这一套流程来设计，找到每个环节中的转化接入点，通过有针对性的服务来促进转化，表 6 - 10 是某企业的客户权益。

表 6 - 10　客户权益表（示例）

指标	指标明细	A 类高价值客户	B 类战略客户	C 类示范客户	D 类潜力客户	E 类普通客户
产品技术服务	拜访	产品总监	产品总监	产品经理	产品经理	售前支持
	增值服务类产品/新品免费试用	1 个月	15 天	15 天	10 天	3 天
	附送增值服务	价值 8 万/年	价值 5 万/年	价值 2 万/年	价值 1 万/年	价值 5 千/1 年
	故障响应时间	小于 5 分钟	小于 10 分钟	小于 10 分钟	小于 15 分钟	小于 15 分钟
	免费技术咨询服务	8 级以上专家	7 级专家	6 级工程师	6 级工程师	5 级工程师
SLA 赔付标准	现金赔偿	√	-	-	-	-
	双倍减免赔偿	√	√	-	-	-
	单倍减免赔偿	√	√	√	-	-
	服务延期赔偿	√	√	√	√	-
	SLA 赔偿	√	√	√	√	√

（续）

指标	指标明细	A类高价值客户	B类战略客户	C类示范客户	D类潜力客户	E类普通客户
品质服务	年度高端论坛峰会主题演讲30分钟	√	—	—	—	—
	年度高端论坛峰会免费门票2张	3 000元/人	2 000元/人	1 000元/人	800元/人	500元/人
	销售折扣力度	A级折扣	B级折扣	C级折扣	C级折扣	D级折扣
	有奖调研回访	A类奖品	A类奖品	B类奖品	B类奖品	C类奖品

其实，很多B端企业的客户分级管理并没有一套完整的标准体系，上面这种分级方法，也只是其中一种。

不管运用哪种客户分级管理的设计办法，都要找准自己产品的定位和企业未来发展的方向，根据客户的需求不断变化，做出相应的调整和升级，让每一个潜力客户都成为高价值客户。

6.5 "千人千面"的精细化运营是一个大趋势

未来的运营模式必然是"千人千面"的精细化运营。"千人千面"的概念最早出现在广告学中，而今它应用最广泛的领域却是电商。

比如两个不同的用户在淘宝中搜索了"碎花连衣裙"，系统会根据两个用户的不同偏好，为他们显示不同的搜索结果和排序方式。若用户A对价格更敏感，系统会显示价格更实惠的碎花连衣裙，用户B偏好某品牌，系统会为她显示该品牌的碎花连衣裙。以淘宝为代表的电商平台，都运用了"千人千面"的精细化运营手段。

"千人千面"的必要性

虽然互联网时代给用户带来了很多的选择，但是过于多样性的选择占据了用户太多的时间,让用户很难在短时间内找到自己感兴趣的内容,进而失去耐心,选择离开。

但如果能将用户感兴趣的内容有针对性地推送出来,让用户在短时间内找到自己想看的内容,将会大大增加用户的黏性。

我们知道,很多优质的内容"沉"在数据库中,很难被人关注到。通过精准推送,不仅可以帮助用户找到更全面的优质内容,还能避免内容生产、生态两极分化,能让一些冷门内容获得更多的曝光机会。

"千人千面"的精细化运营是未来发展的主要趋势。将人群细分出来,针对不同的客户进行有针对性的精准触达,这将是未来最常见的一种运营方式。

每个人的特性和需求都不一样。同样,每个用户对产品和服务的需求也不尽相同。如果不细分客户,将无法有针对性地满足其需求,那么精细化运营就毫无价值可言了。

因此,细分用户很重要,只有将用户群体精准细分之后,才能依照他们的各自属性和需求,有针对性地实施运营策略。

"千人千面"精细运营第一步:根据用户生命周期分层

以用户生命周期来进行分层,可以划分为沉默/流失→落地→注册→活跃→转化这五个层级,每个层级的用户属性都不一样(见图6-11)。所以,在推广的时候就需要采用不同的运营策略进行。

图6-11 根据用户生命周期分层

值得注意的是,千万不要对沉默用户和流失用户失去信心,摸清这些用户的属性和需求后,有针对性地实施运营策略,毕竟转化一个老用户要比拉来一个新用户的概率更大一些。

落地用户就是刚刚接触到产品的用户,对产品的认知还处于探索阶段。而注册用户是已经认可产品并进行了相应的注册。活跃客户对产品的黏度更强。

"千人千面"精细运营第二步:根据用户属性进行分群

我们这里的提到的"千人千面",当然不是简单的层级划分,而是精细到每个层级中的每一个细分用户,包括这个用户的性别、职业、年龄等属性。

首先来看性别属性,对于像淘宝这种综合电商网站来说,性别是一个非常重要的用户属性,因为男性和女性的购物需求是存在很大差异的,平台在运营不同品类的商品时,一定会重点考虑用户的性别。

接下来,我们来看职业属性。很多网站的产品对用户的职业并没有要求,但是一些教育培训类的课程产品与职业属性之间的关系就相当密切了。

最后,年龄属性也是用户细分中的一项重要参考依据。比如一个制造手机的公司,在进行开发创新的阶段,就要考虑各个年龄段的用户需求是什么,年轻人更追求外观绚丽、拍照功能强大的时尚手机,而老年人则需要操作方便的简易手机。

21~23岁的女性白领　　　　21~23岁的男性运营人员
购物的需求　　　　　　　　对课程的需求

图 6-12　根据用户属性进行分群

图 6-12(左边),"21~23 岁的女性白领购物的需求",这个人群分级就非常清晰,而且性别和职业都非常清楚地表示出来,这对于正确地进行人群分级是很重要的。

图 6-12(右边),课程需求参考性别的这个属性标准显然是不对的,因为运

营这个课程是男性和女性都可以学习的,他们对课程的需求是一样的。

"千人千面"精细运营第三步: 根据用户的行为进行分群

在接触用户和进行产品推荐的时候,可以根据该类用户的行为进行分群,并制定专属的营销策略。

图 6-13 根据用户行为进行分群

图 6-13(左边),以暴走漫画为例,为了提升用户的活跃度,可以将用户分为两组,一组是活跃用户,一组是不活跃用户,然后分析两组用户的区别。通过分析发现活跃用户有两个很显著的行为特点:第一,积极地添加好友;第二,高频率地浏览分类漫画。然后将具备这两个显著行为的用户划分到一个群(活跃)。没有这两个行为的用户划分到另一个群(不活跃),通过对比,很容易发现有这两种行为的用户在转化率上要远远高于没有这两种行为的用户。

在暴走漫画的 App 里,添加好友这个功能过去被"埋没"在第三个板块里,如今这个功能被放在了 App 的首页,并在用首次登录时就向用户展示出来,为的就是通过不断地添加好友,推送信息,让暴走漫画的活跃度更高。

图 6-13(右边),是滴滴根据用户的行为进行分群,这些用户每天深夜"出没"于酒吧中,酒吧通常营业到凌晨 2 点关门,这个时间段,酒吧里的用户就会纷纷回家。此时,滴滴可根据这些用户的行为,在凌晨 2 点前的 15 分钟内,向这些用户推送优惠券,在用户行为需求的推动下,转化率将会得到很大的提升。

如图 6-14 所示,某著名内衣品牌旗下的新零售 App,将用户属性细分为 6 种,分别为新用户、老用户、年龄段、尺码、款式偏好和经济能力。值得注意的是，这里的经济能力并非指用户的月收入或年收入具体是多少，而是通过用户的行为来推测他的经济能力如何，如果用户选择的产品价位比较高，那么他的这种行为就体现出了他的经济能力是比较强的。

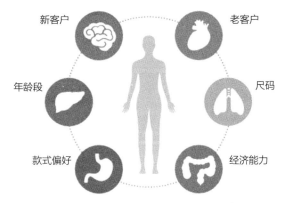

图 6-14　某著名内衣品牌旗下的新零售 App 用户属性细分种类

其实，无论从属性还是行为来判定用户，两者都不冲突。当属性判定不清时，可以通过行为判定；行为判定不准的，同样可以借助属性来判定。

接下来，通过用户的属性和行为判定，可以将内衣品牌旗下的新零售 App 用户分群如下（见图 6-15）：

图 6-15　某著名内衣品牌旗下的新零售 App 用户分群

15~21 岁的新客户，很年轻，但没有自己的收入。新客户这一属性，说明其对产品还属于探索阶段，针对这类客户的属性需求，要制定相对应的运营策略。

经济条件好的年轻白领老客户，她对面料工艺比较讲究。年轻白领体现了追求产品的时尚和流行,老客户说明对品牌的忠诚度高,针对这类客户群体,推出适合的他们的款式,并附赠一张优惠券,将会大大提升转化率。

经济能力一般30~40岁的客户,这一类用户更愿意接受性价比高的内衣,将性价比高的内衣推送给她们,也会提升转化率。

总之,首先摸清用户的行为、属性和生命周期,然后进行分群,最后精准触达。制定出适合他们的行为及需求的运营策略,通过这种"千人千面"精细化运营的模式,不仅可以增加用户的黏度,还会大大提升转化率。

第 7 章

全渠道运营：如何充分挖掘利用渠道资源

所谓全渠道运营，就是"PC商城+移动商城+微信公众号商城+微博端商城+App端+小程序端+线下智慧店铺+智能支付收银+开启第三方平台"的聚合模式。碎片化时代，处处皆用户。既然大家都恨不得将店铺搬到所有用户可能存在的地方，那为何不干脆做全渠道运营呢？

7.1 为什么需要全渠道运营

随着互联网的不断发展，我们面向的顾客也在发生着改变，随之而来我们的合作伙伴和竞争对手也在做出相应的改变。作为运营人员，我们也需要进行营销变革，但目前企业面临的难题是我们如何进行变革。

现在大部分企业陷入了这样一个尴尬的境地，就是"不变革等死，变革找死"。如果想要摆脱这种境地，全渠道营销是一种非常有效的方法，对企业而言也是一种新选择和新的战略需求。

什么是全渠道运营？

现在不管是在线上还是线下，"全渠道"这三个字是一个出现频率非常高的词汇。它是从单渠道、多渠道以及跨渠道演化而来的，我们可以将它理解为全部的分销或者销售渠道。

但现在，我们需要重新对"全渠道"进行定义，我们这里所讲的全渠道，不仅包括全部的销售渠道，还囊括了收集信息的渠道、生产渠道、资金（支付）渠道、物流渠道以及顾客流量变化的渠道等。

全渠道运营通俗来讲就是将所有的流量端口全部打开，享受全网的"流量红利"。根据不同渠道对应的不同目标客户，实行有针对性的营销活动，并将产品的类型、价格与之匹配。

企业转型，全渠道运营是必走之路

企业要想打破传统的渠道模式，全渠道运营是必然选择，它可以利用一切可以利用的媒介进行营销（比如网络、手机、门店、电商）等，将我们能想到的所有销售渠道都囊括其中。

当各个平台的流量逐渐稳定，形成了一定的电子商务市场格局；当品牌商分销体系逐渐成形，不再局限于全网分销这个概念；当店铺运营升级为"品牌+渠道平台"的运营模式，BC贯通成为主流的时候，就标志着我国的电子商务进入了全渠道运营时代。

在品牌进行线上转型的初期，为了减少不必要的风险，大部分品牌都先进行单点突破尝试，比如大部分品牌商首先会在天猫上开设天猫官方旗舰店来启动线上转型战略。但是，随着越来越多的品牌商进驻，单个平台上竞争对手的产品会越来越多，对平台资源、流量以及口碑的竞争日趋激烈。无论是从增强品牌竞争力来说，还是从维护品牌形象来考虑，尽快实现全渠道运营都是品牌商进行线上转型的必经之路。

全渠道运营的价值

阿里率先提出的"新零售"概念，也是一种线上线下全渠道运营的模式，越来越多的线上品牌开始开设线下店铺，而传统的线下零售品牌，也进驻阿里旗下的各大电商平台，以及其他的社交平台，打通了线上线下的渠道。

全渠道运营能助力企业的转型，让企业获得新的发展机遇，它对企业来说有以下四大价值（见图7-1）：

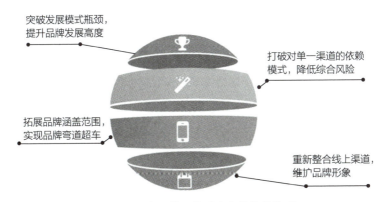

图7-1　全渠道运营对企业的价值体现

❶ 突破发展模式瓶颈，提升品牌发展高度

从运作层面来考虑，单个渠道运营活动流程比较单调，提升业绩的方法也简便易行。通常来讲，提升业绩最直接的方法就是加大促销力度，但随着品牌电商化转型不断深入，店铺数量较少、渠道数量少的劣势已经逐渐暴露出来。

首先，在信息碎片化时代，流量被各个平台瓜分，单个店铺的用户覆盖能力大打折扣，业绩增长会持续下滑，最后甚至会出现经营亏损的现象；其次，单个店铺对于展示商品的能力是有限的，会严重影响用户消费体验。

虽然无线延展性是线上虚拟货架的优点，但不同页面之间，用户的流量也是不相同的，而且流量大的页面所展示的商品数量也是有限的。随着商品类目以及数量的增多，我们会发现，太多优质的商品不会被推送到用户的眼前，这造成了严重的资源浪费。

如果用户不能在短时间内找到自己中意的商品，耐心就会很快被消磨殆尽，购物体验的降低会造成老用户流失和对新用户的吸引力下降，企业为店铺引流所花费的成本也因为达不到相应的指标而导致经营成本增加。

对比单店运营模式，全渠道运营因为比较复杂且对运营人员能力要求较高，在全渠道运营的初期销售曲线增长会较为平缓，但其增长趋势会比较平稳。

产品的稀缺程度导致了线上平台资源分配的不均衡，只有让自己的产品在整个平台的产品类目中排在前列，才不会被淹没在同等产品的"汪洋大海"里。

要想让产品脱颖而出，"规模效应"是最佳途径。经过调查我们发现，单店铺运营很难达到规模性，但全渠道运营能很好地解决单店铺运营的这个问题，提升品牌发展高度。

❷ 打破对单一渠道的依赖模式，降低综合风险

可以这样说，电商模式的介入重新制定了零售市场的游戏规则。

消费者需求以及购买途径的多样化在一定程度上加强了品牌商与消费者之间的沟通，刺激了品牌商在出售渠道的多元化、立体化的不断发展。

我们都知道"不要将所有鸡蛋放在一个篮子里"，对单一渠道过于依赖，时间长了会让自己陷入被动的尴尬局面。

所以，我们需要对消费者的需求和市场动向进行及时、全面、精准的掌握，依赖于全渠道运营模式，通过拓宽渠道、降低边际成本，化解单店铺运营的风险，树立全局意识。充分发挥渠道组合拳的作用，全面提升品牌竞争力。

❸ 拓展品牌涵盖范围，实现品牌弯道超车

因为传统渠道本身固有属性的诸多限制，品牌在消费者心目中的影响力会大

打折扣。但是电子商务平台可以超越时间和空间的限制，为品牌和消费者提供沟通的新媒介。

因为互联网平台用户流量和传统用户流量的区别，全渠道模式通过铺设零售终端可以有效获取新客户群。

从另一个层面来讲，线上渠道作为全新的平台，为一些想要突破线下竞争同行的束缚、实现弯道超车的传统品牌提供了非常好的机会。

同一个品牌，线上和线下影响力的大小是相互促进的。比如，通过全渠道运营，博洋家纺的线上品牌规模跃居同行业首位，在线上平台的销售急剧增加。与此同时，线上品牌销售的大量增加，也有效带动了线下的销量，线上和线下的销售形成了良性的联动效应。

❹ 重新整合线上渠道，维护品牌形象

早在品牌商进行线上转型之前，我们会发现，通过非正规渠道进行线上销售的同种商品已经存在。

但是因为线上市场缺乏统一的管控机制，造成线上商品销售价格差别较大，相应的假货不断出现，对产品的生命周期产生了非常严重的影响，不仅损害了品牌形象，而且造成了比较差的用户购物体验，给品牌商带来了难以估量的损失。

为了维护品牌形象，重新整合线上渠道，维护渠道管理秩序，肃清不良网络渠道的职责就放在了品牌商身上。与此同时，通过一系列电商平台政策的出台，品牌商逐渐控制了网络渠道销售权，电子商务平台之前出现的乱象也得到了有效的治理。

总而言之，全渠道运营是互联网运营的发展趋势，也是传统零售企业突破瓶颈的重要途径，我们应该敞开胸怀，拥抱全渠道运营。

7.2 全渠道，不是什么渠道都做

2012 年《哈佛商业评论》提出了"全渠道"的概念，因为电商和 O2O 的兴起，如今"全渠道"的概念被越来越多地提及和应用。

但是这些年，大家对"全渠道"的认识似乎有所误解，认为同一个品牌投放所有的渠道就是"全渠道"，其实不然。"全渠道"指的是同一个品牌，通过线上、线下等多个渠道为消费者提供统一的产品或服务。注意，这里的线上、线下服务必须能融为一体，并不是硬生生切分开的。

很多人可能对"渠道"并不是很理解，其实只要能为产品提供推广和促单服务的都是渠道。

比如，线下的门店，线上的淘宝、天猫商铺；各种 App 的 Banner 广告，直播、浏览网页时弹出来的广告；微博上发个段子附上链接，吸引大家跳转到淘宝的商铺；公众号发一篇文章，然后点击阅读原文或者通过图片跳转小程序；用一个微信号添加用户……这些都是渠道。

当然以上介绍的只是很小的一部分，对于商家来说只要能带来流量的渠道就是好渠道。

其实，在竞争激烈的今天，每个品牌、每个商家都有线上、线下多个渠道，渠道似乎已经泛滥了。那么，"全渠道"为什么还会被当作一个全新概念去重视呢？这是因为，很多人理解的"全渠道"并不准确。

全渠道不是多渠道

20 世纪 90 年代，有专家提出渠道的发展要多条腿并行、打造全渠道整合的概念，即企业或品牌要开辟线上、线下多个渠道，而且每个渠道都要整合和平衡。

这么看，"全渠道"似乎就是一个"旧瓶装新酒"，然后再次翻红的概念。其实这些都是误解，很多老板在进行渠道建设的时候，都认为自己在进行"全渠道"建设。

"你看我有线下的门店、加盟商，超市有柜台，商场有专柜，线上还有天猫的旗舰店，最近还做了 App 和小程序，完全是全渠道布局。"

这位老板的理解代表了众多老板的心声。其实，这种对"全渠道"的理解还停留在多渠道发展的时期。就像你问 60 后、70 后什么是电玩，他们可能还停留在玩手机游戏的阶段，其实电玩已经进化到 VR 游戏、体感游戏的阶段了。

现在无论你是卖快消品还是耐消品，随便分析一下，也能整理出 3～5 个主流渠道，再加上各种辅助渠道、延伸渠道，这个数量可以达到 10 个以上。你知道在一个文章平均阅读量能达到"10万+"的自媒体大号上投一篇广告要多少钱吗？收费高的可以达到20~30万元，一般报价5~10万元。一个企业如果账上没有足够的资金，想做完所有的渠道几乎是痴人说梦。

除去成本，渠道的搭建必须和产品以及公司的定位相匹配，比如走餐饮店铺渠道的江小白、维他豆奶，走直销渠道的安利、玫琳凯，走百货商店渠道的兰蔻、雅诗兰黛、科颜氏等。你不可能把LV的包放在超市的柜台销售，这样只会让奢侈品的品牌价值下降。所以，产品的定位决定渠道的选择，渠道的选择又决定了企业组织的搭建方式。

一篇文章都是重点就没有重点了，渠道也是，什么渠道都想做，最后只会迷失方向。

可见，我们不能把"全渠道"和"多渠道"弄混，弄混之后只会增加企业的运营成本，但对品牌的辨识度、增加产品的销量并没有意义。

"全渠道"和"多渠道"的不同点在哪里？

建设真正的全渠道

过去的渠道建设很简单，总代理、地区代理一级一级地打通，一级一级地分下去，直到最后将产品送到消费者手中。传统渠道的思想主要围绕渠道，但是经常出现串货、跨地区调货等不可控的情况。

比如，上海的一级代理拿到最低的出厂价格，那么它可能不做二级地区分销，而是做起了批发商，武汉的数码店、长沙的加盟店只要想要货，直接找他拿就可以了（本来武汉和长沙拿货需要找湖北和湖南的总代）。

全渠道建设的目的是优化消费者和仓储，相比于传统的渠道，它的特点如下：

❶ 优化消费者与仓储的匹配

全渠道思维打破了一级一级分销的渠道思维，转而优化资源配置，将消费者与商品的仓储点进行配对。

在配对之前，有两点必须实现：

（1）同城同价，线上线下同质同价。

（2）消费者的数据采集，包括消费者的位置、订单数据和物流的跟踪数据。

物联网的发展，让物流跟踪变得简单。消费者购买了商品之后，可以通过

App或网站查到物流的信息,如什么时候出库、走到了哪个仓库、货物最后的签收情况等。有了淘宝驿站和快递柜,不仅方便了我们也方便了物流的查询。

系统可以根据收快递的地址来匹配最近的仓储和门店,这些匹配数据均可通过门户网站的大数据来分析,消费者也可以通过定位来查询。

因为同城同价,线上线下同价,在考虑时间成本的前提下,消费者就可以去最近的门店购买,甚至可以线上下单付费,线下购买。这样,离消费者最近的门店对消费者进行服务,从而减少了商品无谓的运输和流转,这才是全渠道的本质。

❷ 统一的渠道构建

互联网对渠道的影响是深远的,它让渠道的搭建标准变得统一。过去,渠道的搭建效果和质量完全取决于人,因为层级比较多,每一层上报都可能造成信息的丢失。此外,过去的资料收集完全靠人工,有些业务能力强的人,信息收集得比较完整,但是一些业务能力差的人,可能只拿到了客户的名字信息。所以在过去的企业非常强调销售团队的执行力和服务标准。

全渠道的底层是信息技术,企业与用户是直接接触的。比如,你关注了该公司的公众号,绑定微信之后,或者进行短信验证之后你就可以拿到电子会员卡,无论是在线上还是在门店都可以使用。这样,企业对客户的了解是全方位的、多渠道的,而且随时可以查询客户的消费偏好,以便进一步提升服务。

虽然有时候第三方可能会插入消费者和企业之间,比如线上消费之后需要第三方快递公司来提供物流配送,门店购物可能存在缺货的情况,此时需要从上一级经销商或者总部调货。但是这些仓储、配送和售后都是可以在线查询和被记录与评价的,企业可以通过信息收集来直接管理渠道。可以说,信息化是全渠道的基础。

❸ 实现渠道资源共享

全渠道,并不是过去执行的线下渠道保护政策,也不是O2O线上线下互相倒流,渠道的作用是实现内部的自由流动和资源共享。

前面我们也提到过去做渠道,为了防止串货,商家可谓绞尽脑汁,比如设置型号、包装也重新设计,甚至设置新的品牌。后来,有人提出了O2O的概念,大部分企业都执行着线上向线下导流的策略,线上买单门店提货。虽然看起来很美好,但是退货、退款的时候非常麻烦,可能会出现门店要审核线上的订单,去总部申请退款等情况（见图7-2）。

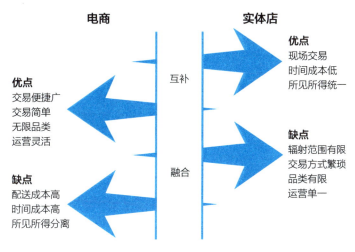

图7-2 电商、实体店优缺点分析

全渠道要做的是打破渠道之间的壁垒，让人流、货流和现金流无缝对接，完全共享。消费者无论从哪个渠道购买都享受全品类、统一的价格和服务。客户不会买到品质打了折扣的线上专供款，也不会碰到只有线下门店才打折的商品。

无论是大卖场还是小卖铺，只要消费者需要，哪里有货哪里先送，不再考虑商品调度的成本。支付宝、微信、网银支付等，市面上主流的支付方式都是支持的。

❹ 形成聚合效应

多渠道是线性结构，全渠道是网状结构，它利用互联网实现最低成本的长尾聚合效应，从而降低中小企业的运营成本，增强其与大企业抗衡的实力，这就是全渠道在商业运营中的最大作用。

互联网带来的长尾聚合效应，让在线下渠道布局上有所欠缺的企业在线上扳回一局。全渠道鼓励企业整合各类渠道，通过网络将实体店、电子商务、移动商务渠道打通、连接。现在淘宝上有很多只在线上销售的店家，每月的发货量足以匹敌线下门店，虽然淘宝、京东都在布局线下门店，但是小企业是否有布局线下的必要，业内现在也没有权威的意见。

全渠道不是多渠道，不是所有的渠道都做，而是选择和企业的品牌定位最契合、成本最有优势的渠道去搭建，至少在发展初期一定要遵守这项原则。此外，企业借助互联网的长尾聚合效应，让服务本地化，用极致的服务去赢得客户，并与大企业、跨国企业进行竞争。只有盈利，才是全渠道升级的核心价值。

全渠道运营策略：全方位打造品牌

与以往相比，现在我们遇到的渠道运营问题更为复杂。现如今渠道的形态日益增多，比如经销商批零渠道、专卖渠道、KA卖场、主要电商网站、社交电商等，使我们难以选择。

如今我们可以购买的产品实在太多，供过于求，并且这种趋势越发严峻。市场的细分程度日益加大，商品数量和种类日益增加，竞争激烈程度也是越来越大。当新型渠道出现或者分化时，消费者也获得了新的商品购物途径，可以更快实现减少购物综合成本的诉求。

2015年，C2B的概念火爆一时，但C2B的渠道形态绝不是在这短短几年间形成的。当我们每次想要消化更多产能、兜售产品、吸引消费者时，都是在对渠道效率和作用进行分化和升级。

新型渠道的每一次出现都会对老品牌商构成威胁，使其面临竞争和挑战以及行业洗牌。每一次新型渠道的分化和升级，都造就了一些品牌的崛起，比如20世纪90年代初，经销商批零渠道从原来的国营供销系统和百货大楼中分化出来，在此背景下，娃哈哈、旺旺、康师傅、双汇等快消品牌迅速崛起。

而在20世纪90年代末，诸如蒙牛、伊利、光明、宝洁、亨氏、联合利华、贝因美等国内外大品牌通过跨国零售大卖场与本土商超在国内各地区进行圈地运动，从而不断扩大市场份额。

2008年左右，很多婴童品牌，比如合生元、英氏、澳优、双熊米粉、纽贝滋等迅速崛起，这都得益于母婴渠道不断发展；很多互联网品牌，比如三只松鼠、韩都衣舍、小米手机等，其崛起则得益于电商的巨大流量。现在更是有了微商、内容电商等新渠道形态，我对这些渠道的未来发展形势抱有乐观的看法。

每一次分化出来的新型渠道都会对原有渠道通路结构造成一定程度的冲击和颠覆。当然,"花无百日红,人无千日好",任何事物都有其生命周期,包括初期、成长期、成熟稳定期和衰退期,哪怕再厉害的渠道也逃脱不了这个规律。假如,我们可以在新型渠道还处于成长期的时候就及时进入,就能够随着渠道共同发展壮大,形成新的品牌。反过来,假如老品牌没能适应新渠道,就会逐渐走向衰落。

如今电商红利慢慢褪去,渠道形态日益碎片化,产品同质化现象严重,产能过剩情况也十分严峻。现在的任何一个品牌,都要经历全渠道运营时代,当然,由于品牌实力和角度不同,会有不同的侧重点。

那么,刚刚上市的新品牌、新产品该如何在如此复杂的渠道环境中生存呢?接下来我会按照以下四步来画出路线图,详细阐述全渠道运营的策略,希望可以为大家带来启发(见图7-3)。

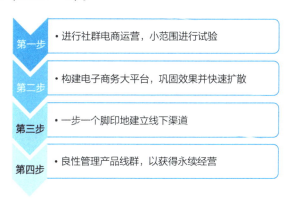

图7-3　新品牌新产品全渠道运营路线图

进行社群电商运营,小范围进行试验

对于刚刚进入市场开始销售的新品,首先应该做的是什么呢?难道是迅速售出产品来获取销售额吗?在我看来,这并不是新品阶段最应该关心的。

现在的市场环境现状是这样:产品非常富余,渠道形态呈碎片化。或许你早已经想好了产品的卖点,在你的想象中,产品卖点一定能打动用户。你找到了目标用户,找好了渠道商,他们也一定会密切配合你。

不过，这一切只是你的设想，尚未获得证实，很有可能你的产品推出后，会如同泥牛入海，激不起半点儿水花，而你的库存压力会变得非常大。因此，产品运营首先要做的不是售出产品，而是快速将自己的设想（比如产品卖点、渠道客户、目标用户、价格体系等）用高效、低成本的方式进行验证。

❶ 招募种子用户

C2B 时代是消费者为王的时代，第一步就要找到愿意购买产品的用户。因此，不妨先利用微信群或微信服务号等工具招募种子用户，使其成为你曾设想的目标消费者。不过，招募种子用户的人数以及管理的社群的数量和群成员数量，要根据每个产品的测试需求来定。

你要十分留意这些种子用户在试用或购买你的产品时，是点赞还是批评，然后据此进行改进。等到这些种子用户对产品十分喜爱，为之拍案叫绝，并心甘情愿地把产品信息转发到朋友圈时，你进行新品运营的第一步也算基本完成了。

❷ 通过内容运营打造产品"网红"

当产品"内功"达到要求，不管在功效、性价比还是外观等方面都让用户为之欣喜时，你接下来就该考虑如何通过文案和内容运营，将产品和品牌打造成"网红"。你可以招募一个文案高手，写出一篇能够引发热议的文案，在微信、微博等社交媒体平台进行投放，使其获得用户的疯狂转载；也可以在一些时间节点上发表热议言论，通过网络"大 V"的传播来制造网络热点，激发用户讨论；还可以给产品添加人文故事、历史情怀等信息，以此来打造品牌精神。

比如，农夫山泉的"我们不生产水，我们只是大自然的搬运工"、褚橙的"人生总有起落，精神终可传承"以及洋河酒的"洋河蓝色经典，男人的情怀"。现在大多数品牌内容运营主要包含"好产品""好口号""好故事"三个要点。

❸ 综合考虑渠道布局

当用户对你的产品有了浓厚的兴趣以后，你会发现，之前的微信群里会有很多渠道商找你商谈合作事宜，这时你必须要考虑渠道布局，包括线上和线下、地区和全国、大卖场和专卖店等。

在考虑渠道布局时，你要结合产品生产能力、供应区域半径、团队现状、产品发展策略等各方面情况来综合考虑，并从微信群中精选渠道用户，创建产品渠道社群。在每个渠道成熟之后，你可以通过价盘、费效和物流等环节来验证之前对渠道提出的构想。渠道布局要遵循一个原则，即"线上之后再线下、先近后远"。

❹ 借助潜在投资人的资金

当有需要的时候，就应该借助潜在投资者的力量，利用其融入的资金来提升产品运营效率，加大产品曝光率和成功概率，至于引进资金的数量大小以及时间则根据各自的情况稍有不同。

构建电子商务大平台，巩固效果并快速扩散

通过在微信群中获得良好的运营效果，我们更加坚定了对产品运营的信心，同时也打造出了一支渠道运营团队。微信端的成绩持续稳定以后，我们就要拓展渠道，去其他主流 B2C 平台扩大销售业绩，这些平台包括京东、天猫、国美在线、苏宁易购、1 号店、亚马逊商城、聚美优品、唯品会、我买网、易迅网等。这些平台与封闭的微信朋友圈相比更加开放，可以为我们吸引更多的客户，带来更多的营收业绩。

当然，这些电商平台的运营方法大致是相同的，主要包括秒杀、满减、众筹、买送/捆绑、满送、包邮、搭售、积分、会员、好评晒图有奖、预售、团购、游戏/H5、异业合作等，在这里就不再一一说明了。

在此要重点说明的是，一定要在微信端和平台商之间取得平衡，并对各平台商进行管控。微信端曾运用的"三级分销"模式未必适合平台商，其价盘需要在各个平台商上寻求平衡，找到平衡点。

从原则上来说，各渠道上的同一款产品，其售价理应保持相对一致，应把品牌官方自营作为运营重点，其他渠道相互搭配，从而保证自己的品牌调性始终如一。与此同时，在保证主力商品和爆款商品的销量不受到影响的情况下，商家要以实际的需求为依据，适当增加一些新款商品，这也是符合运营策略需要的。

一步一个脚印地建立线下渠道

尽管现在线上零售对线下零售造成了巨大冲击，但其零售总额占比与线下零售相比还有很大差距，而且以后线上线下的运营成本会逐渐靠拢，呈趋同势态。

所以，就算线上渠道销售很火爆，微信端、京东、天猫等平台贡献了大量收益，距离我们拓展业务的目标和理想仍然很遥远。

传统的线下渠道对于品牌的意义是重大的，我们可以通过迅速开通经销商批零渠道、KA卖场或专卖店等方式来壮大自己的市场地位，获得巨大的市场份额。

我们在线上渠道获得了成功，售出的产品或许已经吸引了某些线下渠道商的注意，对我们的产品和品牌产生了浓厚兴趣。不过，作为一个从线上渠道兴起的品牌商，我们也要整体考虑如何建立线下渠道，比如产品要不要实行线上线下同款？怎样开发线下专属款？线下运营招募的经销商要符合什么条件？怎样管理线下团队？怎样妥善解决线上和线下之间的冲突？这些都是线下渠道建立以后要考虑的问题。现在，我们重点来讲开拓线下渠道的具体步骤。

❶ **为品牌在各个区域、各城市建立据点**

在这么做之前，我们要先寻找合适的代理商。根据我多年的工作经验，代理商并不是资金越多、实力越强、代理品牌数量越多就越合适。那么我们到底要找什么样的代理商呢？

在我看来，我们首先要考虑代理商的理念是否与我们一致，是否会和我们一起拓展市场份额。还有一点要特别注意，有些老牌代理商在某区域做大了以后可能会成为"坐商"，只在店面坐等生意到来，没有出外拓展业务的积极性。因此，我们在选择上要格外慎重。

另外，我们可以进行调查走访，询问一些线下零售店，问他们对这些代理商有什么看法，从他们口中获知代理商的物流能力、服务能力和口碑的好坏。

最后，我们还要验证代理商的资金实力、仓储能力、运输工具和团队管理情况，当我们将代理商的各种标准都理清以后，就可以充分利用之前在微信端获得的线下代理商数据库以及CBME等行业展会等各种方式来招募适合我们的代理商了。

❷ **着重发展样板市场**

当我们找到足够数量的客户资源以后，由于线下渠道类型众多，我们该如何开发线下渠道呢？这时可以遵循"先简单后困难、先邻近后遥远"的原则。比如，线下渠道有很多类型，母婴产品的线下渠道主要有经销商批零渠道、KA卖场、母婴专卖店等。

作为初创品牌,我们不能在全国范围内招聘大量导购、地推和业务员,通过支付进场费和条码费来开发线下 KA 卖场,而是要借助经销商客户的资源来拓展各种渠道,等到时机成熟的时候再开发 KA 卖场等线下渠道,从而提升品牌在当地的知名度和影响力。

另外,由于中国幅员辽阔,地域广袤,各个地区的经济发展水平和消费心理不同,假如耗费巨资一下子在全国范围内拓展渠道,显然成本极高,风险也很高。因此,我们要根据自己的人才、地区和物流等优势来重点发展若干样板市场。

一方面,我们在线下渠道运营产品时,要在产品价格体系、绩效考核、区域管控、产品发展和传播推广等方面进行积极探索,及时填补缺陷,总结经验并大力推广;另一方面,样板市场建立以后,我们可以培养一支自己信得过的管理团队,派其进驻到代理商那里进行管理,从而实现统一管控。

❸ 锻造销售铁军,提高执行力

当所有经验都十分有效时,我们也就具备了快速拓展市场的信心和勇气。与此同时,市场上涌现了越来越多的竞争对手,竞争日益激烈,我们必须打造出一支销售铁军,以便于在竞争中立于不败之地,巩固自己的市场地位。在管理线下渠道的运营团队时,可以通过确立绩效考核方式、升职加薪制度、明确销售区域等方式来规范团队。我们要实行"萝卜加大棒"政策,以执行力为中心,在运营过程中注意提高团队成员的执行力。

管理好产品线群和生命周期,实现永续经营

我提到渠道形态的时候就说过渠道的生命周期,其包括成长期、稳定期和衰退期。产品同样如此,也有其生命周期。现在很多互联网品牌在崛起,比如三只松鼠、小米手机等,而很多老品牌逐渐销声匿迹,比如健力宝、乐百氏、英雄钢笔等。当然,也有一些老品牌年代历久弥新,比如可口可乐、农夫山泉、红牛等,这些便是我们要学习和研究的对象。

❶ 坚持打造爆款

如今产品的丰富程度日益加大,但同质化程度也越来越高,品牌商首先要向

消费者或用户阐明产品的定位、类型。比如,可口可乐公司再扩张,其主打爆款产品依然是可乐。

其次,要以马斯洛需求层次理论为依据,借用社会热点,将用户对产品的功能诉求转化到情感诉求,甚至满足其社交沟通的需要,从而使产品的品牌高度不断升级。比如,可口可乐公司为了满足新生代网民的情感诉求,经常推出"歌词瓶""昵称瓶"产品。

❷ 波士顿矩阵

当我们打造出自己的爆款产品以后会衍生出很多类型的相关产品,使产品群不断扩大。我们可以按照波士顿矩阵分类,将其分为以下四类(见图7-4):明星产品(高增长率、高市场占有率)、金牛产品(低增长率、高市场占有率)、问题产品(高增长率、低市场占有率)、搜狗产品(低增长率、低市场占有率)。我们要时刻关注企业内外面临的市场环境,并据其适度调整产品矩阵。

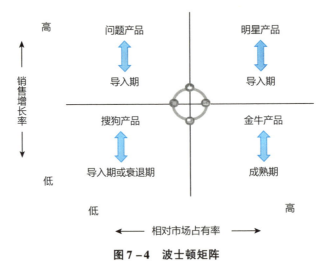

图7-4 波士顿矩阵

以上就是全渠道运营的策略。通过全渠道运营,我们可以全方位地打造一个品牌,让产品实现线上线下的全方位流通。未来的商业竞争就是全渠道的竞争,谁能率先打通全渠道,谁就能率先占领高地,获得绝对的竞争优势。

7.4 如何提升渠道使用 ROI

世界闻名的广告大师约翰·沃纳梅克曾说过一句话："我知道我的广告费有一半浪费了，但遗憾的是，我不知道是哪一半被浪费了。"尽管这样，所有广告主仍希望自己的广告从广撒网转变为精准目标投放，因为只有如此他们才能把所有的广告费花在正确的地方。

在进行产品运营和推广时也需要达到这样的目标，我们想找到最精准的渠道，并让这些渠道发挥百分之百的作用，使投入产出比（ROI）呈最大值。所以说，我们一定要以精准的数据分析作为依据。

提升渠道 ROI，需要全方位、无死角的数据分析

很多互联网企业，为了提升渠道 ROI，已经对各种不同的渠道开展了详细的数据分析工作，并根据分析结果提高了投放的精准度。

数据分析主的方法主要有两种，如图 7-5 所示：

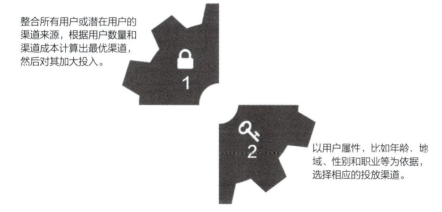

图 7-5 全方位、无死角数据分析的两种方法

第一种是整合所有用户或潜在用户的渠道来源，根据用户数量和渠道成本计算出最优渠道，然后对其加大投入；第二种是以用户属性，比如年龄、地域、性

别和职业等为依据,选择相应的投放渠道。

不过,只有两种数据分析方法是远远不够的。要想实现最大程度的精准营销,企业要让数据无死角,对渠道进行全方位的分析,并用数据分析结果作为指导决策的依据。

企业在每一个环节都要对流量、转化率和用户行为特征进行监测,进行全周期的渠道 ROI 分析。

虽然有的渠道流量很大,但其转化率较低,或者用户在转化之后活跃度较低,这样的用户价值就不太高。有的渠道虽然流量不算大,但其转化率和复购率都维持在一个很高的水平。企业要以数据分析的结果作为依据,科学地制定运营策略。

不管是新创建的公司还是规模巨大的公司,数据都是一项非常重要的经营要素。从客户进入企业网页进行浏览,一直到客户中断购买或者持续购买,企业都要对其信息进行持续性地密切跟踪,分析用户在哪些渠道产生了停留和付费,并对这些较为有效的渠道进行持续优化,以此来形成固定的经营模式。

如何进行全流程渠道 ROI 分析?

数据是如何产生的?当然是来自于客户的行为,因此我们要在与客户进行接触的过程中收集相关数据,以此来分析渠道 ROI。具体步骤如下:

❶ 第一步,分配用户唯一标识,判断用户渠道来源

一般来说,企业的渠道包括线上和线下,线上渠道主要是以百度、360、搜狗等为代表的搜索引擎品牌专区、竞价排名和直接访问、各种 App 的开屏界面、Banner 以及外部链接等;线下渠道主要有车站、机场、地推、报纸、杂志和自营店铺等。

企业要在线上渠道的最起始阶段为用户分配唯一标识,即用户 ID,这个用户标识将会在整个生命周期内一直伴随用户。企业可以通过用户 ID 追溯老用户,甚至沉睡用户等,判断其最初来自于哪个渠道。

另外,用户标识不仅能够记录用户在其整个生命周期内的所有动作,还能够帮助运营人员有效地判断用户或潜在用户分别来自于哪些渠道。对于线上的不同渠道,要用不同的链接特征标识;对于线下的不同渠道,可以留下不同的联系方式。这样一来,渠道来源便可以区分得清清楚楚,与每个用户 ID 进行绑定,从而使用户属性、行为和购买信息更为完善。

❷ 第二步，对用户属性、行为、购买信息进行完善

用户通过某渠道与企业产生联系，进行初次交互。在交互过程中，企业要与用户进行友好互动，积极主动地收集与用户有关的信息。在线上渠道，诸如用户地域、浏览路径等用户信息一般较容易获得，而一些相对敏感的信息，企业可以利用在线客服和互动媒介来主动收集；在线下渠道，企业要想获得用户信息，便要通过客服人员与之沟通，或者利用调查问卷进行调查等方式获得。

企业从各个渠道获得的用户会有一定比例的留存，这些用户会成为企业的付费用户。客服人员和销售人员要将其录入客户服务管理系统中，以便销售人员进行后续跟踪，进一步提升转化率。销售人员要利用客户服务管理系统对用户的使用情况进行持续跟踪和挖掘，并向市场和产品人员反馈这些信息，从而形成数据闭环。

❸ 第三步，对用户的使用情况进行持续跟踪和挖掘

潜在用户成为正式付费用户，证明他们已经是企业产品或服务的购买者。在通常情况下，购买和关注行为只是企业和用户相互连接的开端，在这之后，企业一定要继续对用户保持密切跟踪和挖掘。

用户会在使用产品或服务的过程中产生各种消费或行为信息，比如使用频次、消费额度和使用时长等，这些数据不仅决定了精准营销的完成与否，而且也对改善产品或服务提供了重要依据。用户在多次使用产品或服务的过程中，肯定会与企业产生多次交互，企业可以利用这些机会来收集更全面的用户信息。

❹ 第四步，根据用户特征对投放渠道进行调整

通过长期进行投放，企业已经主动或被动了解到各投放渠道获得的流量，还了解到流量转化、用户活跃度、用户属性、用户行为、用户购买力等信息，可以完成全周期的渠道 ROI 分析，这时也就建立了精准营销的基础。

企业一方面要进行综合数据分析，判断渠道的权重，并根据判断结果调整在某些渠道的投入；另一方面，企业还可以针对获得的用户信息，对其进行数据挖掘和归类，获得用户画像以及用户标签，进而从中发现高净值用户，了解其特征，并为自己的投放组合找到更多的相应渠道，以达到更全面覆盖的目的。

渠道如何选择？

通过数据分析我们可以发现，渠道的选择不能靠主观臆断，能否获利是最值得考虑的因素。若按照传统的营销思路，企业会把预算投入到早已规划好的渠道上，比如 SEO、新媒体等渠道，它们各占一定的比例。

不过到了现在，企业应该选择最优的渠道，适当增加运营投入。比如，在雾霾刚出现的时候，口罩品牌 3M 抓住机会在各个渠道加大投入，为品牌快速打响了知名度。那么，企业应该选择哪些渠道呢？我认为以下两类渠道是最值得投资的。

❶ 潜能最大的渠道

企业的营销人员应该关注那些潜能最大的渠道，比如，我们通过数据分析可以发现，目前化妆品品牌最有潜力的推广渠道是 KOL 和网络红人。面对潜力巨大的渠道时，运营人员不应该把费用当成阻碍，要知道付费渠道有时候意味着更大的收益。是否使用付费渠道要看产品和市场，并不是任何渠道都会产生一样的作用。假如单个用户带来的收益很高，企业完全可以通过付费来获取渠道；假如产品的核心是分享，那么进行病毒式传播则会更有效果。总之，企业要根据实际情况来选择渠道。

❷ 以最小的成本获取最多的用户价值

很多刚成立的公司预算十分有限，因此，这些公司必须要以最小的成本获得最多用户。利用获客成本与客户生命周期价值之间的差值就是一个不错的办法。小米手机的第一批用户只有 100 人，而现在已经增加到上亿人。小米公司正是依靠这些用户才完成技术上的改进。假如没有第一批种子用户的支持，小米的发展也不可能如此迅猛。

小米手机的第一批用户主要是工程师，他们喜欢独立思考，也喜欢分享，平时活跃于网络论坛或社区。因此，小米公司打造了小米论坛，让工程师在里面分享和讨论小米手机，并帮助小米手机进行品牌传播。小米论坛这个渠道以最低的成本获取了最多的用户价值，值得初创企业借鉴和学习。

总之，提升渠道使用 ROI，一方面要积极开发有潜力的新渠道，积极构思高效率的运营策略，另一方面要不断优化已经形成的渠道，将其打造成高利用率、高回报率的优质渠道。

PART

03

第三部分

做好自己的战略规划

第 8 章
运营总监的战略规划

运营总监年薪最少已达 10 万元,你是否准备好,挑战总监之位?要想成为运营总监,你要有自己的战略规划和管理之术。大部分运营人员从未从战略的高度考虑运营管理问题。而阿里巴巴一开始就要求每一个运营人员制定自己的战略规划,这个战略要在企业经营战略的总体框架下,思考如何通过运营之道和运营之法来完成企业的总体战略目标。

8.1 运营总监的职责与良好工作习惯

互联网运营总监的工作要求高、工作量大，再加上工作覆盖的范围较广，因此权利也很大。对运营总监工作能力的要求体现在推广能力、策划能力和管理能力三个方面，与此同时，互联网运营总监应当具备较高的人际交往和沟通能力，只有这样才能更好地完成运营总监的各方面职责。

"运营总监"有时候也被叫作"首席运营官"。这个职位要对公司的市场运作全权负责，要不断参与公司的整体策划，完善公司运营管理，建立、健全各项制度。不断地推广公司的产品，提升公司的销售业绩，组织公司实施整体业务计划。

除此以外，还要推进公司人力资源、行政、财务等各项事业的发展。不断与各部门协作，建立一个有效的团部协作机制。对所属部门的工作绩效进行管理和激励。

运营总监的工作涉及范围广，而且相对复杂，对执行力有相当高的要求。想象一下，像阿里这样一家庞大的公司，如果运营总监和他带领的团队没有执行力，那将会是一件多么可怕的事情。互联网行业都知道阿里盛产COO（首席运营官），在阿里担任过COO的人，到了其他平台也能够很快打开局面，我想这与阿里内部的"执行力文化"是分不开的。

要成为一名执行力超高的运营总监，首先要对自己的工作职责做到心中有数。接下来，我们一起看看运营总监的具体职责是什么。

运营总监的具体工作职责内容

每家互联网公司的业务都不同，因此运营总监的具体工作职责也不同。有的公司业务偏线下，运营总监的工作就更多地涉及线下部分；有的公司业务偏线上，那么运营总监的工作就主要围绕线上部分来展开。

❶ 偏线上运营总监工作职责内容

（1）计划、组织、协调、领导和激励公司的各职能部门开展业务工作；监督并检查各个相关部门负责人是否履行岗位职责，并对其进行评价和考核，保证各个相关部门的高效运转。

（2）制定公司的整体运营规划和年度工作计划，并组织实施各项工作计划，完成公司运营目标。运营总监要对公司的运营决策和实施结果负责。

（3）对内，运营总监要全权负责公司的日常运营活动，确保企业有良好的内部运营环境；对外，运营总监要协调和发展与各方的关系，确保公司外部环境良好、稳定。

（4）掌控公司各部门和项目组的各项情况，合理调配人力、物力和财力，并对公司的各个运营项目进行品质监控管理，重点关注各项运营指标和顾客满意度，帮助项目达到运营目标，控制和处理项目中遇到的突发状况。

（5）关心员工的思想、工作和生活状况，帮助员工解决实际困难，提高团队的凝聚力和战斗力。

（6）运营总监还要负责完善和落实公司的各项规章制度和操作流程，并行使总经理授予的其他职权。

❷ 偏线下运营总监工作职责内容

（1）负责运营团队的建设和发展，并组织培训工作，还要在运营团队内建设人才梯队并进行考核与鉴定，让队伍满足公司的业务需求。

（2）负责公司所有品牌的运营和管理工作，其中包含商场专柜、专卖店、旗舰店线上网店的营业培训、服务规范管理、形象管理、品牌管理、商品管理和价格管理等工作。

（3）运营总监还要制定和部署管辖区域的整体市场工作计划，并对计划的实施情况加以监督，达到提高产品知名度的目的。

（4）建立和完善运营系统，建立和落实运营工作标准及各项管理制度，管理产品库存。

（5）运营总监还要负责对外战略合作，拓宽业务渠道，并对各个渠道进行监督和管理，安排好对外合作、品牌推广、媒体合作、产品优化等工作。

（6）除以上的职责之外，运营总监还应该制定和执行销售计划，实现公司的整体销售目标，并对销售额以及利润率进行规划，细分工作目标和绩效指标，保障目标的实现。

（7）当开办展会时，运营总监的工作任务又有了一定的变化。比如全面负责品牌手册设计、展会布置设计等工作。

要想成为一个优秀的互联网运营总监,不但要具备较高的专业能力,还应当具备较高的个人素质。比如应有较高的受教育水平、创新精神和责任心。在专业技能方面,要具备丰富的现代企业运营管理能力,熟悉所在的行业,能把握市场的趋势和现状,能对企业经营提出独到可行的见解。

以上内容都是互联网运营总监的工作职责。但是,运营总监的日常工作不限于这几点内容,与各部门之间进行协调运作,也是运营总监职责的一部分,新的任务也会随时被分配给运营总监。当然,优秀的运营总监能够随时接受新的挑战,因为他们已经通过培养良好的工作习惯,形成了一套独到的工作方法和管理思维。

优秀运营总监拥有的工作习惯

一名普通员工能够成长为一名优秀的运营总监,在其身上一定有着某些过人之处,也一定有很多值得广大运营人员借鉴和学习的地方。下面我将结合自己多年的运营工作经验和曾经认识、深入接触过的多名高级运营经理、阿里运营总监,总结出一些值得学习的工作习惯(见图 8-1)。

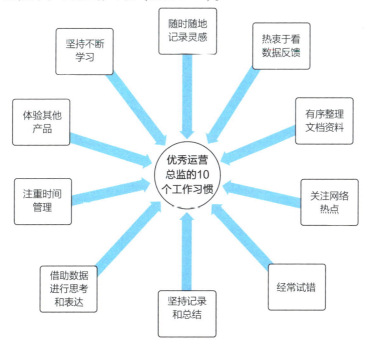

图 8-1 优秀运营总监的十个工作习惯

❶ **借助数据进行思考和表达**

在做任何事前都应该给自己定一个目标,最好是比较直观、可以用数据表示出来的,绝不能像"做到最好""拼尽全力"这样笼统的概念。

当你的老板问你最近的运营情况时,你不能只说"非常火爆""还不错"这样的模糊用语,应当借助数据明确地告诉他最近的增长率是多少,转化率是多少,有多少次日留存等数据指标。

经常用数据思维去思考和表达,会给人留下严谨、可靠的印象。

❷ **注重时间管理**

在上班前15分钟到达公司,在脑海中形成一个工作清单,将今天需要做、可以做的事情列举出来。

选出当天上午11点前必须要完成的三件事(如果有一件事难度极大且重要,则可优先做这件事,并将其细分为三个步骤)。避免没有计划、盲目地做事情,否则很难有较大的提升。

当出现棘手的问题时,一定要学会分成几个步骤去完成,否则会导致拖延。工作的时候要专注,将注意力集中在一件事情上。如果临时出现别的事,先记下来,非紧急重要的事情可以放到后面处理。

养成提前完成工作任务的习惯(比如在公司规定的上班时间提前半小时到,与客户的会面提前20分钟前到等)。

❸ **体验其他产品**

人的眼界和阅历都是有限的,因此需要不断地向外界学习。运营总监要尽量多地使用各类App产品,从用户的视角出发去体验、去思考,同时借鉴其他好的产品运营的思路、技巧和方法。

我在手机中装了非常多的应用,而且时常更新,平常也会看看其他应用的活动推送和文案内容,这为我提供了很多产品运营的思路。当我们使用其他产品时,不要害怕付出时间成本,这本身就是一个学习和自我提升的过程。

在使用其他产品的过程中,我们也可以分析是什么导致了自己对产品的消费冲动,又是什么限制了我的消费?

❹ **坚持不断学习**

主动提高的效果要远远大于被动成长带来的收益,要想超越他人,就应该时刻保持积极的心态，培养良好的学习习惯。我们可以从身边的人物学起，从领导、同事的行为或者言辞当中找到有价值的东西进行学习。比如关注行业内优秀的公众号、同行竞品、媒体营销等相关的信息。

坚持阅读也是学习的重要途径，书中的内容都是专家知识经验的浓缩。阅读是低成本、高收益的事情。

❺ 随时随地记录灵感

当有好的想法时，一定要拿笔记下来，否则可能就会忘记。有关运营的好创意出现时，要立马记下来，不方便打字的时候，可以使用录音的方式记录，后期进行整理。

❻ 热衷于看数据反馈

"看产品数据比追剧都积极"，这种神奇的状态出现在很多高级运营人员和运营总监身上，他们中很多人一会儿不看数据就心慌，想要时刻掌握产品的运营动态和用户的反馈。

如果你也向他们一样，对待公司产品就像对待自己的孩子一样，用心呵护，终有一天这个"孩子"会让你骄傲。

❼ 有序整理文档资料

资料多的时候可以将其进行归类，按照不同的类型和专题进行分类和备份，这会为后续工作提供很大的便利。除此以外，还要将所有的修改版本记录存储下来，并加上不同版本号，比如"中秋活动微博运营方案2.0"。

❽ 关注网络热点

运营如果能够借助热点进行产品或服务的营销，则可以激发用户的热情和兴趣，并形成很好的传播效果。

抓住热点的前提是随时关注热点，运营人应该时刻关注百度搜索风云榜、微博热门等实时热门话题榜单，还要多关注国家的政治、经济、文化新闻。

时刻关注热点有一个好处，那就是可以随时观察和分析事件成为热点的理由、人们传播的动机等，可以在很大程度上提升关于人性的洞察力。

在这里还要提示各位运营人员，不是所有的热点都适合拿来做文章的，热点必须结合产品特性与核心功能，负面的热点也是不能"蹭"的。

❾ 经常试错

有一些运营人员总想着要做出引爆市场的创意活动，于是将精力一直集中在创意上，但却没有将创意付诸实践，所以始终做不出任何结果。

如果这时可以拿出创意的核心部分快速试错，比如做次用户调查，或者导入一小部分流量以查看效果。试错可以帮助我们发现创意中存在的错误或者漏洞。

只要能发现问题，并及时进行修补就可以使损失达到最小化，如果不进行试错，在正式运营时就会造成不可挽回的损失。

所以，不管是做产品还是做运营，都不能纸上谈兵、闭门造车，一定要进行实践。

❿ 坚持记录和总结

要想提升运营能力，还可以借助一个神秘的武器——运营日志，将当天发生的重要的数据变化、用户反馈、运营动作、重要行业事件等记录下来。

有时候一个运营动作的改变可能给用户带来很大的影响，如果记录了运营日志，就可以很方便地进行纵向、横向的对比和分析，找到问题所在。

除此之外，每天、每周、每月你都应该会抽出一定的时间，对目标事项的完成情况进行总结。比如已经完成了哪些工作，项目是否如期交付，有哪些事项还需要完善等。这份总结是写给自己看的，因此要真实客观地记载下来，做到实事求是。

在忙完一天后，我们常常会有这样的错觉："今天做了很多事，很充实。"但是在大多数情况下，在认真总结后我们就会发现"虽然事情做得多，但是真正有成效的事情很少"。要想提升做事的效率，就应当从每天的记录和总结开始。

做好一名运营总监并不是一件容易的事情，超级英雄电影《蜘蛛侠》中有一句话："能力越大，责任越大"，对运营总监来说正是如此。工作能力越强，要背负的责任就越多，不仅要对公司负责、对老板负责、对团队负责，还要对自己的职业生涯负责。

8.2 运营总监的高效能团队管理艺术

做运营这么多年,我接触了不少一线运营人员,常常听到他们"吐槽"各种事情,从这些"吐槽"中,我感受到了我们的运营团队管理还有很大的进步空间,不少运营总监还没有掌握团队管理的要领。其实,有时候并不是我们的团队不够好,而是管理不到位。

在我看来,最简单的管理原则只有两个字:尊重。不懂得尊重下属的运营总监是带不好团队的。为什么呢?不妨来看看下面几个真实的案例。

运营人员小张负责产品的美术设计,不仅在平常的工作中会遇到"要五彩斑斓的黑,要在静态的图片中展现动态,要在设计高端大气的同时接地气"等各种要求,在设计完之后,还要同时经过运营经理和产品经理的双重审核。而两位经理又有着不同的审美观点,常常一张图片在两位经理的审核之下,需要不停地修改。不仅工作效率极其低下,对小张的创作热情也形成了一定打击。

无独有偶,负责运营工作的小王初入职场时是踌躇满志,但是最近一段时间,精神却萎靡不振,运营的内容也是东拼西凑,草草了事。究其原因,原来是前几天运营部的领导对他说:"以前我们每一篇文章都能有'10万+'的阅读量,而你现在的文章普遍才有'8万+'的阅读量,远远低于去年同期水平。好好反思一下,自己有没有用心做好工作,从下周开始,进行 KPI 考核,以每篇文章的阅读量作为考核的标准。"

一场谈话下来,一个原本踌躇满志的员工心也凉了,工作也懈怠了。

还有负责内容运营的小明,在发现自己推出的内容产品流量下滑后,极尽所能地加班加点进行修改。她降低了内容输出的频率,增强了资讯的输出。同时,她对最近内容产品流量下滑的原因一一进行分析,应对措施逐条列出,总结成汇报提纲发送给领导,而领导收到汇报提纲后,看都没看一眼,轻描淡写地对小明说:"最近工作绩效下滑得很严重,以后要用点心啊。"听完这句话,小明委屈得饭都吃不下。

这样的例子数不胜数。从这些案例中，我们可以发现很多的运营总监和运营经理并不得人心，管理水平也很低。

运营总监需要对自己的工作进行反思，管理团队的方式也需要改进。如果运营总监总是觉得团队不行，那么更该反思是不是自己的管理能力不行，是不是没有掌握运营管理的核心本领。

20世纪70年代，管理大师德鲁克曾提出管理应该具有的几个要素，比如权责对等、组织透明、扁平化、管理模式独特化等，很多互联网企业直到今天也没有做到。这位管理大师还提出过定论："不存在唯一正确的组织结构，也不存在唯一正确的人员管理方法。"这句话要求管理者需要根据具体的情况，对不同特征的员工采用不同的管理方法，不要生搬硬套。这句定义的核心思想类似于孔子提出的"因材施教"。

然而，放眼如今的企业管理层，很多管理人员醉心于"职场成功学"，致力于与老板、上层领导搞好关系，反而忽略了对员工的尊重，放松了对员工的管理，将团队管理得一团糟，结果往往适得其反。

那么，现代互联网企业的运营总监应该如何做好团队管理呢？我们需要先了解以下管理知识。

管理模式由业务特征决定

管理大师德鲁克提出："管理的核心原则是业务特点决定管理模式。"为了找到正确的管理模式，我们先来观察一下运营的业务特点，运营的业务特点有以下四个：主动发起运营活动、与用户打交道、不能确定运营的目标和成果、运营策略的制定对最终结果影响极大。

运营总监如果想让团队里的每一个人，都能把运营能力发挥得淋漓尽致。那么，这位运营总监最应该做的就是为员工提供足够的施展空间。

具体来讲，可以结合运营的特征，从以下几个方面来激励员工的工作热情（见表8-1）。

表 8-1　运营团队管理要点

运营工作特点	管理要点
主动发起运营活动	让员工参与决策尊重员工的劳动组织结构扁平、透明
与用户打交道	招聘有感染力的员工奖励有效的反馈授予一线运营人员更高的自主权
不能确定运营的目标和成果	鼓励有效创新、落实到绩效切忌干涉员工专业、打击员工自信引导员工进入最佳工作状态
运营策略的制定对最终结果影响极大	制定适当的团队目标及时与员工进行沟通目标不作为考核指标权责对等

上述业务特点是从工作内容角度提炼出来的，由上述业务特点所决定的管理模式也是初级的。其实，目前运营团队的管理模式还处于探索之中，没有定论。那么，运营管理者应该采用哪种管理模式来调动运营人员的工作热情、实现高效管理呢？

高效运营管理六步走

根据我近十年的运营管理经验，以及针对上述问题做出的大量研究。我得到了六步高效运营管理措施，为大家的运营管理工作提供一些参考。

❶ 高效能运营管理第一步：以身作则、率先垂范

提到"管理"一词，你会想到什么呢？

有的人会想到"控制""上下级"，认为管理是将领导层与员工层划分开来，由领导层对员工层进行控制，员工层应该对管理层服从为先。其实，这是对管理的一种误解。

管理大师德鲁克曾对"管理"进行了定义："当代管理者的任务不是'管理'人（知识工作者），而是'引导'人。人员管理的目标就是让每一个人的长处和知识发挥作用。"

从德鲁克对管理的定义中，我们可以看出，管理员工的第一步就是管理好自己。处处以身作则，率先垂范，员工便会不由自主地效仿，由此也达到了管理的

目的。如果一味地苛刻要求员工,而对自我管理松懈,不仅难以达到管理的效果,还会令员工怨声载道。

管理者要想管理好团队,就需要在团队中形成实质影响力,要学会成为受员工尊敬和信任的人。那么,什么样的管理者才能赢得团队的信任与尊敬呢?主要有以下两种:

第一种:内外兼修型

这里的内外兼修不是指内在品德与外在仪表的兼修。而是指管理者对外有魄力、有胆识能够独当一面,对内懂得体恤员工、尊重员工的劳动成果。内外兼修,知行合一才能获得员工发自心底的认同与尊重。

第二种:引领先锋型

管理者怎么使员工信服?要么以德服人,要么以能力服人。如果管理者能够将业务能力做到第一,他一定是部门招牌、是员工崇拜的偶像。员工自然愿意跟从并效仿管理者的做事风格。

但是,管理者在以能力服人的时候,也要把握好"度"。以能力服人是引领,而不是控制。不要因为自己的能力强,而提升部门的 KPI 考核标准,去给员工布置一些他们能力难以达到的任务。而是要明白"授人以鱼不如授人以渔",帮助员工提升他们的能力才是根本。这样不仅能在以后的工作中,使整个团队的效率有大幅提升,还能赢得员工的尊重与感激。

正如上文所说,管理也需要"因材施教",管理没有最完美的制度,只有对每个成员最合适的方法(见图 8-2)。

图 8-2 团队成果示意图

要知道,缺少了管理者的魅力,再完美的管理制度都是徒劳。第一种"内外兼修型"管理者能够充分赢得团队的尊重与喜爱;第二种"引领先锋型"管理如果把握好尺度,也能够最大限度地调动员工热情,将工作完成得更出色。因此,作为管理者,应该吸取两种管理者的长处,融入自己的管理模式之中。

❷ 高效能运营管理第二步：合理制定团队目标

在上文中，我们提到了自身拥有超强能力的管理者应该把握好制定团队目标的"度"，不要将自己的超强标准强加于员工身上，不然结果会适得其反。

那么，什么样的团队目标才是刚好的呢？

通俗地讲，运营团队踮起脚来能够达到的目标就是最合适的团队目标。那么，我们应该如何制定团队目标呢？把握住合适的"度"是非常重要的。

如果目标定得过高，在整个工作运营中会感觉举步维艰，会极大挫伤团队的工作热情。如果将工作目标定得太低，则不能激发团队的工作潜力，会对团队的成长和企业经济效益的获取产生一定的负面影响。

因此，为了将目标制定的"度"把握准确，我们不妨这样制定运营的阶段数据指标：

将团队生存的成本底线作为目标底线，再根据经验和以往的数据，将目标底线提高一点作为"挑战目标"。

假如，你拥有一个规模为100人的团队，每个人的平均年薪为20万元，那么公司的人力资源成本大概为3 000万元，即一年至少需要3 000万元的运作成本。如果，每一个有效客户能给我们带来2万元的价值变现，那么我们至少要有150个有效客户。

这就是团队目标制定中的底线目标，是团队一定要坚守的最后阵线。我们通常在制定目标时，会在底线目标上有所提高，以此来激发员工的运营热情。

在底线目标上提升多少是合适的？下面这个目标数据公式将会告诉你答案（见图8-3）。

图8-3 目标数据公式

其中，有挑战的增幅，可以根据以往的完成情况和工作经验进行合理地评估。如果今年有新情况产生，比如购入了新设备或者引入了高级人才，可以将增幅多提升几个百分点。如果团队不是很自信，则可以将增幅制定得保守一些。

在上述例子中，我们是以"年"为单位制定的。有的朋友可能会问：以年为单位，会不会显得周期过长？

我们通常是以"年"为单位来考核，但我们也可以根据具体的情况，采用更合理的考核周期。比如说，一件产品会经过萌芽期、成长期、成熟期等多个阶段，我们可以在每个阶段制定相应的考核目标。

需要注意的是，最好不要将考核周期纳入运营团队的绩效指标内。因为考核周期只是指导团队前行的方向。在考核的数据指标中，目标用户数是最主要的衡量指标，用户满意度、活跃率、健康度等也是必不可少的辅助指标。

运营不同于销售，运营更注重数据指标对运营的公正性。如果在运营过程中过度追求数据，而导致不公平、不公正的现象发生，那么会对运营人员的工作热情产生极大的负面影响。工资的高低反映了一个人的工作能力，而绩效则考察的是个人对工作的投入程度。

除了目标用户数外，也要建立相应的指标作为辅助指标，这些在拙作《进化式运营》中有详述，不在此细谈。

在上述内容中，我们谈到了管理者想要构建一个优质团队，所应该具备的能力。接下来，我们将基于运营工作的独特性，为大家分享如何最大限度地激发团队的工作热情。

❸ 高效能运营管理第三步：让员工参与决策

管理者在传达运营内容时，一般会采用什么样的传达方式呢？传统的传达方式可能是这样的：

"小王，你看最近我们文章的阅读量与点赞量都出现了大幅下滑，你来策划一个活动，刺激用户，来提升阅读量与点赞量。"

这种传达方式是职场里最常见的，但却不是最合适的。这种传达方式像给员工传达命令一样。对于在千篇一律的模式下进行大生产，这可能是最高效的传达方式。

然而，如今的运营人员大多具有较高的文化水平，在工作中十分强调独创性与创造力，因此，过去模式化的控制模式在如今的运营管理中是完全行不通的。

如此，相当于把员工的核心价值抹杀了。员工就会觉得，工作做得好，是领导受表扬；工作做得不好，是自己受批评。这样谁还有心情，尽心尽力地把事情做好呢?

如果我们换一种表达方式,可能会产生完全不一样的效果。

"小王,你前期的策划工作做得非常棒!你要是能将策划能力发挥在更多的地方,那么你一定会更出色!你看,我们内容管理的后台,我们所推出的内容阅读量与点赞量都出现了大幅度的下滑,我正不知道怎么办,突然想到如果我们能策划一次活动,来激发用户的参与热情,可能会取得很惊艳的效果,你是活动策划的专家,我想请你帮我策划一下。"

在这种模式下,管理者让员工参与决策的流程,员工的价值被充分地肯定了。这就是"达成决策共识式"管理。如果你是小王,你更青睐于哪种管理模式呢?

"组织透明化"是管理的重要原则之一,让员工参与决策的流程,会有以下好处(见图8-4):

图8-4 让员工参与决策流程制定的好处

1)让员工的工作成果和能力得到尊重

员工的工作能力与知识成果能够得到充分的尊重,员工在工作中会更有成就感与快乐,工作热情得以激发,工作效率大幅提升。

2)员工对战略意图与管理层能够达成共识

比如,在一次活动策划中,运营人员小王给出了两个活动方案。其中有一个不符合公司的战略要求。在决策过程中,管理者与运营人员小张通过一起讨论不合适的具体原因，能够促进管理者与运营人员进一步对战略思想达成共识，甚至优化战略。

3）能让员工为自己的决策负责到底

这种决策方式是由管理层决策转变为管理层和员工共同决策。因此，战略决策的结果往往是得到员工的高度认可。如果员工在众人面前做出了承诺，那么员工往往会对这件事情负责到底。

当运营人员参与了决策，准备大干一场时，对于管理者来说，还有什么方法更能进一步促进管理效率提升吗？

❹ 高效能运营管理第四步：唤醒团队的潜力

运营工作的特点决定了运营人员会经常接触一线客户。运营人员如同企业的一张名片，充当着企业的形象代言人；与此同时，运营工作者贴近市场、深入一线，可以比其他岗位更快地捕捉到企业的风向口，这便意味着运营人员会触碰到更多的风险或者机会。

由此可见，运营人员的工作对企业未来的发展，有着至关重要的作用。那么，管理者应该如何更好地唤醒运营团队的潜力，更好地为企业服务呢？具体要做到以下两点：

1）提升运营团队的感染力

前文中我们提到，运营人员本身就是企业的一张名片。若运营人员有足够的感染力，在言行举止中都能一一彰显出来，这种感染力能够让用户心生好感，促使用户基于对人的好感，而非对物的好感来支持运营人员的工作。这种感染力能够帮助运营人员获得更为持久的支持。

那么，管理人员应该如何提高团队的感染力呢？如果想通过强制灌输观念来培养运营人员的感染力，恐怕是有难度的。管理者应该做的是，在招聘阶段严格把控，尽量去选择本身具有感染力的运营人员。

2）建立意见反馈机制

由于运营人员经常深入一线与用户接触，他们会收到用户的及时反馈。有的反馈能对运营团队的后期工作产生有益影响。在如今企业的反馈机制里，大多收集的是用户在新产品试运行期间的感受。然而，这种反馈机制其实用处不大。因为用户在产品试运营阶段体验时，一旦觉得不满意，可能会直接卸载或取消订阅，而不会在"意见反馈"栏目里写下不满意的具体原因。因此,由运营团队来建立意见反馈机制就显得尤为重要了。

❺ 高效能运营管理第五步:鼓励创新

在运营的岗位里,创新的重要性毋庸置疑。一条有创意的文案能够起到四两拨千斤的作用。比如,很多电商达人都入驻了抖音,而一条获赞百万次的创意视频,能轻轻松松地将流量转化为大量的现金流,产生巨大的商业价值。

但是,我们也知道创作是需要灵感的。灵感又是如何产生的呢?神经科学的实验证实,我们大脑的潜意识无时无刻不在运作,如果大脑能够集中精力去解决一些难题,那么反而更容易产生灵光一现。

通俗地讲,在业余的时间里。哪怕我们在休息放松,或者在胡思乱想,我们的大脑也是在高速运转的。如果我们的大脑有"要解决某件事情"的潜意识,那么潜意识会产生倾向运作,可能不经意间,灵光就闪现了(见图8-5)。

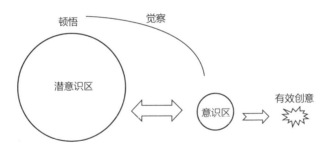

图8-5 灵光闪现的过程

当我们进行运营管理时,也是一样的道理。如果管理人员能够激发团队的自主创新能力,那么也能极大提升运营的创新能力。具体来说,提高运营工作者的创新能力,还需要做好以下三个方面:

1)主观前提条件,员工要有进取心

其实绝大部分员工,都有很强的进取心。如果能维持住这部分人的进取心,那么将会带动整个团队保持工作热情。所以,对于"修己安人"的管理者来说,不妨树立一个部门标杆,以此来激发员工努力工作的热情。

2)制度前提条件,将创新纳入绩效考核

管理者在激励员工时,一定要说到做到,给员工实实在在的回报。而不能仅仅是"打鸡血",给员工开一些空头支票。应该将员工的创新纳入绩效考核的范围之中，还应该赋予相当多的权重，给有创造力的员工实实在在的利益回报。

3）激发创新小技巧，多用提问的方式

如果已经具备了上述两个条件，管理者在实践中具体应该怎么做？巧用提问的管理技巧能够激发员工的创新意识。

比如，我们在遇到产品运营的难题时，可以向员工提问：有没有一种好的运营方式，能够让购买我们的产品的客户自愿向他的朋友推荐，从而产生二次裂变呢？

或者我们遇到内容运营的难题时，可以向员工提问：有没有好的方法，能够让阅读我们文章的客户，自愿关注我们呢？

巧妙的提问能够触碰到员工大脑中灵光闪现的开关（见图 8-6）。

图 8-6　提升员工创新力的三大方法

❻ 高效能运营管理第六步：不做管理者不该做的事

上述的内容都是在谈论管理者应该做什么，接下来我们来谈一谈，管理者不应该做什么。管理者激励员工时，不要"画大饼"，要给员工切实可得的利益；管理者面对员工提出的不同观点时，不要认为这是对权威的质疑；管理者不要当众责备下属；管理者不要向下属传递个人负面情绪；管理者不要刻意制造信息不对称来维护自身权威；管理者对于下属做出的"难以理解"的行为不要胡乱猜测，而应该充分沟通……

管理是一门社会科学与人文相结合的艺术。本文所提到的管理方法不过是冰山一角。如果你一时难以理解管理的要领，那就请记住最简单的两个字：尊重。

8.3 运营总监必须要为团队解决的六大问题

从很多招聘网站，比如猎聘网、拉勾网等发布的招牌需求来看，我们会发现，具有丰富经验的运营总监非常稀缺。这个职位的流动性很强，往往会因为各种原因出现流失，比如，难以适应公司环境或文化、绩效不理想、战略规划出现失误等原因都有可能导致运营总监离职。

在一个企业中，需要运营总监解决的问题有很多，这个职位薪水多、责任重，风险也很高。总之，这是一个风险与机遇并存的职位，有些问题运营总监必须要好好解决，不然就会给自己的职业生涯带来一定风险。以下六大问题，是运营总监在带领团队时必须要面对和解决的（见图8-7）。

图8-7 运营总监在带领团队时必须面对的六个问题

保证团队的有效沟通

不管是内部提拔还是外部空降的运营总监，首先要与团队成员进行沟通，一对一全面地了解每一名成员的想法，包括其能力优势和劣势、在工作过程中遇到的困难，以及对公司和团队有什么诉求。运营总监要认真听取团队成员的想法，并依据实际情况来调整和安排团队成员的工作。

很多年轻的团队成员虽然工作经验不是很丰富，但却有很强的行动力和工作意愿，对于这样的员工，运营总监要密切关注，多多激励和认可，让他们更快成长。

老员工相对来说具有更多的工作经验，运营总监要对其提出更明确的任务和要求，并发布阶段性成果，及时给予奖励，以使其保持工作积极性。当然，团队中免不了会存在落后的人，运营总监不仅要帮助他，还要对其施压，确定清晰的奖惩原则。

假如运营总监与团队成员沟通不足，可能会造成工作职责和工作目标不清晰，团队成员不知道自己该干什么，还有可能造成团队成员对运营总监不信任，在工作过程中不配合，影响工作效率。

要想解决以上问题，可以运用以下方法：第一，针对不同类型的员工，采用不同的沟通方法；第二，要定期进行沟通，划分重点的沟通人员；第三，和团队保持整体沟通顺畅，强调共同目标。

明确运营目标，并让团队充分理解考核标准

KPI，即关键绩效指标，运营总监在设定该指标时，要从战略角度进行全盘规划，无论是运营策略、执行方案还是考核目标，都要与战略需要相吻合。

比如，整体团队的战略目标是在2019年把收入增加3倍，使用户数增加3~6倍。那么，不管是用户运营、渠道运营、品牌传播还是内容运营，都要以实现这两个核心目标为标的。

在确立核心目标之后，运营总监该如何考核呢？团队的考核目标有两种，如图8-8所示：

图8-8 两种团队考核目标

不可量化的目标就要有量化之外的考核标准。

阿里的很多项目组考核周期为一季度，每月一次的考核会以月报的形式来展现，而那些特别重要以及必要性很强、具有很高时效性的项目，比如新媒体运营等，便需要一个星期汇报一次。我们在上一节已经很具体地讲述了定目标和考核周期的方法，在这里便不再展开讲了。

运营总监设计的考核目标一定要有挑战性，要让团队成员不断突破自己的能力边界，是团队和个人成长的必要过程，这一过程可以让团队成员实现个人价值，为公司发展做出贡献。

如果设置的目标太高，不仅很难达到应有的运营效果，而且会让人产生团队能力不足的印象。假如设置的目标太低，最后的运营效果会大打折扣，团队成员的能力也得不到提升，目标的设定也失去了原本的意义。因此，运营总监在设置目标时要在可完成性和挑战性之间找到一个平衡点，最好是设置一个通过努力才能达到的目标。

运营目标要细分到运营的各个阶段，细分程度越高，团队成员达成目标的可能性就越大。运营总监不仅要确定总体目标，还要帮助团队成员梳理细分目标和目标的内在逻辑。

很多团队成员可能会因为种种原因，在接收目标以后心存疑虑，这时运营总监应该尽快做好以下几件事：一是消除团队成员的疑虑，提升大家完成目标的信心；二是和团队成员一起想办法，在分析问题之后找到解决思路；三是帮助团队梳理执行流程，预估工作中可能会出现的风险，鼓励团队成员自己想办法解决问题。

管控好运营活动的执行过程

从运营规划到具体执行，对过程的管控十分关键。

据我观察，很多运营团队的过程管控都流于表面。就拿运营周会来说，有些团队的运营周会已经完全沦为形式，既发现不了问题，也解决不了问题。最后出现纰漏时，也不知道是哪个环节、哪个流程出了问题。

在阿里，每个团队都十分重视运营周会，在运营周会上一定要发现问题、解决问题。因为大家参加运营周会是为了定期整理和检验各项目的完成情况，发现问题以后可以及时向其他人征求意见，利用大家的智慧一起想办法解决问题。

在项目的执行过程中，很容易出现的问题是：过程和进度不透明。这有两方面的原因，一方面，项目执行者没有掌控完成进度的意识，并未能及时向上级汇报有关情况；另一方面，项目管理者也没有及时检查目标完成进度，从而导致项目进度太慢，出现滞后现象，到了规定截止日期，目标搁浅。所以说，及时跟进和发现项目执行过程中的问题是十分重要的。

与此同时，在项目的具体执行过程中，目标完成度也是一个十分关键的点。团队成员要定期发送目标完成的数据报告，这样可以在发现问题或出现风险之后尽快采取有效措施挽回损失，这是运营执行过程中的必要措施。

比如，淘宝电商平台在做大型活动期间，每天都会生成一个数据报告，当预期情况与实际情况差别过大时，就会立即采取相应的措施。

如果项目执行过程中出现问题，说明管理者的风险管控意识不足，在运营总监身上出现这种情况是很不应该的。

保证工作安排公平、合理

工作安排与工作考核具有很强的关联性。在安排工作时，管理者要根据实际的运营情况进行分配。

如果出现工作不饱和的情况，管理者要向成员提出更多的细分要求，从而使运营质量得到提升。不仅如此，管理者还要向成员提供更多有价值的工作，同时提出工作目标和时间要求，让成员保证工作效率。

如果出现工作任务太多的情况，管理者一方面要多安排人员分担其中的某些工作内容，另一方面也要抓工作质量，在重点工作和时间上提出要求，以免团队成员为了赶任务"眉毛胡子一把抓"。

管理者要对所有运营人员的目标完成情况进行季度和年度考核。不过，考核只是手段，并不是目的，考核是为了促使整体业绩达到预期。

考核不仅关系到团队成员的经济利益，还对团队整体的凝聚力有重要影响，同时也考验了管理者的能力。管理者一定要把握好考核的度。

在安排工作时，管理者要考虑到团队成员的工作意愿和个人能力，并在提出工作要求时设置一些具有牵引性的项目。团队成员的工作不仅是为公司服务，还要让自身的能力提升，实现个人成长，并在团队中获得归属感和成就感。

要想让所有成员都认可考核结果几乎不太可能，但一定要相对公平，使每个成员的工作及其产出都能经得起推敲。

协调运营与其他团队配合

很多运营团队会出现的最大问题就是过于闭塞。对于运营总监来说，其重点工作之一是协调运营与产品、技术、设计之间的关系，让运营团队与公司其他团队能够更好地配合。比如，运营人员与设计人员的沟通要形成规范的流程和模式，并在每个主要环节进行跟进，拿到初稿以后，要仔细查找存在的问题，以免多次返工，影响设计人员的工作进度。

我管理的团队一般会按照以下方式来运营：首先，提前 1~3 天向设计团队提交用规范模板写成的设计需求，其中要有设计用途、风格、形式、排版和文案等，越详细越好；其次，运营人员要与设计师及时沟通，对重要信息进行确认，以免出现沟通上的理解偏差。

和产品团队进行沟通时，要尽可能地说明问题的来源以及提出问题的依据，在提出产品优化的建议时，应详细说清楚。在有些产品导向的工具型团队中，运营人员非常容易被忽视。此时运营人员一定要明确自己的重要性，帮助产品人员找到业务痛点。

比如，产品上线前并没有在前期进行充分的客户需求调研，运营团队必须要及时补齐并完善这一环节，及时进行客户前期需求调研，在产品上线之前进行用户内测，避免产品盲目上线。

运营人员与技术团队的沟通同样也很重要，对技术需求的提交要进行排期，因为需求的优先级别和提交时间是不同的。运营总监想方设法争取到足量的技术资源，还要鼓励团队主动争取资源，以免因为资源短缺而使项目无法按期完成。

加强存在感，体现团队价值

运营团队在技术或产品导向型公司内很容易被边缘化，因此需要尽量多表现，突出团队的成就，"怒刷"存在感。更为重要的是，运营团队要向其他团队和公司老板展现出自身的价值。

收入型运营团队可以利用各种各样的运营活动来实现诸如订单销售量、销售额、用户增长率和老用户复购率等可量化目标；非收入型运营团队就必须体现出为公司创造的其他非直接收益型价值。

为了达到体现运营团队价值的目的，运营总监在向上级管理者汇报时，应该做到以下几个方面：

第一，汇报内容可以体现运营现状和存在的问题，但一定要提出解决方案，并说明解决进度。应站在老板的角度思考，在汇报时同时扮演问题发现者和解决者的角色。

第二，当出现意见不一致时，运营总监应尽量以老板的角度思考问题，再三思索之后再做出答复，不要急着说出自己的意见。

第三，如果有的工作需要与其他团队合作共同完成，运营团队就要尽量主动促成这件事，体现出团队的主动性和担当。在与其他团队沟通时，沟通时间和沟通频率要按照实际需要而定，没有完全确定的标准。在接受工作任务时，应该积极主动，不要怕担责任。时刻谨记一点：管理者请你来是为了解决问题，一定要以结果为导向。

运营总监是整个运营团队的带头人，要为团队负责。运营总监必须为团队解决以上六点问题，否则他的职业道路一定会充满障碍。

8.4 ToB 企业的互联网运营工作如何做

我们平常接触的运营，大部分都是从 C 端产品延伸出来的，只有极少部分，大约不足 10% 的运营是从 B 端领域延伸来的，所以 ToB 领域的运营架构是相当匮乏的。ToB 运营与 ToC 运营之间有相似之处，但又不能完全被对方模仿。

在互联网发展的最近十年中，几乎所有的企业都在做 ToC 端的市场，C 端产品市场已经完全饱和。现在企业级服务市场在欧美国家已经做得相当成熟，这预示着 ToB 企业将要打开中国市场的大门。因此，在选择 ToB 这个领域之后，就要做好重构运营思维的准备。

首先，我们来看 B 端用户与 C 端用户之间的核心差别在哪里？大致可以归纳出以下三个方面：

第一个差别，B 端产品因服务客单价过高，导致用户转化率低，而 C 端产品几乎没有决策成本，客单价相对来说要低一些。

第二个差别，B 端用户偏理性决策，所以在决策上所花费的时间更多，而 C 端用户大多都是突然做出的决策。

第三个差别，B 端用户基数少，而 C 端用户基数多，两者基数量不在一个层级上。

根据我的实践经历和对一些理论知识的学习，我总结了一些 ToB 企业的运营思路，供大家参考。

ToB 企业的业务流程的定位

我们先来了解 ToB 企业的运营工作在整个业务流程中的准确定位。比如，为一家客户提供 SaaS 服务，需要走完以下整个项目流程，才算成功。

客户需求→联系企业→沟通需求→反复沟通→确定需求→给出产品说明文档并配图→再次确认、付定金→交付技术→开发测试→客户验收→最终完成

当然，要顺利走完这个项目流程，并不是一件容易的事，有很多意外的情况都会导致其中的某个项目无法完成，参考以下业务流程图，会让我们对 ToB 企业的业务流程有一个更加清晰的认识（见图 8-9）。

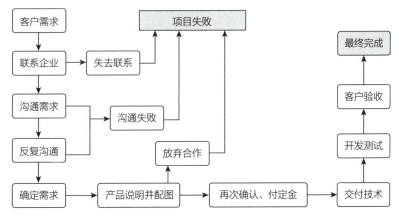

图 8-9　定制化的 SaaS 服务业务流程图

运营的核心就是将产品和用户连接起来，并让用户能享受到产品的长期价值，对于这一点，ToC 和 ToB 的运营核心基本是一致的。

没有建立联系的客户可以称为潜在意向客户或者陌生客户。ToB 的运营核心是将这部分潜在意向客户设定为目标客户，将更好的产品和服务呈现出来，并建立与这些意向客户之间的联系。

因此，ToB 整个业务流程的核心位置就是获客阶段，这个阶段也是整个业务体系的最初阶段。

C 端运营的目标不仅仅停留在传播、拉新上，还要提高用户活跃度，对已经流失和潜在流失的用户进行召回，维护与用户之间的良好关系，增加用户黏度。

而 ToB 的运营就相对简单多了，不用考虑提升用户活跃度，也不用召回流失用户或后期维系用户关系等诸多流程。因为 ToB 的运营是在产品推出后，各环节都有专人进行对接，商务宣传或客户维护方面有商务人员对接，产品有产品经理对接，技术有专业技能人员对接，各个环节都有相对应的负责人，所以在运营工作中可以各尽其职，通力合作。

通过了解 ToB 企业在业务流程中的位置，让我们知道，ToB 运营的属性更偏向于用户运营。

ToB 运营的实施逻辑

ToB 运营工作的位置属于整个业务流程的初始阶段，其目的就是为了获取大量的潜在客户。接下来，我们通过反推的方式，以用户思维为基础，看看如何更好地实施 ToB 运营，为潜在客户找到解决方案。

当潜在客户明确需求后，寻找解决方案的方式通常可以分为以下几种：

1）企业高层的社会资源

大部分 ToB 企业在成立之初，几乎都是依靠企业高层的社会资源来寻找解决方案的提供商。

2）搜索引擎

通过搜索引擎找到多个提供解决方案的服务商，将他们进行对比，找出有客单价优势、信任度高的服务商。

3）垂直第三方平台

行业垂直第三方平台上也有一些解决方案，比如 SaaS 服务行业的第三方平台一品威客网、猪八戒网等。

4）其他方式

其他寻找解决问题的方式有新闻资讯类平台、相关网站的广告位和招标等。

总之，明确了潜在客户的行为以后，ToB 运营的主体方向也就明确了。

确认客户行为，促成线上运营推广转化

当我们确认了用户的行为目的之后，在实现线上运营推广时可以运用以下三种方式（见图 8-10）：

1）搜索引擎推广

搜索引擎推广方式非常适合传统的中小型企业，这种方式可以找到寻找解决方案的大量潜在客户。并且，仅从 SaaS 服务单价来看，推广成本投入很低，操作空间也是极大的。

图 8-10　实现线上运营推广的三种方式

2）第三方平台推广

第三方平台就是我们前面提到的一品威客网或猪八戒网等，利用这些平台进行推广，能高效拓展业务。值得注意的是，推广方案要根据平台的运营机制，市场的动态趋势及客户不断变化的需求，进行不断优化和更新。

3）媒体渠道推广

随着互联网时代的迅猛发展，媒体渠道资源更加丰富，我们可以通过微信、微博、知乎、今日头条、百度百家等多个平台进行推广，在运用媒体渠道推广的过程中，要不断地更新企业动态和品牌信息，将新颖有趣的优质内容推广出来，在不断积累的过程中，使品牌影响力深入到每个潜在客户的心中。

ToB 运营工作的核心是内容

企业运营人员运营产品的首要前提就是清楚产品的特性，并根据产品特性做出有针对性的运营方案。方案里必须包括产品的分析、业务数据分析、客户群体

的属性及行业趋势的认知。

我曾经也接触过 ToB 的运营工作，对此，我也有一些自己的看法，我认为 ToB 的运营核心就是以优质的内容来打动客户，而这种运营方式在推广中，确实取得了不错的成效。

在传统模式中，当客户明确需求之后，营销人员再去拜访客户，或者营销人员直接以电话销售的方式去沟通。而 ToB 企业的运营人员绝不会如此被动，而是一定会先人一步，主动去与客户建立联系。

当客户存有疑惑时，要做出有针对性的解答，最终实现客户在解决问题时，我们能成为他们的方案首选。

现在的内容领域越发火热，ToB 行业同样可以牢牢抓住这一热门趋势，在 SEM、SEO、新媒体等渠道投放不同类型的优质内容。

总之，ToB 企业运营人员的工作核心是挖掘并把握用户运营的思维，以优质的内容运营来触达人心。

除此之外，运营人员还要不断地成长，对所处行业状况有清晰的认知，并具备独特的运营思维，树立自身专业形象和个人影响力，最终让个人价值能在 ToB 行业大放异彩。

大部分初创企业在最开始的时候，都是凭借创始人的个人影响力来实现业务转化，最终实现企业在行业中占有一席之地。那么，作为公司的一员，如果你也具备个人影响力和专业形象，同样可以实现业务的大量转化，这种效果其实就是 ToB 企业运营人员要达到的。

第 9 章

行业思考：3~5 年后，运营的未来在哪里

作为运营人员，3~5 年后，你觉得做产品更有前途，还是做运营更有前途？要回答这个问题，就必须对行业和运营本身产生进一步的思考。事实上，无论是产品还是运营，都是职能化名词，这里面涉及大量的落地实操，但如果真要往长远发展，两者之间不是互相的"零和博弈"，而是对行业、对人、对模式的思考和研究。

9.1 未来几年,什么样的运营人员最受互联网企业欢迎

在过去的十年,依靠产品自身良好的体验和优质的技术,很多互联网企业都获得了一定的成功。那时,在很多公司内部运营的工作其实就是执行。十几年前,我加入阿里团队时也是如此,那时我们甚至不称其为"运营"。

和阿里一样,创业初期的互联网公司大部分是没有运营职位的,即使有这个职位,其地位也是很低的,主要工作是以一些体力活为主,比如发帖、删帖、审核、执行。

随着互联网产业的发展,每天都有各种新兴产品出现,产品的功能不断完善,市场上同类型产品也越来越多,产品的技术优势逐渐消失,运营工作的作用开始变得越来越明显。一个企业要想与用户更好地进行互动,让产品销量不断增长,就需要内部运营团队根据市场动态、产品自身属性和竞品的特点,制定出对应的运营策略。

运营工作的地位已经变得如此重要,属于互联网运营人员的时代也已经到来。那么,哪种类型的运营人员才能适应未来的互联网企业呢?换一种说法,也就是市场上需要的运营人员到底是什么样子的?我认为,对于未来互联网企业的运营人员,至少应该提出以下四点要求。

要熟悉企业的产品

和企业运营人员打交道最多的两个部门,一个是产品研发部,一个是市场部,运营人员与这两个部门的关系,不应该只停留在对接的层面上,还应该对他们的基本工作有一定的了解,能够站在他们的角度来分析问题,用他们的思维方式来思考问题。这种复合型的能力模型,是人工智能技术所不能取代的。比如,对于市场部,要了解它们的广告投放、媒体合作以及用户分析方式;对于产品研发部,需要掌握它们常用的 MVP 思维、迭代思维和逻辑思维。

我们这里所说的熟悉产品，主要指能结合运营工作的实际情况，对产品研发提出正确的要求，而且能够从自身的立场出发，参与产品的讨论会，对产品进行必要的修正。一款产品在从设计到面试的过程中，有一部分需求是从产品自身性能出发的，比如，设计产品自身核心功能模块的需求；还有一部分需求，是从运营工作的角度出发的，这部分需求是为了让产品在未来的市场竞争中取得一定的优势。

比如，CMS系统可以快速把专题和内容的制作标准化、模块化。再比如，运营工作需要产品自带用户激励体系和积分体系。

要想全方位把一个产品做好，以上两种需求都必须具备。

但现实中我们面临的问题是，大部分产品经理没有参与过运营活动，运营人员对产品的需求在产品研发的过程中常常被忽略。即使他们会考虑到这些问题，对于需求介入的时间，或者要将产品做到什么样的程度，在他们的意识中也是模糊的。

所以，如果运营人员能熟悉自己的产品，就可以从运营端出发，与产品经理进行良好的沟通，把自己的需求传达给产品经理，对产品进行必要的修正，这对于产品后期的完善和销售都是非常重要的。

优秀的运营人员绝不应该仅仅停留在如何将软文写好、如何将活动办好这个层面。还需要了解企业的产品，对用户需求场景有深刻的理解，能够将需求与具体的使用场景相结合，进而判断需求的成立与否。而且，还需要了解一款产品，从设计到上线的过程中，成本较高的功能和需求的实现是哪些，哪些需求比较容易实现等。

具备了上述能力，运营人员才能更好地在一家互联网公司内部站稳，进一步参与公司核心决策的活动。

熟悉产品所在的行业

在之前的互联网公司中，线上推广、内容维系、线上活动是大部分运营人员关注的既定板块。但随着社会的发展，我们越来越意识到在许多传统行业中，互联网并没有发挥应有的作用。这个时候，我们需要以传统行业的业务逻辑作为基础，借助互联网实现整个行业的提升。

最典型的当属金融和教育行业。经过调查不难发现，在现在所谓的互联网金融和互联网教育中，只是提升了效率，本质并未改变。我们以教育行业为例，互联网所起的作用绝不是将传统教育颠覆，而是通过一定的手段来提升教育行业的运营效率，比如在教研、教务管理、招生学习、素材组织与呈现、课后社交等这些环节来提供必要的服务。

未来的互联网行业，将会出现更多像教育与互联网紧密结合的成果类型。所以在一个传统行业内部做运营，不懂这个行业的业务你将会寸步难行。

打个比方，一个对教育行业一无所知、对学校运营逻辑也不了解的人，基本上无法做好线上教学的运营；一个对家装行业完全不懂，不知道每一个环节利润空间、不清楚每一个环节背后产业链的人，他是无法运营好"58到家"这类产品的。只有了解行业，了解行业的相关业务，才能将产品自身的特色和优势与之结合，有针对性地制定有效的运营策略，才能根据实际情况有针对性地优化和调整现有的业务流程。

了解用户

社交媒体从2010年兴起至今，其力量在不断增加，也改变了互联网运营的格局。如今，产品的生命周期长短的决定因素从渠道演变成了用户对于产品的满意程度，以及在社交媒体上用户是否愿意自发与之进行互动。

换一种方式来解释，渠道的作用逐渐被用户自发的传播行为所弱化，产品生命周期的长短，越来越取决于用户自发传播的程度。而且从目前的情况来看，互联网中人的力量将被放大，最明显的产物就是近些年直播和网红的兴起。

而且这一趋势，我预计还将继续。所以，在未来的互联网世界中，一个善于与用户进行互动，赢得用户认可的运营才是成功的运营。不过，与用户互动的前提是自己先成为产品的重度使用者。只有这样，才能引起用户共鸣，并敏锐地洞察用户的需求，甚至成为这个圈子的KOL。

不久之前有一个新闻，淘宝用年薪30～35万元的价格来招聘资深用研专员（用户研究专员），而且将年龄限制在60岁以上，这是为了寻找中老年群体KOL。在未来，懂用户的运营人员可能会"越老越吃香"。

熟悉流程

在不久的将来,一个优秀的运营人员,一定是能对产品的整个生长周期负责的,并且能在把握产品宏观方向的基础上了解产品运营流程的人。为什么一些运营人员的眼光带有一定的局限性,是因为他们对一款产品完整的生命流程不熟悉。

举个例子,大部分运营人员关注最多的是如何满足老板的 KPI 要求。一个成功的运营人员应该对产品负责,比如,下面这张产品成长图上的每一个环节他都应该完整经历过,并通过不断优化调整相应的运营策略和手段,最终获得预期的结果(见图 9-1)。

如果你想成为成功的运营人员,一定要找到实践的机会,参与产品的全流程工作。这个产品可以是一个微信公众号,也可以是一个社群。在工作中,你也可以寻找独立负责项目的机会,或者利用业余时间参与其他项目。

上面我讲的这四点,看起来可能篇幅不是很多,但要想成为具备这四点的运营人员,难度是非常大的,需要经历一个长期自我成长的过程,希望我的内容对你有一些启发。

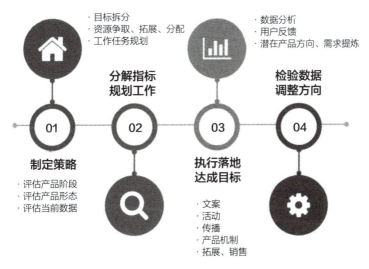

图 9-1 产品成长图

9.2 运营人员应该怎样规划自己的职业发展道路

我对阿里有很深的感情,很多人曾经问我:"为什么离开阿里?"是因为"钱没到位"还是因为"人委屈了"。其实都不是,我之所以选择离开,是因为我想尝试不一样的东西,我想过不一样的生活。如今我是一名讲师,也很喜欢自己现在的工作,它带给我很多不一样的感悟。

其实,在离开阿里之前,我就已经规划好了后面的职业发展道路,我认为其他运营人员也应该思考和规划自己的职业道路。无论是选择继续在互联网运营领域发展,还是转换跑道,都要经过深思熟虑。

接下来,我从两个角度来谈谈运营人员的职业规划问题。

第一个角度是垂直角度,也就是升职的路径;第二个角度是横向角度,也就是转岗。

垂直:运营岗位的升职路径

接下来,我们分别从工作经验、能力要求、薪资待遇来对不同层级的运营做详细阐述。

❶ 运营专员

运营专员的招聘要求是有1~3年的工作经验。在运营专员这个阶段,工作一般处于初级阶段,在公司内部存在感和认同感比较低,基本没有话语权。

打个比方,做新媒体或内容运营的专员,他们的工作就是"搬运"文章,每天重复着工作的内容,如何提升粉丝量和阅读量是困扰他们的主要问题;做用户运营的专员,他的工作就是使出浑身解数来拉用户,包括他周围的亲戚和朋友,让自己用客服的角色来陪用户聊天,如何提升用户活跃度和用户反馈是他面对的主要问题。

在这个阶段,你需要多方面培养自己的能力,比如文案撰写、活动策划、商务对接或者数据分析等,你还需要从自己目前的岗位以及所处行业出发,专注于充实自己的专业知识。

那么,如何在工作中快速提升自己呢?我们可以从以下五点入手,如图9-2所示:

图9-2 运营专员在工作中提升自己的五种方法

1)每天坚持写运营日报

我们不能把日报当成一个任务,如果只是单纯地认为这是向上级汇报工作,那你很难得到提高。写日报的目的是梳理每天的工作成果,便于和以后的工作成果进行对比分析。日报的内容包括重要事项,用户反馈跟进情况以及各项必要数据等。

2)学会规划时间

既然每天的工作时间有限,我们就需要在提高工作效率上下功夫。首先,要统计好每天固定的工作时间,这样可以合理分配工作时间,如果领导有临时任务,你也可以合理地规划完成时间;其次,同时面对多项工作时,需要对工作进行梳理,列出轻重缓急;最后尽量提前完成工作,这样有利于对工作进行总结分析,也给自己提供了和领导沟通工作的机会。

3)分析竞争对手

我们都知道知己知彼才能百战百胜,做运营工作同样需要了解对手,要及时关注竞争对手的信息,切忌闭门造车。

4)关注当下热点

"蹭热点"并非不光彩的事情,如果自己的产品以及用户定位都与热点相契合,我们就可以借势营销,这也是运营人员常用的营销方法。每天关注各大新闻平台、互联网信息垂直平台、百度搜索风云榜以及微博热搜等,会对运营工作大有帮助。

5）及时总结

做好以上四步还没有结束，还需要及时进行总结分析，建造起适合自己的能力模型，将碎片信息体系化，才能让自己的能力得到更好的提升。

3千元~8千元是运营专员的一般月薪水平，如果想要在薪水上有所提高，通过跳槽是很难实现的，只有升职。这个时候，就需要将运营主管定为自己的下一个目标。

❷ 运营经理

运营经理职位对工作经验的要求一般为3~5年，他的工作目标比较清晰，工作成体系化和系统化，在公司内部掌握一定的话语权。此时，他的关注点从个人的KPI升级到了团队的KPI。

制定项目的完整运营方案是运营经理的工作重心，将工作任务细化分配给合适的员工，对员工的工作完成度以及项目的进度负责。为保证项目顺利进行，有时候还需要运营经理对员工进行帮助指导。

对运营经理而言，工作中更多面对的是调配资源，比如本部门之间和跨部门之间的沟通，所以需要他在沟通协调能力、领导能力、项目管理能力方面进行横向提升；同时，他还需要了解运营的各个岗位，甚至对个别岗位的技能达到精通的程度。

8千元~15千元是运营经理的基本月薪水平。运营经理如果想得到进一步提升，需要带领团队努力工作，才能有机会被提拔为运营总监。

❸ 运营总监

运营总监职位对工作经验的要求一般是5年以上，运营管理经验需要3年以上。在运营总监这个职位上，战术战略方面的问题是他的重点关注。

运营总监也就是首席运营官。他需要参与公司整体规划，完善公司运营管理制度，建立团队协作机制，进行各部门之间的工作协调，对外，他需要拓展渠道，对公司产品的市场推广和运营全面负责。

一个公司的运营总监，除了要具备以上横向和纵向的能力之外，还需要有敏锐的市场洞察力，懂得用营销思维武装自己，还要具有良好的人际交往能力以及高度的责任感。

1.5万元以上是运营总监的基本月薪,如果想要进一步提升,公司合伙人或自主创业会是最好的选择,但创业的风险性比较高。

因此,不论你是刚进入运营行业的小白,还是有着丰富经验的运营人员,都需要清晰规划自己的职业生涯,千万不能随波逐流,得过且过。

最后,我们每个人都应该展望一下自己的未来。三年之后,你的工作要达到什么高度?30岁后,在公司中你要处于什么地位?给自己的未来定一个目标,然后将目标分解,做好计划,并努力完成计划,这样你就会逐渐成长为一个优秀的运营人员。

横向:运营的转岗方向

在这里,我首先声明,随意地、无计划地转岗是我不支持的行为。但如果经过一段时期后,发现自己对于运营工作不擅长甚至不喜欢,那么就应该及时调整。但在调整时要遵守一个原则,就是"换行不换岗,换岗不换行",不要让自己长期处于初期学习的阶段,这对职业发展是非常不利的。

运营转岗主要有两种,一种是在运营岗位之间进行,另一种是从运营岗位转到其他岗位。

我们先来讲运营岗位之间的转岗。举个例子,对于新媒体运营和内容运营,尽管其受众群体和载体不同,但文案撰写能力、内容包装能力、数据分析能力是这两个岗位所必需的能力,在这两个岗位之间进行转岗就比较容易。再举一个例子,用户运营转岗社群运营,因为他们面对的对象相同,用户的共通心理让转岗变得非常容易。

接下来我们讲一下从运营转到其他岗位,这种类型的转岗方向主要有产品、市场、商务、文案等。

从运营岗位转到产品岗位,你的角色就从之前给产品经理提要求,变成自己根据对产品的了解来提要求。从转到产品岗位的那一刻起,工作内容就变成了通过调研了解用户需求、起草产品需求文件,与技术人员进行对接,把握产品的生命周期等。有时候还需要画产品的原型图,这就要求你必须掌握相应的技术,如Axure、Visio、磨刀、XMind等。

如果是从运营岗位转到市场岗位,你就要明白,与运营岗位注重对内工作不同，市场岗位注重对外工作，主要负责产品的市场曝光、营销以及宣传推广。这个时候，你需要补充与市场营销相关的知识，不断提高产品策划包装能力，以及应对突发情况的能力。

商务岗位与市场岗位相同，也注重对外。举个例子，在一个以 App 开发维护为主的互联网公司里，商务岗位的工作更多的是进行渠道拓展和对接以及维护，除此之外，还要负责 ASO（优化应用商店）。

下面说说文案岗位，大部分公司的文案岗位与运营岗位契合度较高（4A 广告公司除外），他们的主要工作是负责撰写企业的公众号推文、微博内容，以及在其他相关自媒体平台撰写文章并发布。但如果你想进入 4A 广告公司，除了较强的文字编辑能力外，还需要有过硬的 PPT 阐述能力、CIS 设计能力和强烈的品牌意识，这些能力缺一不可。

9.3 以阿里平台看未来互联网运营的发展

互联网行业的最高水准，非 BAT（百度、阿里巴巴、腾讯）莫属。在互联网从业人员中流传着这样的话：技术看百度，产品看腾讯，运营看阿里。这从侧面说明，阿里在运营层面代表了互联网行业的最高标准。作为在阿里从事运营工作 9 年的人，我有幸经历了互联网运营行业的更新和发展。

早期的互联网行业是以技术驱动型为主，之后逐渐过渡到产品驱动型，再发展到现在的运营驱动型。之所以形成这种局面是因为早期的互联网行业主要解决的是信息互通的问题。现在，因为互联网和传统行业结合的程度越来越深，互联网的属性除了信息互通的属性之外，传统商业的属性越来越明显。这个时候，运营工作的重要作用会越来越凸显。

根据我在阿里做运营的经验，对于未来互联网运营的发展趋势我有四大预测。

精细化

现阶段，互联网的人口红利已经达到饱和，单纯依赖流量的时代已经结束，接下来就需要在各个方面不断细化。这个时候，精细化运营工作的重要性就凸显出来了。精细化运营工作主要体现在以下3个方面（见图9-3）。

图9-3　精细化运营工作的体现

❶ 流量

现在及以后，获取流量的成本会越来越高，这就要求互联网企业必须提高获取流量的能力，需要不断对渠道进行筛选，找到能获得优质流量的渠道，进而有效提升流量转化率，以此将用户成本保持在可控范围内。

❷ 用户

用户的增长驱动着企业不断向前发展。针对用户的精细化运营工作，主要是分析企业用户的结构是否合理、成长是否健康、企业核心业务对于用户健康成长有没有一定的促进作用等方面。

❸ 产品

用户和企业接触的最主要的媒介就是产品。用户对企业的第一印象往往停留在产品体验感的好坏上，这也是用户转化率能否提升的重要影响因素。因此，产品需要做精细化运营，通过不断打磨产品，达到提升产品体验感和用户转化率的目的。

工具化

在企业发展的关键指标中，有一项是人力成本，但如果想提升运营效率，光靠人多是行不通的。作为互联网企业，要想提高运营的效率，就应该适时地借助互联网运营工具。

除了像阿里这样的企业拥有种类比较完整的运营工具，大部分互联网公司都不具备完善的运营工具。如果选择自行开发，不仅不能保证工具的使用效果，还会浪费非常多的人力成本。

现在，许多类似"兑吧"的第三方专业运营平台已经上线，它专门为互联网企业提供相应的营销工具，比如管理积分商城的工具以及活动工具。企业的运营人员针对产品的积分模式，选择相应的积分商城风格、上架产品的兑换方式之后，就可以对产品的积分商城进行有效运营。

针对活动运营工作，运营人员可根据活动的类型，在后台挑选相应的活动模板，进行活动的个性化设计。这种从策划到执行的全运营过程，只需要一个人就能完成。这对企业而言，节省了大量的运营成本，运营人员的能力和工作效率也得到了极大的提高。

个性化

互联网产品用户数量的激增，让企业必须要实施精细化的用户运营手段。现在，个性化用户体验已经在电商和新闻领域逐步实现，在这方面做得最好的，非阿里旗下的淘宝和天猫莫属。站在运营的角度上来分析，个性化不仅包括企业用户运营的内容，它更注重的是用户的个性化成长。

这里，我给大家举一个例子，以淘宝为例。淘宝通过对买家浏览、收藏的宝贝和店铺以及购买过的宝贝和店铺进行大数据分析，并根据用户浏览网页、收藏店铺以及购买宝贝的行为和偏好，给买家贴上相应的标签。

当卖家或淘宝平台需要给买家进行宝贝推荐时，系统就会将买家身上的标签与宝贝身上的标签进行关联。根据标签的契合度，给出相应的推荐结果。比如，针对喜欢波西米亚风格碎花连衣裙的买家，当他浏览到淘宝推广页面时，系统就会给买家推荐带有波西米亚风格以及花边特征的宝贝。

这种推荐机制是基于大数据的完整的个性化运营算法来实现的。

数据化

互联网行业最基本的属性之一就是数据。在大数据时代，企业对相关数据的重视程度与日俱增。现阶段，企业内部模式逐渐转变为数据驱动运营、数据驱动增长。那么，什么样的数据才是我们真正需要的，如何实现用数据驱动运营呢？要达到这个目的，我们需要收集 5 个方面的数据。

❶ 流量数据

通过对渠道流量的分析统计，根据所花费的成本，得到企业想要的用户投入产出比。

❷ 用户数据

搜集用户数据的目的是分析产品的用户结构是否健康，业务是否合理，用户的成长轨道是否正常，以此来解决已经发现的问题。

❸ 转化率数据

它主要包括渠道转化率、产品转化率、用户转化率以及企业整体业务中每个子业务的转化率数据。

❹ 营销工具数据

营销工具的价值，在于使用的效果如何。判断一种营销工具的使用效果，只有通过大量的数据分析工作才能实现。

❺ 活动类数据

运营活动是每个企业必须开展的项目，如何办一场低投入、高产出的运营活动，需要企业内部对以往的运营活动的数据做统计分析，将不合理的运营活动剔除出去，把优质的运营活动保留下来。

以上是我对运营职业未来发展的见解，作为一个运营人员，需要根据自己的实际情况做相应的调整，不断提升自己的能力，这样才能适应未来行业的发展。